本书系2017年度教育部人文社会科学研究青
"民国教育家群体家庭教育生活研究"(17YJC8

民国教育家群体家庭教育生活研究

黄宝权————著

天津出版传媒集团
天津人民出版社

图书在版编目（CIP）数据

民国教育家群体家庭教育生活研究 / 黄宝权著. --
天津：天津人民出版社，2023.3
　　ISBN 978-7-201-18888-1

　　Ⅰ.①民… Ⅱ.①黄… Ⅲ.①家庭教育—教育史—研
究—中国—民国 Ⅳ.①G789.2

中国版本图书馆 CIP 数据核字(2022)第 198813 号

民国教育家群体家庭教育生活研究
MINGUO JIAOYUJIA QUNTI JIATING JIAOYU SHENGHUO YANJIU

出　　版	天津人民出版社
出 版 人	刘　庆
地　　址	天津市和平区西康路35号康岳大厦
邮政编码	300051
邮购电话	（022）23332469
电子信箱	reader@tjrmcbs.com

责任编辑	岳　勇
装帧设计	明轩文化·李晶晶

印　　刷	天津新华印务有限公司
经　　销	新华书店
开　　本	710毫米×1000毫米　1/16
印　　张	18.5
字　　数	260千字
版次印次	2023年3月第1版　　2023年3月第1次印刷
定　　价	68.00元

序

"人生百年,立于幼学。"家庭是最小的社会细胞。家庭教育工作开展得如何,关系到孩子的成人、成才和终身发展,关系到千家万户的切身利益,关系到社会的稳定、进步,关系到国家和民族的未来。中华民族素以重视家庭教育闻名于世。党的十八大以来,家庭教育在整个教育体系中的地位和作用受到进一步重视。2018年9月10日,习近平总书记在全国教育大会上指出:"家庭是人生的第一所学校,家长是孩子的第一任老师,要给孩子讲好'人生第一课',帮助扣好人生第一粒扣子。"党的二十大会议上,习近平总书记又对家庭教育作了进一步强调,指出要"弘扬中华传统美德,加强家庭家教家风建设","健全学校家庭社会育人机制"。家庭教育是人生奠基性教育,是国民教育系统的重要组成部分,是学校教育、社会教育的起点和基石,对家庭成员的发展至关重要。

家庭教育是子女成人、成才的摇篮。家庭教育是一种在家庭生活中的教育,是基于家庭成员的生活为教育环境的互动式的交往实践。这种交往实践伴随并影响人的一生,对家庭成员的成人、成才至关重要。蔡元培先生说:"家庭者,人生最初之学校也。"家庭是教育的起点,也是家庭成员永久的课堂。从幼年的经验习得,青年的情感指导,中年的工作定位,老年的孤独摆脱都需要在家庭中得到有效的帮助。家庭教育不仅能尊重人的禀赋差异,因材施教,实现个人自由、全面发展,也能使父母与子女在家庭中进行有效互动,在家庭的熔炉里潜移默化地接受对方知识和情感的熏陶,在相互学习和模仿的过程中,实现成人、成才。

家庭教育是连接学校、社会的桥梁。苏联著名教育家苏霍姆林斯基曾说过,儿童像一块大理石,要把它打造成一座完满的雕像,需要家庭、学校、集体、本人、书籍和其他因素6位"雕塑家"的共同努力。其中家庭列在首位,家庭是儿童教育的首要环境,儿童最初在家庭里获得言语发展、养成生活习性、建立价值观念、造就人格特质。儿童取得的家庭经验是下阶段学习和生活的基石。社会的大多数成员都是从家庭走向学校，从家庭走向社会的，因而家庭教育是连接学校教育、社会教育的桥梁。良好的家庭教育能使家庭成员更快地适应学校教育，顺利地实现从儿童向学生的转变，也能更好地适应社会生活，顺利地实现由儿童向成人的转变，由家庭成员向社会公民的转变。

家庭教育是社会稳定、进步的基点。"齐家"是"治国平天下"的前提和基础，国之本在家。家风是社风的涓涓细流。家风正则民风佳，民风佳则社风清。通过家庭教育，将好的家风内化于心，外化于行，不仅能使个人和家庭受益，也会使全社会风气随之净化。坚持力行好的家风，个人层面做到爱国、敬业、诚信、友善，减少违法乱纪、坑蒙拐骗的现象出现，社会将会更大程度上实现自由、平等、公正、法治。总之，在家庭教育中传承良好的家风会对社会的稳定和进步产生促进的意义。

然而我国当前的家庭教育开展情况不容乐观，家庭家教家风建设存在认识不到位、家庭教育专业化、科学化程度不足、教育水平不高、相关资源缺乏，尤其是家校社协同推进机制尚未健全等问题，导致家庭家教家风建设中出现重智轻德、重知轻能、过分宠爱、过高要求、缺位失位等现象，影响了孩子的健康成长和全面发展，也应影响了社会的稳定和进步。当前我国正处于全面建设社会主义现代化国家、向第二个百年奋斗目标进军的新发展阶段，加强家庭教育工作迫在眉睫。

民国时期是教育改革和教育家云集的时代，也是家庭教育转型和发展的重要时期。黄宝权是我的博士生，毕业经年，最近撰写的这本《民国教育家群体家庭教育生活研究》，以民国教育家为研究对象，从生活史视角对其家庭教育进行了可贵的探索，把我十余年来倡导推动的教育生活史研究由学校教育生活史进一步延伸到教育家群体的家庭教育生活，显然具有重要的开拓意义与价值，相信该书能够在一定程度上为我国当前家庭教育的开展以及研究的深化提供参考借鉴。

周洪宇

2022 年 12 月于武汉东湖之滨远望斋

目　录

绪　论

"人生百年,立于幼学。"①从古至今,一个人从出生到人生落幕,无时无刻不在受着家庭的熏陶与影响,特别是在一个人的早期成长中,家庭教育起着重要的奠基作用。中国人极为重视家庭教育,将家庭的盛衰都寄托在子孙后代上,"子孙贤则家道昌盛,子孙不贤则家道消败"②。中华民族具有悠久的历史和文化传统,中国人素以重视家庭教育著称于世。在五千年的历史发展长河中,中华民族积累了非常丰富的家庭教育经验和理论,成为中华传统文化中不可缺少的重要组成部分,值得后人学习和借鉴。其中,民国时期的家庭教育尤其值得后人研究和关注。

第一节　选题缘由

家庭教育是随着社会的发展而逐步出现和完善的。在人类社会形成的早期,男女之间的性关系处于完全没有限制的杂乱状态,人们过着"男女杂游,不媒不聘"的生活,因此谈不上有什么家庭,更谈不上有家庭教育。到了原始社会,以婚姻关系的限制为标志的家庭组织开始慢慢出现,形成了群婚制家庭和对偶婚制家庭,此时的家庭教育处于萌芽状态。到了原始社会后期,随着一夫一妻制家庭形式的出现,人类才有了真正意义上的家庭教育。实际上,每个人只要在家庭中生活,家庭教育就是避免不了的,所以家庭教育是伴随人一生的教育,特别是在古代学校教育不发达的情况下,家庭教育

---

① 潘艳红.梁启超谈教育[M].北京:新世界出版社,2014:91.
② 马镛.中国家庭教育史[M].长沙:湖南教育出版社,1997:1.

呈现出一种终生教育的特征。

家庭是人成长和发展的摇篮和人生的第一所学校,父母是孩子的第一任教师,家庭教育是我国当前教育改革与发展的重要课题。《国家中长期教育改革和发展规划纲要(2010—2020年)》中明确指出了家庭教育在教育改革和发展中的地位和作用,强调学校教育、社会教育和家庭教育要紧密结合。特别指出:"充分发挥家庭教育在儿童少年成长过程中的重要作用。家长要树立正确的教育观念,掌握科学的教育方法,尊重子女的健康情趣,培养子女的良好习惯,加强与学校的沟通配合。"①当今社会正处于百年未有之大变局,家庭教育的地位和作用正日益凸显,全社会需要重新审视家庭教育,给予家庭教育应有的定位,努力改善家庭教育的状况,使家庭教育在人成长和发展的过程中占据其本应占据的重要地位。

民国时期是中西文化交流、融合的重要时期,是中华民族发展历史上一个重要的转折时期。民国时期的家庭教育出现了进步的西式教育与传统的中式教育之间的碰撞和冲击,家庭教育思想进步与保守并存,使得民国家庭教育进入了由传统向近代转型的关键时期。民国时期的家庭教育在理论和实践方面都做出了难能可贵的探索,如对于儿童的发现和认识、家庭教育原则和方法的科学化、对子女教育的重视、家庭教育出版物的繁荣、家校合作的兴起、家庭教育立法等诸多方面,民国时期这些关于家庭教育的前瞻性探索正是我们当今家庭教育所提倡和开展的。为有效地开展当今的家庭教育,更好地解决当前家庭教育所面临的一系列问题,迫切需要我们从过去,特别是民国时期教育家的家庭教育中,去寻求借鉴和启发。

我国党和国家领导人历来高度重视教育,将教育视为党之大计和国之大计,在多个公共场合强调培养教育家的必要性和重要性。2010年,《国家中长期教育改革和发展规划纲要(2010—2020年)》指出:"创造有利条件,鼓励教师和校长在实践中大胆探索,创新教育思想、教育模式和教育方法,形

---

① 国家中长期教育改革和发展规划纲要(2010—2020)[M].北京:人民教育出版社,2010:12.

成教学特色和办学风格,造就一批教育家,倡导教育家办学。"①2021年10月23日,《中华人民共和国家庭教育促进法》正式公布,目的是为了发扬中华民族重视家庭教育的优良传统,引导全社会注重家庭、家教和家风,增进家庭幸福与社会和谐,培养德、智、体、美、劳全面发展的社会主义建设者和接班人。

当今教育事业的发展需要一大批教育家的引领,时代呼唤教育家的出现。民国时期就是一个大师云集的时代,在教育领域出现了众多的教育家,如梁启超、严复、黄炎培、蔡元培、胡适、陶行知、陈鹤琴、郑晓沧、胡适、蒋梦麟等,形成了民国时期独具特色的教育家群体。探讨和研究民国教育家群体的家庭教育生活,有助于我们汲取他们家庭教育的宝贵经验,为我国当前的家庭教育提供借鉴和参考。

第二节　概念界定

一、民国时期

本书所提到的"民国时期"是指从1912年辛亥革命结束清王朝统治、建立中华民国到1949年中华人民共和国成立前这一历史时期。

二、家庭教育

一般认为,家庭教育是在家庭成员生活中实施的教育。家庭并不是与人类社会的产生同时出现的,而是社会发展到一定历史阶段才产生的。目前,学术界对于家庭教育的概念尚未完全达成一致的观点。

顾明远认为,所谓家庭教育是指"家庭成员之间的相互教育,通常多指父母或其他年长者对儿女辈进行的教育。家庭教育是社会整个教育事业的

---

①《国家中长期教育改革和发展规划纲要(2010—2020年)》[M].北京:人民教育出版社,2010:54-55.

重要组成部分,具有不可代替的特点和作用"①。《中国大百科全书》认为,家庭教育是指"父母或其他年长者在家庭内自觉地、有意识地对子女进行的教育。家庭教育是社会整个教育事业的重要组成部分,具有不可替代的特点和作用"②。赵忠心在《家庭教育》一书中指出:"家庭教育有狭义和广义之分。狭义的家庭教育,一般是指子女从出生到入学之前(即从零岁到六七岁)这一段时间内,由家长对他们实施的教育和影响,称作学龄前家庭教育。广义的家庭教育,是指子女从出生一直到长大成人在一生中所受到的家长对他们实施的全部教育和影响,包括直接和间接的,有意的或无意的,一般称作终身教育。"③

　　民国时期的学术界关于家庭教育的认识与当今的家庭教育的看法虽有相似,但略有不同。如民国教育家王鸿俊认为:"家庭教育,本有广狭二意:狭义之家庭教育,系指子女入学以前之教育,又名之曰'学前教育',其意即谓子女入学以前时期之教育,应有家庭负责,子女既入学之后,似可将教育责任,完全委之以学校矣。广义之家庭教育,系指家庭对于子女一切直接或间接,有意或无意之种种精神上,身体上之教育也。现在所谓家庭,应为广义之家庭教育。"④此外,家庭教育的范围还可以扩大为增进"家庭教育功能"的其他种种教育活动,如家庭教育出版物的发行、政府制定相关家庭教育的法令对家庭教育进行干预和指导、学校层面所开展的家校合作活动等。另外,家庭之外的机构、团体和政府参与到家庭教育的指导和推动中来,也使得家庭教育的范围大大增加。因此,笔者认为,狭义的家庭教育是指父母对于子女身体、智力、道德等方面所施加的直接或间接的养育和教育;广义的家庭教育是指除了年长者对子女所进行的身体、智力、道德等方面所施加的直接或间接的养育和教育,还包括增进"家庭教育功能"的其他教育行为和活动。

---

① 顾明远.教育大辞典(第1卷)[M].上海:上海教育出版社,1990:11.

②《中国大百科全书》编撰委员会.中国大百科全书(教育卷)[M].中国大百科全书出版社,1985:140.

③ 赵忠心.家庭教育[M].北京:中央广播电视大学出版社,1989:4.

④ 王鸿俊.家庭教育[M].北京:正中书局,1942:1.

家庭教育是一种家庭成员之间相互影响的教育,是伴随人一生的教育,具有终身教育的特点。因此,本研究所探讨的家庭教育便是指父母对子女所采取的有目的、有计划的终身教育活动,这种终身教育的目的在于通过家庭教育培养子女正确的理想、道德、性格、习惯等,进而使子女成人、成才。

三、教育生活史

教育生活史是教育史学研究的一个新领域,是教育活动史研究的拓展和升华,由教育学、历史学、社会学、人类学等学科相互交叉而形成。周洪宇认为,教育生活史是在特定的社会历史情境下,以教育参与者自身所经历的事件,通过他们的所见、所闻、所思,以"跨界视角"体现个体的价值生命,呈现教育生活的鲜活内容。教育生活史有广义和狭义之分,广义的教育生活史是指一切与教育生活有关的历史,它既包括学校教育生活,也包括家庭教育生活、社会教育生活及其他各种教育生活。就狭义而言,主要指教育者与受教育者的教育生活,范围主要集中在学生、教师、学校、校长之间的教育生活。[1]教育生活史研究对于深化人们有关历史事实和真相的认识,拓展学术研究的领域,加强教育史学学科的建设,乃至为改善当下普通民众尤其是教育工作者的教育生活,都有现实的借鉴参考意义。

家庭教育生活史是教育生活史的重要组成部分。教育生活史理论是研究民国教育家家庭教育生活的重要理论基础。

第三节 学术史研究回顾

中国是一个文明古国,自古以来就非常重视家庭教育。我国家庭教育发展的历史较为悠久,历代流传下来的关于教导家庭子女的家书、家训、家范、家规等家庭教育史料非常丰富,积累了非常宝贵的家庭教育经验。随着社会经济和文化的发展,人们对家庭文化和家庭教育的重视程度日益提高,

---

[1] 周洪宇.教育生活史:教育史学研究新视域[J].教育研究,2015(6).

民国教育家群体家庭教育生活研究

家庭教育史研究逐渐引起了学术界的重视。经过几十年的发展,我国的家庭教育史学科体系得以基本形成。特别是改革开放后20世纪八九十年代,家庭教育作为一个独立的研究领域引起学术界的共同关注。

一、关于生活史的研究

(一)日常生活史研究

西方的生活史研究主要着力于微观史学领域。意大利学者金兹伯格的《乳酪与蛆虫——一个16世纪磨坊主的精神世界》一书,从民众日常的生活琐事中去发觉时代跳动的脉搏,该书被奉为微观史学的经典之作。法国勒华拉杜里的《蒙塔尤:1294—1324年奥克西坦尼的一个山村》,细致入微地表现了微观史学的治学方法,他运用了一个小山村的日常生活、个人隐私、矛盾冲突等详细的一手资料,运用历史学、人类学和社会学的方法再现了600多年前该村居民的生活、思想、习俗以及14世纪法国的特点,从一个微观世界观照了宏观世界。

日常生活史于20世纪70年代末在意大利异军突起,更加明确地视野下移,关注普通微观群体,书写其衣食住行、生老病死等内容。在我国,改革开放以后尤其是近年来,历史学者如常建华、刘新成、忻平等,均注重日常生活史理论研究,强调社会生活转向日常生活,并力图剖析日常生活的重要价值和意义。史学界不仅重视日常生活史的理论探究,且已经涌现了大批日常生活的历史研究。他们有的研究了某一地区的日常生活状态,有的则专门就一个个体的日常生活进行了研究。如史景迁对中国普通妇女王氏的研究,通过娓娓道来的文字还原了时代背景下的小人物的日常生活和命运图景。马学强和张秀莉对买办社会生活的研究则关注了买办日常生活中的教育、收入、消费以及婚姻等,并兼及和社会时代背景互动。同时必须指出的是,我国旅美学者王笛、华裔学者卢汉超专门应用细致细腻的文字和笔调,重塑了袍哥、人力车夫等群体的日常生活。我国台湾学者连玲玲专门再现了民国时期上海百货公司职员的生活细节,也审视了店员群体与业主、报纸文人等之间的利益与冲突。

其他学者如王笛的《茶馆:成都的公共生活和微观世界(1900—1950)》一书以大量的史料,从市民生活的角度表现了100多年前成都人的公共生活世界,书中逼真的场景再现以及对于生活史的细节表述,具有很好的启迪价值。教育生活中所流淌的人生感悟,历来受到教育亲历者的重视,一些教育文人的自述或回忆对于教育生活史研究具有重要的启示作用,如杨亮功的《早期三十年的教学生活·五四》,以作者的亲身自述和经历反映了清末民初教育大转型时期那些站在时代潮头的教育者们所具备的灿烂智慧,他们对于教育生活的感知,成为展示新旧教育嬗变弥足珍贵的史料。近代诸多学人的丰厚记述对于变化中的教育生活的认知,也给人一种耳目一新的感觉,如蒋梦麟的《西潮与新潮》、陈鹤琴的《我的半生》、蒋廷黻的《蒋廷黻回忆录》等作品。

（二）教育生活史的理论探索

在教育生活史理论建构方面,周洪宇在《教育生活史:教育史学研究新视域》一文中,系统阐释了教育生活史的基本内涵,认为教育生活史有广义和狭义之分。指出了教育生活史在研究的整体架构上,具有宏大的学术气象。它既体现了多学科的融合,同时也具有自身独特的研究体系和方法。此外,周洪宇、刘训华在《论教育生活史研究的学术传承》一文指出,教育生活史理论的提出,是教育研究走向细微化、个性化和生活化的时代需要,指出教育生活史的西学基础是兰克史学、年鉴学派与新史学;日常生活史是教育生活史微观视野的形成基础;教育活动史是教育生活史最直接的学术源头;历史叙事与教育叙事是教育生活史表现形式的实践基础。此外,刘训华指出,生活叙事、文学形式与重回现场是学生生活史研究的三个维度。上述研究为教育生活史研究提供了理论支撑。

（三）教育生活的历史研究

在教育生活的历史研究方面,司洪昌的《嵌入村庄的学校——仁村教育的历史人类学探究》通过现实与历史的相互构镜,将研究者"我"自然而然地带入研究过程之中。刘云彬的《从启蒙者到专业人——中国现代化历程中教师角色演变》站在历史人物的立场上,通过对《退想斋日记》史料的把握,淋漓尽致地表现了一个读书人的教育生命实践。此外,蒋纯焦的《一个阶层的消失:晚清以降塾师研究》紧扣塾师这一研究对象,以纵向的历史段落表现不同时期塾师的生存面貌和教育生活。

在学生生活史方面,施扣柱的《青春飞扬——近代上海学生生活》以1843年至1950年的上海高等学生群体和中等学生群体为研究对象,描述出高等、中等学校的近代新式学堂中的学生日常生活史。姜丽静的《历史的背影:一代女知识分子的教育记忆》一书选取北京女子高等师范学校的冯沅君、庐隐和程俊英为个案,通过对她们在大历史背后的个人生活史的细致缕述和微观考察,寻觅出女性知识分子成长的特殊履迹及其心路历程。此外,孙崇文的《学生生活图景:世俗内外的教育冲突》、刘训华的《困厄的美丽——大转局中的近代学生生活(1901—1949)》等,亦从不同的角度真实展现了各个时期学生生活的时代风貌和特征。

在教师生活史方面,高盼望的《民国时期乡村教师的生活研究》一文,以民国乡村教师为主要研究对象,系统研究了民国时期乡村教师的日常生活,为教师生活史研究提供了较好的借鉴。就大学教师生活的历史研究来看,田正平、吴民祥、邓小林等对大学教师聘任和检定活动进行了研究;陈育红等对民国时期部分大学的教授薪俸进行了研究;张明武专门对民国时期武汉地区大、中、小学教师的薪俸进行了研究,且为我国当前教师工资制度改革提供了借鉴。此外,商丽浩等对大学教师兼课活动的研究和刘丰祥等对民国时期大学教师休闲文化的研究,则展示了近代大学教师教学、研究活动之余的兼课、休闲等活动,还原了部分大学教师的日常生活侧影。

(四)传统教育家群体研究领域对生活史的零散关注

罗炳之的《中国近代教育家》以分章叙述教育家生平与教育思想的形式,论述了教育家群体的生平与哲学、社会政治、教育思想之间的关系。章开沅、余子侠的《中国著名大学校长书系》从学术、管理与社会交往入手,分述了近代大学校长群体的治校史。郭齐家、施克灿的《中国近代教育家》从思想主流与生活经历角度,论述了中国近代教育家群体的思想与生活。

综上所述,生活史研究是当前学术研究的热点与趋势之一。从现有研究来看,作为教育活动参与者的教师与学生的生活史,从理论到实践层面,前人均已有了初步的研究成果。但以教育家群体作为研究对象进行专项的生活史探讨还不多见,且现有研究大多是以传记、述评形式加以总结,在生活化、专题性方面还未进入实证研究的层面。教育家群体学术与生活史研究现状,正是开展本研究的基础和前提。

二、关于家庭教育的研究

(一)关于古代家庭教育的研究

关于古代家庭教育的研究主要集中在精英群体,如颜之推、司马光、朱熹、袁采、陆游、苏轼、柳清之、王守仁、陈宏谋、曾国藩、左宗棠等人。此外,古代家庭教育研究还集中在断代史的研究上,主要涉及对魏晋南北朝、宋、明、清家庭教育的研究。上述研究成果以论文居多。

此外,一些学者从家庭教育史研究逐步扩充到家族教育史、宗族教育史的研究,逐步形成我国地方家庭教育史的研究特色。

(二)关于近代家庭教育的研究

相对于古代家庭教育来说,近代家庭教育尤其是民国时期家庭教育的研究还相当薄弱。民国时期,相当一部分专家学者和知识分子积极关注并参与到家庭教育中来,他们或积极为家庭教育的理论建设建言献策,或积极投身于家庭教育的实践当中,为民国家庭教育的发展做出了很大的贡献。

1.家庭教育思想研究

总的来看,民国时期对于家庭教育的研究取得了一定的研究成果。学术界的关注点主要集中在陈鹤琴、梁启超、朱庆澜等精英人物的家庭教育上。

从对民国家庭教育的研究成果和影响程度来看,作为民国影响最大的儿童教育专家,陈鹤琴的家庭教育无疑是学术界关注程度最高的一位教育家。学术界对陈鹤琴的家庭教育的研究主要涵盖和涉及其家庭教育的成因、家庭教育思想的内涵、家庭教育的意义、家庭教育的规律、家庭教育的原则与方法、家庭教育的任务等。有代表性的研究成果如杨文花的《陈鹤琴家庭教育思想研究》(河北大学硕士论文,2017年)、李自斌的《陈鹤琴儿童家庭教育思想评述》(华中师范大学硕士论文,2006年)、刘月琴和王雨萍的《试论陈鹤琴的家庭教育思想》(《教育理论与实践》,1995年第1期)等。

此外,梁启超的家庭教育也是学术界关注的焦点。梁启超作为民国时期百科全书式的学术大师,其家教演绎了"满门皆俊秀,一门三院士"的家庭教育的传奇。对梁启超家庭教育的研究主要有张红霞的《梁启超家庭教育思想研究》(华中师范大学硕士论文,2006年)、鲁春燕的《梁启超家庭教育思想研究》(陕西师范大学硕士论文,2007年)、方利平的《梁启超家庭教育思想研究》(山东大学硕士论文,2008年)、单璐的《梁启超的家庭教育思想及现代启示初探》(上海师范大学硕士论文,2011年)等。

对民国家庭教育的其他名人进行研究的有赵忠心的《朱庆澜的家庭教育思想》(《浙江师范大学学报》,1986年第4期)一文,文中对曾任广东省省长的爱国将领朱庆澜撰写《家庭教育》的原因进行了分析,并对其家庭教育的作用、意义、原则和内容等进行了深入研究和分析。

除了精英人物的家庭教育之外,学术界还研究了近代社会普通知识分子的家庭教育,如郭丽芳的《民国时期普通知识分子的家庭教育思想研究》(华中师范大学硕士论文,2011年),以时代和社会的发展变革为背景,从民国家庭教育的转型入手,对民国知识分子这一特殊阶层的家庭教育进行了深入分析。文中研究认为,受到新思潮洗礼的民国普通知识分子有选择地继承了我国传统教育思想,吸收了西方近代教育理论,其家庭教育思想呈现出崭新的面貌和特点,主要体现在普通知识分子对于家庭教育的目标、任务、方法等方面的认识上,特别是在家庭教育的民主性、科学性观念等方面具有了现代家庭教育的某些特征。

2.家庭教育团体研究

除了对近代家庭教育思想进行研究之外,学者们还关注到了近代家庭教育团体的研究。如黄莉莉的《中华慈幼协会研究(1928—1938)》(华中师范大学硕士论文,2008年)一文,介绍了在中国基督教协会倡导下建立的这一民间慈幼组织,在十年间所开展的儿童保障、儿童教养、儿童卫生、儿童研究、社会教育五大类日常工作,以及在战争灾荒时期为救助难童所开展的各项活动,其中涉及家庭中儿童的教养问题。此外,中华儿童教育社作为民国时期关于儿童教育的权威研究机构,其倡导并推动了我国儿童教育的本土化、科学化和普及化。该社"为纯粹学术机构,以研究小学教育、幼稚教育、家庭教育,注重实际问题,供给具体教材为宗旨"①。南钢以陈鹤琴发起、成立的"儿童教育社"为例,系统地阐述了近代家庭教育团体的建立和发展对促进家庭教育的重要意义:"第一,改变了过去家庭教育分散进行和没有组织机构的现状,有助于联合社会的力量,共同办好家庭教育;第二,是沟通家庭教育理论和实践的桥梁;第三,作为成员的个人大多是社会上的文化精英和教育专家,借助于教育团体可以集中全社会的力量,为家庭教育发展和决策提供相应的指导。"②

3.家庭教育近代变迁研究

随着我国政治、经济的近代化,家庭教育也开始由传统向近代转型。南钢的《我国家庭教育的近代转型》(西北师范大学硕士论文,2001年)一文,通过对古代家庭教育伦理本位的基本价值取向的梳理,阐述了我国近代家庭教育发展的科学性、民主性、开放性等近代转型的特征。

此外,南钢的《上海家庭教育的近代变迁》一书,以近代上海的家庭教育作为研究对象,通过分析影响上海家庭教育的诸多因素,分析了近代上海家庭教育结构、形态上的变化,并论述了上海家庭教育对传统家庭教育的抨击、近代优生优育观念、家庭教育理论观念的近代变迁以及家庭教育的科学化、实物化倾向,呈现了近代上海多元开放、中西并举的家庭教育体系。

(三)关于当代家庭教育的研究

当前,我国已经初步形成了家庭教育史研究体系,有很多代表性成果,如马镛的《中国家庭教育史》(1997年);赵忠心、周雪敏的《中国家庭教育发展史》(2020年),以及徐少锦、陈延斌的《中国家训史》(2011年)等。上述著作从整体上对中国家庭教育史进行了探讨和研究。

此外,还出版了一批与家庭教育史相关的著作,它们从不同程度上促进

---

① 儿童教育[J].中华儿童教育社,1929(10).

② 南钢.上海家庭教育的近代变迁[M].太原:山西教育出版社,2010:219.

了家庭教育史学科体系的完善和发展。有代表性的如陈汉才主编的《中国古代幼儿教育史》（广东高等教育出版社，1996年）、杜成宪和王伦信主编的《中国古代幼儿教育史》（上海教育出版社，1997年）、喻本伐主编的《中国幼儿教育史》（大象出版社，2000年），以及何晓夏主编的《简明中国学前教育史》（北京师范大学出版社，2007年）、唐淑和钟昭华主编的《中国学前教育史》（人民教育出版社，1993年），等等。

（四）研究的不足之处

应当指出的是，我国家庭教育史的研究，已经取得了巨大的成就和进步，初步建立和形成了具有中国特色的家庭教育史学科体系，但同时也存在一些不足之处，主要有如下三个方面：

（1）重古代家庭教育史研究，轻近现代家庭教育史研究。整体来看，学术界关于家庭教育史的研究主要集中在古代家庭教育，如关于古代家训、家规、家法等方面的研究，而对于近现代家庭教育史则缺乏足够的关注，仅仅注重对近现代政治家、著名教育家、思想家的家庭教育研究，如曾国藩、梁启超、陶行知、陈鹤琴、鲁迅等。这样既缺乏古代家庭教育与近现代家庭教育的比较，也缺乏中国家庭教育史的整体研究和关照，无法全面再现我国家庭教育史的整体面貌。

（2）重国内家庭教育史研究，轻国外家庭教育史研究。目前关于家庭教育史的研究主要集中在国内家庭教育史，缺乏与国外家庭教育史的横向与纵向比较研究。这样会导致我们无法定位我国家庭教育史在世界家庭教育史上的地位，也不能及时发现我国家庭教育史与其他国家和地区家庭教育史之间的差异，影响学习和借鉴国外优秀家庭教育的精华，难以做到洋为中用，影响构建科学的家庭教育史学科体系。

（3）重家庭教育史实践研究，轻家庭教育史理论研究。目前，我国家庭教育史的研究主要侧重于对家庭教育史的经验总结，缺乏家庭教育史的理论建构，目前笔者搜集到的关于家庭教育史理论探讨的资料只有为数不多的成果如《中国古代家庭教育的理论与实践》等，表明家庭教育史的研究水平和研究层次有待进一步提升。

第四节　研究设计

一、研究思路

本研究思路在历史和逻辑相统一原则的指导下依次分为历史和逻辑两个层面展开。其中,历史层面是研究的主体部分。这部分先以社会角色理论为开端,分析民国时期教育家群体的角色变迁,在研究范围方面划分了民国时期教育家群体的家庭日常生活的构成,包括日常家庭教育生活、日常经济生活、日常消费生活、日常交往生活、以及爱情和婚姻生活,继而在马克思唯物史观指导下,综合应用历史分析法、文献分析法等研究方法,结合教育家群体日常生活的家谱、族谱、档案、回忆录、日记、书信等相关史实资料,力争再现和还原民国时期教育家群体家庭教育的日常生活原貌。

逻辑层面主要是导论、思考和启示两部分。导论部分通过文献综述、研究方法、理论参照、资料说明等回答了为什么研究、研究什么以及如何研究三个问题。思考和启示部分则以史为鉴,回顾过去、基于现实,探索当前教育家群体家庭日常生活完善的实然路径,以此为基础关注家庭教育的生活实况,探索总结家庭教育的经验和规律,进而推动当代家庭教育的发展。

二、研究对象的个案选择

本研究的研究对象是民国时期教育家群体,具体研究其日常家庭教育生活,主要包括家长与子女的日常经济生活、日常消费生活、日常交往生活、爱情和婚姻生活等,透过其日常家庭教育生活反映社会变迁的主动推动和被动接受,最终形成对当前的借鉴和启示。需要说明的是,此处的教育家群体仅指民国时期影响较大的教育家,重点选取在家庭教育理论与实践方面有所建树的教育家。普通的教育工作者不在本研究的范围之列。

三、研究方法

本研究主要采用教育史学研究方法的三层次分类法,具体如下:

(1)教育史学研究的理论基础,对整个教育史学研究起着基本的定向作用,是指导教育史学研究的理论基础。本研究以马克思主义唯物史观为理论基础。

(2)教育史学研究的一般方法。本研究主要采用历史分析法、比较分析法,通过历史分析法整体展现民国教育家群体的日常生活,通过比较分析法力图比较民国时期不同的教育家的家庭文化、经济条件、生活环境、家庭教育教学风格等方面的差异。

(3)教育史学研究的具体方法。其一,主要应用历史学科的文献分析法,整理相关文献发现相关线索、理论等,为本研究提供坚实理论和资料基础。其二,吸收历史学跨学科研究成果的方法和视角。通过日常生活史学力图实现研究视野下移,重点关注和剖析教育家群体的家庭日常生活等,通过身体史和心理史学深入分析教育家群体家庭的心理变化等,生动直观地再现教育家群体的生活原貌。

第一章　家庭教育的历史考察

家庭教育作为人类的一种重要的社会活动,历史悠久,源远流长。教育是在人类生产劳动中产生的。在原始社会早期,人类在制造工具、使用工具、进行生产劳动的过程中,积累了生产劳动和生活的经验。年长的一代为了使新生的一代更好地从事生产劳动和适应当时恶劣的生活环境,就自觉地在日常生活和生产劳动中,把积累起来的生产经验和生活经验传授给新生的下一代。人类这种传授生产经验和生活经验的活动就是教育。在家庭没有出现之前,儿童教育是由社会来承担的。在原始社会后期,已经出现了家庭这种社会组织形式,自此儿童的教育便由社会转交给家庭。当人类社会出现了一夫一妻制的个体家庭时,家庭就成为人类社会生产和生活的基本单位,家庭教育也就正式产生了。

第一节　家庭的产生和发展

家庭并非是与人类社会同时出现的,而是社会发展到一定历史阶段的产物。

恩格斯将人类社会的发展划分为三个时代,即蒙昧时代、野蛮时代和文明时代。与此同时,产生了与此相适应的三种婚姻家庭形式,即群婚制、对偶婚制和一夫一妻制家庭。

在我国原始社会早期,由于生产力发展水平极其低下,单靠个人的力量无法抵御大自然和猛兽的侵袭,人们常常聚居在一起,过着"群居野处""茹毛饮血"的生活,性关系十分混乱,此时尚未形成一定的婚姻关系,属于原始群婚制的杂婚(乱婚)阶段,因而还不可能形成家庭。

随着人类生产力的进一步发展,在原始社会末期开始出现了以通婚限制为主要标志的第一种家庭形式——血缘家庭。"血缘家庭"仍然是群婚制家庭,性交关系仍然处于杂乱状态,人们往往只能辨认母亲,无法辨认父亲。此时,由于生产力发展水平极为低下,母亲还无法脱离生产劳动抚养和教育自己的子女,只好将子女交给群婚制家庭的老年人抚养和教育。此时也可以说产生了家庭教育,但带有明显的"公育"性质,还不属于真正意义上的家庭教育。

在蒙昧时代的晚期,人类社会出现了第二种家庭形式——对偶婚制家庭。在这种家庭中,人们虽然能辨认出孩子的父亲,但由于受到生产力发展水平低下的限制,子女仍不能由生身父母亲自抚养和教育,依旧交由大家庭的成员共同抚养和教育,亦带有"公育"的意味,这也不能称为真正意义上的家庭教育。

当人类社会发展到野蛮时代的晚期,随着生产力发展水平的提高,生产能力的不断增强,男人在生产劳动中的地位逐步提高,逐渐从母系氏族社会发展到父系氏族社会。男人通过自己的劳动,逐渐积累了属于自己的财产,并希望能有专属于自己的子女继承他的财产。由此,男人产生了独占妻子的要求,对偶婚制开始向一夫一妻制过渡,这样就在原始社会末期出现了以父权制为特点的一夫一妻制的家庭。从此,父母就开始在家庭中对子女进行教育,真正意义上的家庭教育开始出现了。

父权制家庭一经产生,就成为影响社会发展进程的主要力量。恩格斯对父权制家庭作了这样的描述:"在古代氏族制度中就出现了一个裂口,个体家庭已成为一种力量,并且以威胁的姿态与氏族对抗了。"[1]恩格斯对此肯定地说:"它的最后胜利乃是文明时代开始的标志之一。"[2]从此之后,父权制

---

[1] 中共中央马克思恩格斯列宁斯大林著作编译局.马克思恩格斯选集(第4卷)[M].北京:人民出版社,2012:158.

[2] 中共中央马克思恩格斯列宁斯大林著作编译局.马克思恩格斯选集(第4卷)[M].北京:人民出版社,2012:57.

家庭就成为我国奴隶社会、封建社会的主要家庭形式。时至今日,父权制家庭在我国依然处于优势地位,在我国依然有着广泛的影响。

我国的父权制家庭经历了长期的发展,逐渐形成了自己的特色。主要表现在以下三个方面:第一,家庭与政治联姻,形成了我国古代独有的"家国同构"的政治模式。家国同构是指家庭、家族和国家在组织结构方面的共同性。[①]在殷商时期,形成了以血缘关系为纽带的嫡长子继承制的宗法制度,建立了由天子—诸侯—卿(大夫)—士所组成的严密的家庭统治网络系统,对我国社会和历史产生了深远的影响。张岱年对宗法制做出了这样的评价:"在一定意义上说,中国的奴隶社会是宗法奴隶制,是家族的政治化。这是中国与印度、欧洲的重大区别,这种区别大大影响了文化形态。"[②]在古代,家庭和谐事关国家繁荣昌盛,家庭治理的成功与否直接关系到国家治理的成败。《礼记》中的《大学》篇载曰:"物有本末,事有终始,知所先后,则近道矣。古之欲明明德于天下者,先治其国;欲治其国者,先齐其家;欲齐其家者,先修其身;欲修其身者,先正其心;欲正其心者,先诚其意;欲诚其意者,先致其知;致知在格物。物格而后知至,知至而后意诚,意诚而后心正,心正而后身修,身修而后家齐,家齐而后国治,国治而后天下平。"[③]第二,受到宗法制度的影响,家庭与宗族、家庭与家族的关系日益密切。同姓宗族的族长不仅在家族内部享有较高的地位和威望,同时还是整个国家的统治者,形成了我国古代所独有的"家天下"的政治格局。宗族作为一种社会势力,始终在一定程度上影响和左右着中国古代历史发展的进程,宗族和家族势力始终左右着政治势力。因此,要研究古代的家庭和家庭教育,就不能不研究古代的家族和家族教育。第三,男子在父权制家庭中享有至高无上的权利。在封建社会以"传宗接代"为财产继承方式观念的强化和推动下,男子的主导和统治地位不断得以巩固,出于对家长的敬畏而形成了一整套维系家庭秩序的家庭伦理道德规范,成为中国古代社会伦理道德规范的重要组成部分。

① 南钢.我国家庭教育的近代转型[D].兰州:西北师范大学,2001:7.

② 张岱年,方克立.中国文化概论[M].北京:北京师范大学出版社,1994:63.

③ 戴圣.礼记·大学[M].

第二节　古代家庭教育的发展

家庭教育是从一夫一妻制的家庭产生后才真正开始出现的。我国古代非常重视家庭教育,人们将家庭的兴衰,都寄托在子孙后代上,认为"子孙贤则家道昌盛,子孙不贤则家道消败"①。按照家庭教育发展的时间顺序,可将古代家庭教育划分为以下四个时期:

一、家庭教育的萌芽期(黄帝——西周时期)

据史书记载,家庭教育最早可追溯到黄帝时期。黄帝时期处于我国原始社会后期的父系氏族时期,当时已产生了父权制家庭。据《商君书·画策》记载:"神农之氏,男耕而食,妇织而衣,刑政不用而治,甲兵不起而至,神农既没,以强胜弱,以众暴寡,故黄帝为君臣上下之义,父子兄弟之礼,夫妇匹配之合,内行刀锯,外用甲兵,故时变也。"②可见,黄帝时期已经制定了君臣、父子、夫妇的礼仪道德规范,用以治理国家。这一时期关于家庭教育的记载,最早可见的是黄帝对孙子颛顼的教诲。黄帝曾经有《诲颛顼》的文字流传下来。在《吕氏春秋·序意》中,文信侯这样说道:"尝得学黄帝之所以诲颛顼矣,爰有大圜在上,大矩在下,汝能法之,为民父母。"③黄帝教诲颛顼说,如果能上揆之天,下验之地,中审之人,以汲取治乱存亡之道,就能做百姓的表率,治理百姓,这是黄帝在教育孙子治国之道。此外,《论语》中记载了周公旦对子伯禽的家训:"君子不施其亲,不使大臣怨乎不以。故旧无大故则不弃也,无求备于一人。"④另据《大戴礼记·武王践阼》记载,周武王即位后,曾向姜太公问颛顼之道,姜太公告其在《丹书》中。所谓《丹书》,是以黄帝的名

① 马镛.中国家庭教育史[M].长沙:湖南教育出版社,1997:1.
② 黄崇岳.中华民族形成的足迹[M].北京:人民出版社,198:2-3.
③ 吕不韦.吕氏春秋·序意[M].
④ 孔子.论语·微子[M].

义流传下来的文字,相传这是颛顼教育子弟的文字,该书全文不到40字:"敬胜怠者强,怠胜敬者亡。义胜欲者从,欲胜义者凶。凡事不强则枉,不敬则不正。枉者灭废,敬者万世。"意思是说,以敬胜怠,以义胜欲,不要懒惰懈怠,不要一味放纵自己的情欲。凡事都要恭谨慎重,遵循道义,这样方能长久保持不败。

二、家庭教育的初步发展期(春秋——两汉时期)

春秋战国时期,随着王权衰落、官学衰败,私学开始兴起,文化开始下移到民间,平民有了通过自身的努力改变出身和现状的机会,许多家庭开始注重家庭教育。秦朝中央集权政府的建立和汉朝"独尊儒术"的文教政策,使得读书做官成为社会的普遍追求,教育得到全社会的重视,许多家长开始自觉重视家庭教育。这一时期,家庭教育有以下几个特点:第一,史籍中出现了关于家庭教育故事和范例的记载。如《论语》中记载的孔子对孔鲤进行家庭教育的家训、《列女传·母仪传》记载的"孟母三迁"的故事、《史记》中所记载的《孔子世家》《留侯世家》等、《汉书》中所记载的《韦贤传》《贾彪传》《疏广传》等、《后汉书》中所记载的《郭汲传》《范宏传》《郑玄传》等,此外《战国策》中也有关于家庭教育的记载。第二,这一时期出现了家训、家诫等进行家庭教育的形式载体。较为著名的家训如战国时期田稷的母亲训诫儿子的话:"修身洁己,不为苟得。"又如刘邦所写的《手敕太子》、司马谈所写的《命子迁》、东方朔所写的《戒子》、刘向所写的《戒子歆书》、马援所写的《戒兄子言、敦书》、郑玄所写的《戒子益恩书》、孔臧所写的《与子琳书》、范宏所写的《诫子》,以及蔡邕为教育女子专门所写的《女诫》等。家训、家诫作为一种新型的家庭教育形式,在当时起到了促进家庭教育发展的良好效果。第三,这一时期开始初步形成一些不太成熟的家庭教育思想。如关于家庭教育内容方面提出的"爱子,教之义方"[①],关于家庭教育方法提出的"君子之于子,爱之而勿面,使之而勿貌,导之以道而勿强"[②],关于教育环境影响提出的"里仁为

---

① 左丘明.左传·隐公三年[M].

② 荀子.荀子·大略[M].

美。择不处仁,焉得知"①,此外还有这一时期提出的重视及早施教的胎教理论等。上述家庭教育思想虽然还很不成熟、不系统,但为我国以后家庭教育的发展奠定了坚实基础。

三、家庭教育的繁荣期(三国——隋唐时期)

自东汉末年,宦官乱政,政局混乱,社会动荡不安。我国先后经历了三国鼎立、西晋、东晋十六国朝代更迭,南北朝的分裂与对峙。直至隋朝统一全国,我国才重新进入封建社会的统一期和繁荣期。受到这一时期战乱、颠沛流离生活的影响,许多家庭出于对家庭子弟的安全和幸福的考虑,结合自身的经历和经验,撰写出不少流传后世的经典家训,以警诫教育后代子孙,这在一定程度上促进了家庭教育的繁荣。这一时期家庭教育的特点主要表现在如下三个方面:

第一,用于家庭教育的家训数量激增,且不乏精品之作。有代表性的家训如曹操所写的《戒子植》、向郎所写的《遗言诫子》、王祥所写的《训子孙遗令》、羊祜所写的《诫子书》、王修所写的《诫子书》、陶渊明所写的《与子俨等疏》,等等。其中,诸葛亮所写的《诫子书》、颜之推所写的《颜氏家训》、唐太宗李世民所写的《帝范》等皆属于家训中的精品之作。

第二,出现了家庭教育思想的理论化、系统化。如唐代家庭教育的训女书——《女孝经》与《女论语》。其中最有代表性的是颜之推的《颜氏家训》,该书结合作者自己的生平见闻,详细论及家庭中的治家、为人、治学之道,内容涉及范围广泛,涵盖教育、历史、文学、训诂、文字、音韵、民俗、社会、伦理等诸多方面,从序致、教子、兄弟、后娶、治家、风操、慕贤、勉学、涉务等12个方面阐述了治家之法,对后世产生了深远影响。宋人陈振孙高度评价该书为"古今家训以此为祖",《颜氏家训》成为我国古代第一部家庭教育的专著,在家庭教育发展史上具有重要的地位。

第三,家庭教育的范围进一步扩大,涵盖早期教育、胎教、女子教育等诸多方面,涵盖人的修身、立志、德行、为学、立身处世、尊师、理财、致用等各个

---

① 孔子.论语·里仁[M].

方面,进一步丰富了家庭教育的功能,开拓了家庭教育新的领域。

四、家庭教育的持续发展期(宋——元明清时期)

宋元明清时期是我国封建社会由盛转衰的时期,封建君主专制制度进一步加强。宋明理学思想的发展对这一时期家庭教育的发展产生了重要影响,如在家庭教育中,父权制家长作风进一步盛行,更加重视从严治家,注重家风、家法的营造和灌输等。这一时期的家庭教育呈现出如下三个特点:第一,家庭教育的著作数量激增。据《中国丛书综录》记载,我国古代家训类书籍总计114种,其中明代有28种,清代有62种,两项总计占我国古代家训总数的78%以上。①说明这一时期家庭教育得到全社会的普遍重视,家庭教育得以快速发展。第二,家庭教育著作的质量有质的提升,对后世影响深远。这一时期有代表性的家训著作有司马光的《温公家范》和《涑水家仪》、朱熹的《蒙学须知》、袁采的《袁氏世范》、朱用纯《朱子治家格言》、孙奇逢的《孝友堂家规》和《孝友堂家训》、高攀龙的《忠宪公家训》、张履祥的《训子语》、王筠的《教童子法》、崔学古的《幼训》等。上述家训著作有的已体现出理论化、系统化的程度,有的(如《蒙学须知》等)甚至被奉为教材,被广泛传播和学习,在我国家庭教育史上占有一定的地位。第三,家庭教育得以普及。这一时期,上至帝王将相、仕宦名臣,下至平民家庭,都开始注重家庭教育。这一时期"对家庭教育的重视,对于家庭文化的建设,已经成为一种自觉的文化活动"②。

第三节　民国时期家庭教育的发展

民国家庭教育的发展,是与中国近代社会的发展和变革密切相关的。民国家庭教育的发展不是来自我国原有封建教育体制内部自身的主动变

---

① 杜成宪,王伦信.中国幼儿教育史[M].上海:上海教育出版社,1998:53.
② 张艳国等.家训辑览[M].武汉:湖北教育出版社,1994:11.

革,而是受到外国资本主义文化教育的冲击和压迫,带有极大的被动接受的痕迹。民国家庭教育的发展,一方面受到我国传统教育和文化的影响,另一方面受到中西文化交流特别是"西学东渐"思潮的影响。

一、近代留学人士对西方家庭教育思想的引入

19世纪末20世纪初,清政府迫于内外部的压力开始进行清末新政教育改革,并选派大批留学生赴日留学,开始介绍、引进日本教育。日本在明治维新之后,大力引进和学习西方教育,1899年日本制定了本国幼儿教育的独立规程——《幼稚园保育及设备规程》,走出了移植、模仿欧美幼儿教育思想的阶段,形成了一整套具有日本民族特色的幼儿教育新模式。日本先进的幼儿教育模式对在日本的留学生和旅日人士来说,是一次全新的思想洗礼。他们通过各种形式,将日本的幼儿教育思想引入我国。如梁启超1902年曾在《新民丛报》上发表了《教育政策私议》一文,借鉴日本和西方国家按照年龄对青少年进行分期教育的方案,认为"求学譬如登楼,不经初级,而欲飞升绝顶,未有不中途挫跌者"[①]。他制定出一个"教育期区分表",将5岁以下划分为"家庭教育期"和"幼稚园期";6到13岁划分为"小学校期"(又称为儿童期);14到21岁划分为"中学校期"(又称为少年期);22岁到25岁列为"大学校期"(又称为成人期),这样的教育分期令国人耳目一新。维新运动的领袖康有为在运动失败后,流亡日本期间,借鉴德国教育家福禄培尔的经验,提出了在初等教育阶段设置"胎教院"(又称为"人本院")、"育婴院"和"慈幼院"等,初步构建了学前教育体系。

这一时期,留日学生在他们自己创办的刊物《浙江潮》上,经常刊登一些评介西方国家和日本教育制度、儿童教育和教育家言论的文章,将其引入国内。上述这些做法对促进民国时期家庭教育的发展起到了积极的作用。

陈鹤琴作为留学美国的专门从事儿童教育和心理学方面学习研究的代表性人员,于1919年从美国留学回国以后,借鉴实用主义教育理论和在美国学得的教育学和心理学的研究成果,提出了革新民国家庭教育的主张,通过

① 梁启超.梁启超论教育[M].北京:商务印书馆,2017:107.

提倡、实践儿童教育思想来引导民国家庭教育思想的转变。陈鹤琴结合我国的实际,于1925年先后出版了《儿童心理之研究》和《家庭教育》两本著作,对民国时期幼儿教育学和家庭教育学的创建发展做出了卓越贡献。

二、西方传教士对西方家庭教育思想的引介

民国时期,西方传教士对我国幼儿教育和家庭教育的发展产生了非常重要的影响。西方传教士在中国开设教堂、创办学校、设立医院等诸多教会机构。其中教会机构所附设的育婴堂、孤儿院,将西方国家的育儿知识和家庭教育理念引入中国,使当时的国人对家庭教育的认识发生了巨大的转变。

其中,英国传教士韦廉臣在家庭教育变革发展方面对我国产生了较为积极的影响,他撰写了当时第一部西方外来的涉及家庭教育的专著《泰西教法》。韦廉臣的《泰西教法》以中外教育比较的方式阐述了父母对子女教育的重要性,以及孩童感官的发展、孩童玩具和游戏对孩子身心发展的影响,这让民国时期人们的家庭教育思想为之一新。该书开篇提到的就是家庭教育,他认为父母在儿童早期教育过程中所发挥的作用是不可忽视的。"盖孩提襁褓甫脱,未能出门就傅,则教之者不恃乎师长,而恃乎父母。"[①]

在家庭教育的内容和方法上,韦廉臣认为父母应该遵循儿童身心发展的过程、顺序去教育孩子,在儿童发展的不同时期,务必使儿童的目、耳、口和手得到全面发展,不使其受到阻碍,他指出:

> 父母何以教,亦随用天然之智教之而已。夫人智识初开,此则耳,又次则口与手,此天然之智也。孩提初生,母无所睹,迨数月之后,两目忽开,随无视远之明,而上下四旁,若出于有意之观瞻,其心中之智盖由内以达外也。使不留心与此,恐其目之智塞矣。为父母者,既因其目之智以教之,孩提所居之室,墙壁各设画图,所用之期,杯盘亦皆雕镂,举凡各国之人物,各国之鸟兽,各国之山川鸟木,为某形,为某色,一一毕绘于小子之

---

① 韦廉臣. 泰西教法[N]. 申报,1889–10–21.

目前,始而习焉,既而安焉,不待入塾而两间之名物已识其大半矣。①

在家庭教育的方法上,不同于我国传统教育的方法和形式,韦廉臣吸收了西方教育中依据儿童的心理发展特点对其进行教育的方法,并充分肯定游戏和玩具在儿童教育中的重要价值,书中指出:

> 泰西之教子也,以木为砖,或长或短,或厚或薄,或宽或窄,或数块或数十块不等,另无知小子因心作则,为宫室,为楼台,为垣墉,终日经营的之心者,应之手,亦手之敏者,心自灵曲必覆也,务取其直;颇必倾也,务取其平。以小儿之嬉戏,具大匠之斧斤。……不但有术以引其心机,夫人心之灵,莫不有天然之智,而知识未开无以引之,则不出善教者,绘人于纸壳之上,受阻耳目秩然有序,衣服冠履,粲然可观,绘成剪碎,分为数段,颠倒错乱,令小子婉转曲折合而成人,此非揣摩思想不可也。②

韦廉臣认为,游戏是儿童内在本质向外的自发表现,游戏是创造性的自我活动和本能的自我教育。基于儿童活泼的、好动的、对事物充满好奇心的天性,通过游戏和玩具可以充分满足儿童的内在心理需求。此外,韦廉臣还特别强调要培植和营造良好的家庭教育环境,认为“内而父母,外而邻里,皆可以为楷模也,近朱者赤,近墨者黑,其在此时乎。使不留心于此,则从前多教者则皆浮云矣!”③

西方传教士这种全新的家庭思想是我国之前的家庭教育前所未有的,极大地革新了人们过去对儿童的不科学的认知和做法,对当时的家庭教育起到了积极的影响和推动。

---

① 韦廉臣.泰西教法[N].申报,1889-10-21.
② 韦廉臣.泰西教法[N].申报,1889-10-21.
③ 韦廉臣.泰西教法[N].申报,1889-10-21.

三、西方儿童教育专家教育思想在我国的传播

民国时期多元开放的文化教育背景,使得世界各种教育思潮在中国风行一时。五四运动时期,西方儿童教育、心理学以及家庭教育的思想和成果开始系统输入中国,为我国幼儿教育和家庭教育奠定了良好基础。

在民国时期,西方儿童教育专家如福禄贝尔、杜威、蒙台梭利、孟禄等教育家的教育思想被引入中国。其中,在儿童教育领域影响较大的是意大利儿童教育家蒙台梭利,民国时期的多家教育杂志如《教育杂志》《中华教育界》中就专门刊发了大量介绍蒙台梭利的儿童教育的文章。在翻译和传播西方教育思想的同时,对我国家庭教育产生直接影响的是一些西方教育专家的来华讲演,他们直接向中国传播其学术和教育思想,这种亲临现场指导的活动掀起了国内学习西方先进教育思想的高潮。

除此之外,影响较大的还有美国教育家杜威。杜威在"五四"前夕应北京大学、江苏教育学会等一些教育机构和新教育团体的邀请,同时在其美国留学弟子胡适、陶行知、蒋梦麟等人的大力推动和宣传下,于1919年来到中国,在华大力宣讲其实用主义教育思想,在中国掀起了一股学习实用主义教育思想的高潮。杜威的教育思想强调以"儿童为中心",强调要尊重儿童自身的主体地位,教育要满足儿童的需要和兴趣,要加强学校与社会的联系,使学校生活与儿童自己的生活相契合。杜威反对教育过程中的成人中心,反对对儿童的注入式和强迫式教育。

通过翻译、传播西方儿童教育思想,民国时期的人们逐渐意识到西方儿童教育思想的合理性和我国儿童教育的差距,开始吸收和借鉴西方儿童教育思想的合理化元素,促使我国民国时期的家庭教育从传统向近代转型。

第二章　民国时期家庭教育
的近代化转型

　　我国古代家庭教育的目的主要在于教育子女做人、光宗耀祖和耕读传家,实现家庭(族)的兴盛发达。进入民国时期之后,随着"西学东渐"和西方教育思想的传入,家庭教育在教育目的和价值取向上都发生了深刻的变化,表现为民国家庭教育更加注重子女健全人格的培养,更加注重子女的成材。民国一些教育家如梁启超、严复等人,从改造国民性的角度论述家庭教育对国家、民族发展的意义。辛亥革命以后,人们对封建专制制度和传统教育的批判更加猛烈,家庭教育从传统到近代转型的进程也更加明显。如蔡元培虽然"从不信家庭有完美教育的可能性",但他一直强调在幼儿教育中要着力培养具有"共和国健全人格"的人。鲁迅对我国传统家庭教育的现状进行了批判和讽刺,他说:"中国的孩子,只要生,不管他好不好,只要多,不管他才不才。生他的人,不负教他的责任。"[1]针对这种情况,鲁迅要求"各自解放自己的孩子"[2],让孩子做一个具有独立健全人格的人。

　　深刻的、急剧的社会变革,推动和加快了教育近代化的步伐。所谓教育近代化,就是指与几千年来自给自足的封建农业经济基础和专制政体相适应的传统教育,逐步向与近代大工业生产、与资本主义发展相适应的新式近代教育转化与演变的历史过程。[3]这个过程充分体现在教育观念、教育制度、教育内容、教育方法的各个层面。在我国,教育近代化是伴随着西方资本主义列强的入侵,在19世纪下半叶开始起步的。教育近代化是中国社会近代化的产物和重要标志之一。1922年,梁启超在《申报》上发表了《五十年

---

① 鲁迅.鲁迅论教育[M].北京:教育科学出版社,1986:7.

② 鲁迅.鲁迅论教育[M].北京:教育科学出版社,1986:13.

③ 田正平.中国教育通史(中华民国卷 上)[M].北京:北京师范大学出版社,2013:序言.

中国进化概论》一文,对中国近代社会的变革,从思想文化的层面做了精彩的总结:

> 近五十年来,中国人渐渐知道自己的不足了。这点子觉悟,一面算是学问进步的原因,一面也算是学问进步的结果。第一期,先从器物上感觉不足。这种感觉,从鸦片战争后渐渐发动,……于是福建船政学堂上海制造局等等渐次设立起来。……第二期,是从制度上感觉不足。……所以拿"变法维新"做一面大旗,在社会上开始运动。……第三期,便是从文化根本上感觉不足。第二期所经过时间比较的很长——从甲午战役到民国六七年间止。……革命成功将近十年,所希望的件件都落空,渐渐有点废然思返。觉得社会文化是整套的,要拿旧心理运用新制度,决计不可能,渐渐要求全人格的觉悟。恰值欧洲大战告终,全世界思潮都添许多活气。就近回国的留学生,又很出了几位人物,鼓起勇气做全部解放的运动。所以最近两三年间,算是划出一个新时期来了。①

在中国教育近代化的进程中,民国时期的家庭教育扮演了十分重要的角色。民国家庭教育的近代化是在传统家庭的解体与式微、西方近代儿童观的影响以及近代中国女权意识觉醒的背景下一步一步发展而来的。民国家庭教育的近代化探索主要体现在家庭教育理念、家庭教育内容以及家庭教育方法三个方面,使得新国民教育、爱国主义教育、科学和民主教育逐渐进入民国家庭教育的视野,推动了民国家庭教育近代化的整体进程。

民国时期的家庭教育,在中国近代教育发展的历程中占据着承前启后的重要地位。晚清以来,在面临"数千年来未有之变局"和"数千年来未有之强敌"的境况下,民国的家庭教育传统包括教育思想、理念、制度模式和知识体系等在西洋文明的冲击下,开始了艰难的"近代化"转型探索。胡适认为,民国时期的国民缺乏知识教养,奴性难改,"总归就是没有家庭教育的结

---

① 梁启超.五十年来中国进化概论,饮冰室合集·文集第39[M].北京:中华书局,1989:44.

果"①,一针见血地指出了家庭教育变革的重要性。

第一节　民国家庭教育近代化探索的背景

一、传统家庭的解体与式微

"任何一个文明社会都要处理权威等级关系,而在儒家那里,是这类关系呈现人性化特征的价值归根结底都是来源于理想的家庭生活。"②中国历来重视经营家庭、家族内部的各种关系,以维护传统等级社会制度。中国历代统治者都注重推行和维持等级制的政治体制,这种统治关系也反映在家庭内部。有学者认为,"统治关系是中国家庭人际关系范型的重要特征。统治关系对应于伙伴关系。家庭中的统治关系指的是家庭内部人际关系的不平等的状况。中国家庭统治关系集中体现为家长意识,它渗透到夫妻关系、亲子关系、长幼关系等所有层面。"③特别是在儒家提倡的"三纲五常"的封建伦理思想影响下,我国的家庭教育在教育理念、教育目标、教育内容、教育方法等方面无不渗透着封建礼教思想,一直到民国成立之前,这种风气都未发生根本性变化。受此影响,民国之前的家庭教育还停留在儒家所倡导的"三纲五常"礼教的范围内,要求家庭成员要安分守己,追求家庭内部的和谐、稳定,光宗耀祖的观念仍然根深蒂固,而个人的情感、理想、欲望、追求、权利则被家庭和家族的利益所笼罩和取代。但是当西方列强用坚船利炮打开中国的大门之后,中国人向西方学习的大门也随之被打开,随着西方列强的文化入侵和国人对西方文化了解的不断深入,民主、平等、文明、权利等观念开始逐渐深入人心,一部分开明的中国人开始反思我们自身的家庭教育传统的

---

① 胡适.论家庭教育[J].竞业旬报,1908(26).
② (加)许美德.思想肖像——中国知名教育家的故事[M].周勇等译.北京:教育科学出版社,2008:1.
③ 缪建东.家庭教育社会学[M].南京:南京师范大学出版社,1999:104.

优劣,中国传统的家庭礼制和伦理观念逐渐成为当时人们的主要攻击点。

民国时期,特别是五四运动爆发以后,"由于社会经济的发展,人们思想意识的进一步变化,以及西方家庭制度和生活方式的影响,我国家庭结构与家庭关系的变革表现出非常明显的趋势"①。民国时期的家庭无论是从规模还是从内部的结构都已经发生显著的变革,这一时期的家庭结构已从以往的联合家庭、直系家庭开始向核心家庭转变,核心家庭是指由一对夫妻及其未婚子女组成的家庭,这样的家庭人口数量少,家庭关系较为简单。

一些受过西式教育或留洋归来的中国知识分子,开始追求与母体家庭的形式与精神上的独立,他们追求自由恋爱,婚后成立小家庭独立生活,不再依附父母所在的母体家庭,也不再对父母的意见唯唯诺诺、言听计从。一部分开明人士开始对中国传统家庭关系的观念和做法产生怀疑和批判,"由于家庭制度的原因,中国的社会变革往往是很难进行。这种制度是权力主义的源泉,是压制青年和妇女的牢笼,是保守主义的土壤,我们认为它也是反对国家主义和爱国主义的。在革命的紧要关头,家庭被认为是社会变革的重要因素。在这一点上,中国也许是世界上唯一的国家"②。

同时,清末时期的战败赔款使当时中国先进的知识分子认识到,仅靠技术上的"改良"是无法挽救中国的前途和命运的,改革必须要深入到中国社会内部的政治体制变革和社会文化重构之中,家庭作为社会的基层组织此时进入到了人们改良的视野,一部分先进知识分子开始自觉地、有意识地从家庭内部进行文化改革,正如徐永志所说:"……而酝酿多年的只有少数有识之人所具有的背离传统婚姻家庭的观念,随之成为一种自觉的主观整体意识。"③一些进步的知识分子将家庭解放与社会革命结合起来,如丁初我在《江苏》中指出:"欲革政治之命者,必先革家族之命,而革家族之命者,尤必

---

① 郑全红.中国家庭史(第5卷:民国时期)[M].广州:广东人民出版社,2007:23.

② 白佩兰.危急中的家庭:性别与中国[M].北京:生活·读书·新知三联书店,1994: 38—39.

③ 徐永志.晚清婚姻与家庭观念的演变[J].河北师范大学学报(社会科学版), 1999(2).

先革一身之命。"①主张打破家庭内部的重重魔障,将家庭内部的变革看作民族振兴的必经之路。

随着家庭结构的变革和家庭内部关系的变化,中国传统的家长制和循规蹈矩的家庭观念受到了严重冲击,引发了人们对男女两性的对等、人性的解放、儿童的发现与独立等社会内部关系的思考和变革,为家庭教育内部的变革提供了良好的基础。

二、西方近代儿童观的影响

儿童观是指社会如何看待儿童,将儿童当作一个什么样的人。在中国传统家庭观念的影响下,我国家庭内部的父母与儿童之间的关系天然地形成了一种依附关系和统治关系,家长在上,儿童在下,家长是主导者,儿童是被动接受者,父母与子女的关系是一种命令与顺从、管教与听从的关系,家中的父母、祖辈会对家中的儿童特别是男童予以严格管教,希望能够实现家丁兴盛、光宗耀祖的目的。

在中国传统的儿童观下,儿童通常被认为是缩小的成年人,是成年人眼中的"小大人",儿童的一切需要、兴趣都要以成人的眼光来评判和裁决,儿童个体丰富的世界被湮没,儿童的主体地位被忽略、遗忘,但这一切在中国家长看来是理所应当的。但是随着西方儿童观的引入,中国家庭原有的亲子关系开始发生转变。西方的儿童观主张将儿童视为独立的生命个体,强调尊重儿童,要理解儿童的意愿,尊重儿童的主体地位,发现儿童的兴趣,让儿童独立成长,成年人(包括父母)要将儿童平等对待。美国著名教育家杜威来华讲学期间,多次反复强调指出"儿童是教育中的太阳"②,要把儿童看作是教育的中心,主张"儿童中心说""儿童本位论"。因此,儿童不再作为父母的依附和私人财产,父母与儿童之间要建立一种新型的亲子关系,儿童需要爱、需要理解和解放。在这种新型儿童观的影响下,一部分新型知识分子

---

① 朱有瓛.中国近代学制史料(第1辑下册)[M].上海:华东师范大学出版社,1986:127-131.

② 中国青少年研究中心.百年中国儿童[M].广州:新世纪出版社,2000:89-90.

开始尝试构建新型的家庭关系,重新认识儿童。赵媛强调指出:"玉工之治玉也,须先审其性质若何,然后应其性,而琢治之,儿童亦然。"①认为要掌握儿童的特性,对儿童进行针对性的雕琢和引导,促进儿童的发展。为此,要正确地认识和对待儿童,"儿童有着特殊的性质,并且因儿童而异都有着各自的长处,父母在家庭教育中应当因材施教,了解儿童的特质是家庭教育的第一步;父母教育儿童应该注重引导和教育,不能强硬地滥用刑罚,也不能一味地姑息溺爱"②。关于父母对待儿童的态度,鲁迅指出:"总而言之,觉醒的父母,完全应该是义务的、利他的、牺牲的……"③还有人认为:"亲子之关系,专为义务的而非权利的,亲不得视其子为货物,责以报酬,子女须具自立之人格,勿妄想父母之遗产。"④认为父母与子女的人格是平等的,父母的权威地位被弱化,而子女也应该自立自强,学会独立,不能像过去一样完全依附于父母和家庭。

三、近代女权意识的觉醒

女子与家庭的关系自古以来有着天然的密切联系,受到古代宗法思想和儒家观念的影响,长期以来女性生活的范围主要集中在家庭,"妻子"和"母亲"历来是女性的代称,对女性的家庭教育也主要围绕培养未来的"妻子"和"母亲"而进行,培养女子将来更好地"相夫教子"成为家庭教育的主要目的。到了近代以后,特别是五四运动以来,一些精英女性民主意识和男女平等意识开始萌发,希望能够在社会舞台上获得与男性同等的地位。一些精英女性认为,人类社会的男女现象和自然界的万物一样,是属于自然生成的,所谓的男尊女卑观念是非常荒谬的。如开明女士秋瑾这样阐述自己的

---

① 赵媛.家庭教育论[J].妇女时报,1911(5).

② 柯小菁.塑造母亲——中国近代育儿知识的建构与实践(1900-1937)[M].太原:山西教育出版社,2011:134.

③ 鲁迅.我们现在怎样做父亲,肖群忠.孝与中国文化[M].北京:人民出版社,2001:124.

④ 李平.新青年之家庭,新青年,第2卷第2号,郑全红.中国家庭史(第5卷:民国时期)[M].广州:广东人民出版社,2007:183.

婚姻观:"此生若是结婚姻,自由自主不因亲……一来是品行学问心皆晓,二来是性情志愿尽知闻,爱情深切方为偶,不比那一面无亲陌路人。"①她主张追求自由自主的婚姻。晚清以后,社会盛行"自由恋爱""自主婚姻""爱情至上"等开放的婚恋观,女性开始追求男女、夫妻之间的平等、互敬、互爱。

维新运动时期,在维新派的支持下,一批爱国知识女性在上海创办了中国女学会,并创办了我国历史上第一份妇女报刊——《女学报》,其中《女学报》的创办者之一,康有为的女儿康同薇指出:"凡物无能外阴阳者矣。光有白黑,形有方圆,质有流凝,力有吸拒,数有奇偶,物有雌雄,人有男女,未有轩轾者也。"②此外,还有女性认为:"向使吾辈皆如西国女子,人人读书,人人晓普通之学,人人习专门之业,不特于一家之中,大有裨益,即一国有事,亦岂无以报效于毫末哉!"③王春林指出家庭传统伦理纲常给女性所带来的压制:"……立法以防闲之,重门以锢蔽之,而千载之女子,几不得比于人类矣。"④文中对于女性长期以来所受到的桎梏表达了强烈的不满。

在中国漫长的历史长河中,受儒家封建思想的影响,广大女性一直被禁锢在家庭这一狭小范围内,长期受到男权的压制,当时的先进女性知识分子呼吁广大女同胞要勇于从家庭的藩篱中逃离和挣脱出来,致力于塑造新女性,建立新家庭。

事实证明,中国女权发展和家庭变革更多地来自一部分先进男性群体的推动,如康有为、梁启超、严复等人。他们在中华民族面临生存危机的关键时刻,喊出"强国保种""救亡图存"的口号。康有为在《大同书》中明确指出:"女子有独立权,一切与男子无异。"⑤主张女性独立、男女平等。梁启超在《论女学》中将女性与家庭兴盛、国家兴亡联系起来,认为女性是国家政治建设的重要力量:"然吾推及天下积弱之本,则必自妇人不学始。"⑥认为国家

---

① 秋瑾.秋瑾集[M].上海:上海古籍出版社,1979:152–155.

② 康同薇.女学利弊说[J].女学报,1898(7).

③ 卢翠.女子爱国说[J].女学报,1898(5).

④ 王春林.男女平等论[J].女学报,1998(5).

⑤ 康有为.大同书[M].北京:中华书局,1959:124.

⑥ 朱有瓛.中国近代学制史料(第1辑下册)[M].上海:华东师范大学出版社,1986:869.

无法强盛的原因在于广大女性长期被禁锢在狭小的家庭领域之中,因此,改革旧家庭、解放女性是国家强盛的必由之路,女性的作用实在不容忽视。梁启超在《创设女学堂启》中认为应让女性接受教育,可以实现"上可相夫,下可教子,近可宜家,远可善种。妇道既昌,千室良善"①的效果。

康有为、梁启超等强调指出"欲强国必由女学",认为女子教育是"强国保种"的重要基础,指出女性是社会变革的重要力量,主张要培养有学识、能"生利"、堪当母教的"贤妻良母",引导女性从家庭的"分利"者向"生利"者转变。随着"西学东渐"的逐渐深入,民国时期又出现了培养"女国民"的思潮,主张女性要走出家庭、走向社会,享有受教育权、参政权、婚姻自由权、就业权、经济权等基本权利,同时要求女性要具备革命精神,"愿奴隶根除,智识学问历练就,责任上肩头,国民女杰欺无负。"②在政府的支持下,一些女子学校纷纷成立,为女子接受教育提供了良好的环境,同时,女子留学教育也开始兴起,女性的主体意识开始显著增强。

受此影响,我国的家庭教育开始汲取西方儿童教育和家庭教育的精华,并将其与我国传统家庭教育的优良传统结合起来,努力培养适应当时社会需要的现代化国民与知书达理的子女,民国家庭教育现代化探索的大幕逐渐拉开。

第二节　民国教育家家庭教育近代化的探索

一、家庭教育理念的近代化——培养具有国家观念的新国民

民国时期,随着国家危亡的局势日渐紧迫,急需改造国民性,广大知识分子日渐认识到传统家庭教育中儿童作为"人"的发现的缺失。"谈社会革命

---

① 朱有瓛.中国近代学制史料(第1辑下册)[M].上海:华东师范大学出版社,1986:883.
② 鉴湖女侠.勉女权[J].中国女报,1907(2).

者,当毋忘家庭改革的重要。"①家庭作为社会的基本单位,是社会改革的重要起点和基础,而家庭教育是关乎国家未来发展的重要事业和奠基石,是教育的根本,因此有识之士提出:"欲想救国,首先从教育下手,且从教育的根本上下手。"②强调家庭教育是教育救国的根本。

在民族危亡和社会变革的重要关头,民国时期的家庭教育需要迎合社会发展的需要,肩负起为国家培养具有健全人格和高尚情操的新国民的重担,公民教育开始进入民国家庭教育的视野,这是历史赋予家庭教育的必然使命。有人强调指出:"公民教育的目的,是造就健全的国民;而健全国民之养成,起初仍有赖于家庭。"③明确指出家庭教育在造就新国民过程中所起到的重要作用。随着西方教育思想和观念的引入和传播,很多知识分子开始按照现代民族对国民的基本要求,尝试在家庭教育中对儿童进行民族意识与国家观念的培养,"主张唤醒民众以恢复民族精神,以挽救民族危亡。"④

在中国家庭教育发展史上,受到家庭(家族)本位理念的深刻影响,家庭教育深深地打上了"个人化"或"私人化"烙印,"可以说:中国的家庭教育,完全是出发于自私的'个人化'的,一点没有'社会化'和'事业化'的意味。"⑤传统中国的民众一直秉持着儿童是父母、家庭私有财产的落后观念,认为"一切文物制度,风俗习惯,均以家庭为中心,所以国人对家庭观念特别浓厚……所以中国人的团结力,只及于宗族而止,还没有扩张到国族"⑥。中国传统的家庭教育一直围绕为获取和维护个人、家庭、家族利益来进行,"下级人家对于子女,心目中只要他们将来能赚钱吃饭,中级人家对于子女,要希望他们读书上进,光大门楣,上级人家对于子女,要希望他们保守家产,不坠家声,都没有把子弟怎样做一个健全有用的'人',怎样在社会上做些造福群众

---

① 范桂田.公教家庭教育(上)[J].磐石杂志,1937(5).
② 范桂田.公教家庭教育(上)[J].磐石杂志,1937(5).
③ 吴云高.家庭教育[M].北京:中华书局,1948:15.
④ 王鸿俊.家庭教育[M].北京:正中书局,1942:10.
⑤ 钱品珐.实施家庭教育刍议[J].妇女月报,1935(1).
⑥ 王鸿俊.家庭教育[M].重庆:正中书局,1942:10-11.

的事业,怎样为国家建树些功绩等等问题放在心上。"①

在民族和社会危机的双重影响下,一部分有识之士开始认识到传统家庭教育的弊端,我国一些受传统社会影响的年轻人,"爱护家庭和亲戚,比爱护国家和民族来得浓厚;甚至只知有家庭,不知有国家;只知爱亲属,不知爱种族"②。长此以往,整个国家将会成为一盘散沙,也将无法培养出挽救民族危亡和拯救国家的未来国民。对于家庭教育的重要性,有学者曾表达出了深深的担忧:"其实忽视了家庭教育,便是等于忽视自己的子女;或者更进一步说,简直是阻碍儿童前途的发展,削弱民族新生命的实力。"③ "在传统社会濒临解体之时,只有抛弃个人自私主义和家庭自私主义,将爱家庭推广到爱社会,改良家庭教育,中华民族才有在内外交加的困境中崛起的希望。"④

在国民教育和公民教育理念的推动下,民国家庭教育开始致力于培养具有民族意识的现代新国民。那么什么是新国民呢? 张子和认为:"以有秩序,能忍耐,勤勉,和顺,思想坚定,有向上的志趣为主。于此,可以一言以蔽之,即使儿童有做人的好习惯。"⑤民国时期的有识之士已经清醒地看到,要想摆脱中国当时的危亡困境,实现"近代化"的社会改造的目标,必须通过家庭教育使儿童成为能够适应现代文明社会需要的未来新国民。诚如学者所言:"家庭是产生国民的地方,其使命最重要的,便是训练教养国民,使成为健全的,有用的公民,这是非常明显的。"⑥

当时西方社会的家庭教育观念与我国传统家庭教育观念截然不同,西方各国普遍认同要建立儿童与社会之间的联系,甚至主张让社会替父母教养儿童,实行国家公养公育的政策。人们对当时德国的做法倍加推崇,在国家主义制度主导下,智育与精神教育在德国同等重要,主张在家庭中培养儿

① 钱品珏.实施家庭教育刍议[J].妇女月报,1935(1).
② 陆传籍.大时代的家庭教育[J].东方杂志,1939(1).
③ 陆传籍.大时代的家庭教育[J].东方杂志,1939(1).
④ 孙以琴.谈谈家庭教育[J].妇女月刊,1943(3).
⑤ 张子和.家庭教育的原理与方法[M].上海:大东书局,1933:8.
⑥ 柳泽民.家庭教育之理论与学校教育之联系[J].广西教育研究,1941(1).

童的"坚毅、爱国、勇敢"等品质,使儿童能够"爱国,为同胞而能牺牲自己"①。共产党人车耀先在被捕囚禁期间,以自己40余年的奋斗经历告诫后人要做健全的国民:"出身贫苦,不可骄傲;创业艰难,不可奢华;努力不懈,不可安逸。能以谦、俭、劳三字为立身之本,而补余之不足;以骄、奢、逸三字为终身之戒,而为一个健全之国民。则余愿已足矣。"②因此,在家庭教育新理念的影响和推动下,民国时期的家庭教育理念开始转向大力倡导国家观念、集体观念的养成,主张打破过去传统、封闭、保守的家庭教育理念,这是符合当时中国社会发展要求的。"一个民族要不为他民族所同化,所消减,需要有坚定明了之民族意识。有民族意识,才能认识、保持,并发扬自己民族之精神与文化。"③

民国时期崇尚国家本位的家庭教育理念是对我国传统家庭教育理念的颠覆和挑战,它将家庭教育中的个人本位、家庭(族)本位理念上升到国家、民族复兴的高度,将家庭教育与当时的"强国保种"有机地结合起来,使民国家庭教育由重视个体观念向重视国家观念和民族观念转变,是对家庭教育理念近代化的可贵探索。

二、家庭教育内容的近代化——从爱人、爱己到爱国精神的培养

民国处于新旧革命斗争的关键时期,面对列强对中国的侵扰和国内的混乱局面,众多开明人士开始在家庭教育中对子女渗透爱国主义精神的培养。这一时期,民国家庭教育的目标指向了国民教育和公民教育,对青少年儿童进行民族意识、斗争精神和意志的培养成为民国家庭教育的重点内容。"军国父母的教养子女,是依据文武并进的原则的。"④父母在家庭教育中对子女进行德、智、体各方面的教育时,"还要努力养成儿童的斗争意志,要叫子女敢于为正义而奋斗,乐于为正义而牺牲,并遵守纪律,服从领袖,勇往前

---

① 德驻日大使奥特根夫人.德意志的家庭教育[J].琳译.三六九画报,1930(6).

② 梁材.古今中外名人家教集萃[M].西安:陕西师范大学出版社,1997:162.

③ 章绳以.家庭教育之研究[J].教育杂志,1936(26).

④ 陈征帆.军国父母论[M].上海:中华慈幼协会,1937:6.

进,战胜艰难,爱团体甚于爱个人,爱公义甚于爱私情,爱国家甚于爱家庭。此外,父母还要把关于文化的事项,告诉给子女知道。"①

对于如何在家庭教育中激发儿童的民族意识,王鸿俊指出:"(一)布置富有民族思想之家庭环境;……(二)讲述民族史地及时事消息;……(三)教以爱国家爱民族之歌曲及游戏;……(四)鼓励为国家民族牺牲奋斗之行为……"②王鸿俊进一步指出:"民族意识、国家观念,应于儿童时期加以训练。父母可为儿童讲述中国历史之伟大、国家史实,中国故事及民族英雄故事等,以激发民族意识。"③儿童民族意识的养成需要家长在家庭教育中营造良好的家庭氛围,让儿童受到熏陶,耳濡目染,使其感同身受,这样才可以收到良好的教育效果。因为"良好的德性,如诚实、仁爱、自信、自制、敬重别人等,每须在家庭中培植其基础"④。对于儿童来讲,国家、民族的概念对于他们来说较为模糊和抽象,但儿童对于身边真实具体的人或事物的感知则较为敏感,因此,家长应该注重在真实的家庭教育场景中让儿童感知国家、民族的概念,引导儿童从感知最基本的情感开始做起,使其从爱自己、爱家人到爱国家、爱民族逐步过渡。"家庭夫妻之爱,可使儿童知道恕道、忠心、与敬重别人之重要。"⑤民国时期,多数家庭都属于多子女家庭,儿童在家里面与父母和众多的兄弟姐妹在一起共同生活,共用家庭资源,久而久之,就能够慢慢养成分享、合作、团结、友爱的精神。"家庭中有不同年龄不同性别之人,相处既久,可使儿童知道将来在社会如何与不同年龄性别之人相处","扩而充之,可使其爱民族、爱国家、爱人类。"⑥

三、家庭教育方法的近代化——倡导民主、科学

受中国传统封建等级制度和思想的影响,我国家庭教育也深深打上了

---

① 陈征帆.军国父母论[M].上海:中华慈幼协会,1937:7-8.

② 王鸿俊.家庭教育[M].重庆:正中书局,1942:11-15.

③ 王鸿俊.家庭教育[M].重庆:正中书局,1942:4-6.

④ 陈东原.家庭与教育[J].妇女新运,1936(5).

⑤ 陈东原.家庭与教育[J].妇女新运,1936(5).

⑥ 陈东原.家庭与教育[J].妇女新运,1936(5).

等级制的烙印。父母在家中居于绝对的权威地位,儿童一直按照父母的安排去做人做事,儿童必须无条件地服从父母的意志,家长的威严不容挑战,家庭中毫无民主可言。

中国传统家庭教育通常将儿童看作父母及成人的附属物,忽视对儿童人格的尊重,强调对儿童的控制和命令,按照成人的标准去要求和教育儿童,将儿童视为"小大人","以责罚为施行家庭德性训练之工具,亦属异常普通,然多用责罚,尤为无益而有害"[1]。鲁迅先生对中国人的家庭教育态度曾进行过批判:"一种是任其跋扈,一点也不管,骂人固可,打人也无妨,在家里是霸主,出了门却像失了网的蜘蛛,毫无能力;另一种是终日给予冷漠的待遇或呵斥,甚至打到孩子畏缩,仿佛是奴才、傀儡,而父母却美其名曰'听话',自以为教育成功。英国的儿童沉着,德国粗豪,俄国雄厚,法国漂亮,日本聪明,都没有一点中国式的哀急气象。"[2]

总的来看,中国传统的家庭教育历来沿着两个极端在发展,一种是以父母为主导,对儿童进行严格管制;一种是完全以儿童为中心,过度溺爱。这两种家庭教育都是人格不对等的教育方式,对儿童的发展都是不利的。民国建立后,西方现代民主思想开始渗进我国家庭教育场域之中,儿童中心论与儿童本位的理念逐渐深入人心,要求家长对子女的教育要采取民主科学的方式,强调要尊重儿童的主体地位与独立个性。指出家庭教育"不在于使其将来成为一个人,他现在本身就是一个人","儿童要被认为是人,他实际确实是一个人;像一个和他一起生活着的成人一般的人"[3]。

因此,在正确儿童观的昭示下,民国时期的众多有识之士立志要坚决与过去压抑儿童天性和自主性的教育方式决裂,反对以爱的名义将父母的意愿喜好强加于儿童的主观意志,认为溺爱与迁怒、放任与怀疑都不利于儿童的发展。父母要树立民主、平等的理念,要对自己的孩子充分了解,正确估量自己的子女,要"按子女不同的能力,而作不同的要求,务使所要求者与子

---

① 徐松石.家庭教育与儿童[M].北京:中华书局,1926:78.

② 金隐铭.鲁迅杂文精编[M].桂林:漓江出版社,2005:432-433.

③ B.Liber.家庭教育中的几个基本错误[J].张立人译.教育杂志,1929(21).

女的实际能力相适合"①。要尊重儿童的兴趣爱好和天赋能力,顺应儿童的天性,因势利导,这才是民主科学的教育方式。要避免对儿童使用严厉的惩罚与管制,因为"常常叱责或殴打自己的子女,最容易使子女养成不良的情绪习惯"②,不平等的教育方式和方法慢慢地会使父母和儿童之间失去爱和信任,影响家庭教育的效果。父母要从传统的"管教者""说教者"转化为"引导者""启发者",让儿童从父母的管教和束缚中解放出来,儿童才有希望获得自主成长和发展。对此,陶行知有一个形象的说法:"不可做树少爷! 不可做树小姐! 不可给折腰的大树把你们笼罩住! 与害虫奋斗! 伸出头来向水分、肥料、空气、阳光进取! 这样,你们才能把自己造成中国之栋梁之才,才可算是国家命根的青年。"③他指出家长要引导儿童自主创造和自主发展。

因此,作为父母,应试着站在儿童的立场上理解儿童的言谈与情绪,真正了解并热爱儿童,用儿童能够理解和接受的方式对儿童进行教育,凸显儿童的主体地位,久而久之,儿童对父母的尊敬与信任才会慢慢形成,平等、民主的家庭教育环境才会得以建立。父母只有在家庭教育中让儿童从小养成民主的意识和观念,儿童长大后才有可能成为具有民主意识和民主精神的公民,为此,家长需要在平时的家庭教育的过程中渗透进民主观念,"家庭中有种种服务,也可训练儿童将来对社会和国家尽其应该之义务。"④

研究表明,在民主、平等的家庭氛围中,可以对儿童进行更高层次和水平的民主教育,"要培养国民之国家观念,就必须按照'天赋人权'来进行家庭革命,使人人具备'独立羁绊之精神'、'乐死之辟之气概'、'尽瘁义务之公德'和'个人自治、团体自治,以进人格之人群'等素质"⑤。

中国传统社会的家庭教育受到宗法观念的影响,片面强调儿童的个人观念、家庭观念、家族观念,严重束缚了儿童在童年期应该养成的集体观念、国家意识和民族观念。民国学者赵媛强调母亲在家庭教育中教育儿童时,

---

① 赵廷为.家庭教育漫谈[J].教育杂志,1936(12).
② 赵廷为.家庭教育漫谈[J].教育杂志,1936(12).
③ 生活教育社.生活教育论文集[M].北京:生活书店,1937:267.
④ 陈东原.家庭与教育[J].妇女新运,1936(5).
⑤ 南钢.上海家庭教育的近代转型研究[D].上海:华东师范大学,2004:64.

要引导儿童养成"英雄豪杰之气魄,使其长大成人后能够扶冀纲常、整顿乾坤,而不是只将眼光局限于升官发财之道"①。另有学者指出,在国难当头之际,应当对纯洁和可塑性极强的儿童进行爱国主义渗透,"要把国耻讲给儿童听,无形中培养儿童的爱国思想,等孩子长大以后他自然会铭记历史,自把这些基本知识,深刻心中,永不会忘却的。"②实践证明,只有在儿童幼年时期家庭教育的紧要阶段,在民主平等的家庭教育生活过程中对儿童进行集体意识、民族意识、国家意识的渗透,才能逐步培养儿童的公德意识和家国情怀,逐步养成国民民族意识和国家意识。

民国时期的家庭教育在追求民主的同时,也注重采用科学的方法教育儿童。儿童教育心理学化是这一时期家庭教育科学育儿的一个重要方面。强调要将儿童看作一个独特的生命个体,了解和把握儿童的生理状态和心理状态,熟悉儿童发展的规律,这是儿童家庭教育顺利开展的前提条件。民国家长们已经认识到了在家庭教育当中必须要"明了儿童的生理与心理,明了教育儿童的原理与方法"③。民国众多知识分子已经明确将西方儿童心理学所提倡的如好动、好奇、喜欢游戏、爱模仿等心理状态视为儿童应当经常保持的心理状态,认为家庭教育必须要以上述这些儿童心理状态为依据。陈鹤琴结合自己长期的家庭教育理论和实践,在其《家庭教育》一书中,针对儿童爱哭、害怕、喜欢模仿、喜欢激励等心理特点对家庭教育方法进行了深入探讨,认为即便是责怪儿童,也应当讲究方法,在他看来"诱导比恐吓、哄骗、打骂都来得好"④。张天麟在《中国母亲底书》一书中总结了家庭教育方法中应该注意的七大问题:先天禀赋与后天培植,儿童的意志与个性、团体与合群,命令与服从、强迫与自由,惩罚与奖励,道德与良心,儿童的言语与问话、幻想力与讲故事,儿童的游戏与工作。对家庭教育过程中儿童经常出现的如撒谎、插嘴、懒惰、虚荣、害怕等一系列心理问题做出了合理的科学解

---

① 赵媛.家庭教育[J].玲珑,1931(1).

② 戒女.家庭教育[J].玲珑,1931(1).

③ 曹碧云.偏见下之家庭教育[J].绸缪月刊,1935(10).

④ 陈鹤琴.家庭教育[M].上海:华东师范大学出版社,2006:15.

释。①在家庭教育实施的过程中,父母要善于利用故事、游戏等合乎儿童心理喜好的方式启发与培养儿童的想象力、创造力、团体竞争与合作能力等。②戴自俺指出,要"科学地通过实施团体训练培养儿童合作的精神,要以陶行知先生的福禄寿喜观帮助孩子过年过节,要通过自我规划学习与检测辅导孩子走上自学之道,以使得其身体与智力的发展同步,要通过供给丰富的精神食粮、指导其过有计划的生活、扩大孩子的生活和学习等充实孩子的自学生活"③。此外,家庭教育中还要营造儿童教育的良好环境和氛围,给儿童创造良好的成长环境,要"注意家庭环境的淑静优美"④,要让"儿童有自己的用具,儿童的衣物要简朴合身"⑤,儿童的食物要根据儿童的年龄、体质、生活习惯以及家庭所处区域气候的不同等条件加以区别对待。

在民国先进的知识分子的引领下,家庭教育中对于教育儿童的方法更趋于科学,出现了一系列围绕儿童的心理特点而设计的启发法、鼓励法、诱导法、榜样法、游戏法等教育方法,使家庭教育更加符合儿童的心理特点,也大大促进了民国家庭教育效果的提升,与此同时,也涌现出了一大批优秀的民国家庭教育专家。

---

① 南钢.上海家庭教育的近代变迁[M].太原:山西教育出版社,2010:121.

② 何琼崖.谈家庭教育[J].教育通讯月刊,1947(7).

③ 戴自俺.儿童家庭教育新路的试探[J].新教育,1947(5).

④ 顾君璞.儿童幸福与家庭教[J].小学教师,1935(4).

⑤ 祝其乐.未入学校时期的家庭教育[J].教育杂志,1921(12).

第三章　民国教育家群体的家庭教育生活

第一节　严复的家庭教育生活

严复（1854—1921），谱名传初，乳名体乾；考入福州船政学堂时改名为宗光，字又陵；做官后改名为复，字几道；别号尊疑尺庵、观我生室主人、观自然斋主人、辅自然斋主人，晚号愈懋老人。严复是我国近代著名的启蒙思想家、教育家和翻译家，是中国近代向西方国家寻找真理的"先进的中国人"之一。他翻译了西方的《天演论》《原富》《群学肄言》《群己权界论》等著作，将西方的社会学、政治学、哲学和自然科学等知识介绍到中国。

严复早年曾留学英国，归国后长期在北洋水师学堂从事海军教育工作，他曾先后出任安徽高等学堂监督、复旦公学校长和北京大学校长等职，将近三十年的光阴都在教育岗位上度过。严复是主张维新变法的重要代表人物。面对中国当时的形势，严复依据达尔文的生物进化论，认为一国之强弱在于百姓是否具备德、智、体三大要素。"是以西洋观化言治之家，莫不以民力、民智、民德三者断民种之高下，未有三者备而民生不优，亦未有三者备而国威不奋者也。"[①]因此，"讲教育者，其事常分三宗：曰体育，曰智育，曰德育。三者并重，故主教育者，则必审所当之时势而为之重轻"[②]。严复据此提出"鼓民力""开民智""新民德""三育"并举的启蒙教育思想，他是中国近代首次系统提出体育、智育、德育现代教育思想的人，对推动中国教育近代化具

---

① 王栻.严复集(第1册)[M].北京:中华书局,1986:18.
② 王栻.严复集(第1册)[M].北京:中华书局,1986:166-167.

有开拓性意义。

严复有二妻一妾,共育有九个子女。1866年,年仅十三岁的严复奉父母之命,媒妁之言,娶同邑布衣王道亮之女王氏为妻,二人育有一子名为严璩,1892年,原配王夫人病逝。同年,严复纳江姨娘为妾,二人育有二子一女。甲午战争之后,严复因翻译巨著《天演论》而名扬天下,南京才女朱明丽女士倾慕其才华,两人于1900年在上海结为连理,二人共育有二子三女。

严复是一位成功的父亲,深谙家庭教育之道,对家庭教育有自己的独到见解和教育方案。严复以自己深深的舐犊之情精心抚育九个子女成长,将他的德、智、体"三育"并举教育理念付诸子女家庭教育的全过程。

图1　严复像

严复对家庭教育给予高度重视,他学贯中西,给子女们制定了周详的教育方案,在孩子的幼年时期,注重对其国文的启蒙教育,及至子女长至十四五岁,就让其专治西文,后根据实际情况送子女留洋读书。对于子女选择所学何种专业以及所操何业,严复均采取开明的态度,绝不以家长意志强加于子女身上,总是以子女各自的秉性和喜好为依据,对子女进行有针对性的教育和指导。在整个家庭教育过程中,严复以其丰富的人生阅历,注重对子女进行经世致用、独立思考和科学精神的养成和培育,取得了良好的家庭教育效果。

一、严复的教育及生活经历

严复的始祖严怀英原本是河南光州府固始县人氏,在唐末做过朝卿大夫,后随王潮的军队开进福建,从此便定居在侯官县的阳岐村。严怀英有两个儿子,长子名严安,次子名严乐。严安承袭父职镇守福州;严乐以建功授官右卫将军,镇守兴化。阳岐严氏,即严乐的后人。严复的十二世祖严烜,字友竹,是永乐十三年(1415)进士,官拜御史,是严氏家族史上官职最高的一位。严复的十八世祖严涵碧,为嘉靖八年(1529)进士,他曾为严氏后人制定辈分排行十六字:"君赐夫汝,尚其秉恭,传家以孝,为国维忠。"严复谱名传初,便是其中的"传"字辈。二十四祖名叫严焕然,即严复的曾祖,他是嘉庆十五年(1810)的举人,做过松溪县学训导。严焕然虽然中举,但在仕途上并未显达,仅靠一点微薄的固定收入,要维持一大家子的生活,难免有点捉襟见肘,生活过得颇为窘迫。为了生计,严焕然为五个儿子做了不同的职业规划,他让长子严秉符学中医,末子严厚甫攻举业。严厚甫后来考中了光绪五年(1879)的举人,算是克绍乃父箕裘。严秉符的儿子严振先是严复的父亲,严振先从小在家庭中耳濡目染,逐渐对中医萌发了兴趣。严秉符看儿子在医术上颇有禀赋,便让他跟随自己习医,由于严振先人很聪明,悟性又高,逐渐成为当地有名的医生,所以严复算是出生于中医世家。

严振先医术高超,为人厚道,仗义疏财,对穷苦人家前来问诊求药的,从来不计较报酬之厚薄,有时遇到家贫无力支付医药费的患者,他一样看病给药,并不在意其日后有无能力还账。父亲严振先的义举对幼年时期的严复产生了极大的影响,严复一生为人厚道,仗义疏财,应当是受到父亲和家庭环境的很大影响。

严家两代中医,在经济上逐渐有了积蓄后,严振先便希望后代子辈能够走读书做官的道路,改换一下门庭。严振先有着不错的国学功底,他从儿子们稍微懂事起,便开始教他们《三字经》《百家姓》《千字文》等蒙学读物,向儿子们灌输"人之初,性本善"的做人做事之道。后来长子不幸夭折,严振先便把全部希望都放在了严复一个人身上。严复生来早慧,但天性好玩,在五岁时,格外顽皮的他差点闯下一场大祸。据严复回忆说,有一天,邻居家打井,架子已搭起一丈多高,井也挖了很深。当打井师傅休息时,小严复趁人不注意爬到了架子的顶端。此时恰好严复的母亲陈太夫人出门,见到了这惊险的一幕,她心中大为着急。严复见到母亲,偏要卖弄精神,不停地在架子上做鬼脸、弄姿势,同时又喊又叫:"井打得好圆!井打得好圆!"把陈太夫人吓得浑身冒汗。她情急之中计上心来,于是柔声细语地向儿子说:"儿好能干!如果能慢慢下来,更了不起!"小严复见母亲夸奖自己,心中格外得意,很快便从井架子上溜下来。回到家中后,陈太夫人气得用鞭子抽打了严复,惩罚他一个月不许走出家门。通过这件事,父亲严振先意识到了对儿子进行管教的紧迫性和必要性。从此以后,严振先不仅每天给儿子布置一定的背书练字任务,还会按时抽查学业完成情况,如果严复未能按时完成,便让妻子监督儿子,直到严复记会背熟为止。

　　严复七岁时,父亲便将他送入私塾读书,接受进一步的教育。严振先望子成龙心切,为儿子挑选学堂时十分挑剔,先后换了几个学堂,仍不满意,最后决定将严复送到老家阳岐,让他跟随自己的叔叔——严复的叔祖严厚甫学习。严厚甫学识渊博,擅长诗词,严复跟随他读了一段时间,学业取得了很大的长进。后来,严振先的友人黄宗彝来访,黄宗彝是当时地方上有名的饱学之士,他治学汉宋并重,既讲考据,也重义理,著有《闽方言》一书。严振先了解到黄宗彝有外出设帐授徒教学的想法,考虑到黄宗彝治学严谨、为人持正,于是便向黄宗彝提出想聘请其来家坐馆教儿子严复读书的请求,没想到黄宗彝愉快地答应了。黄宗彝的讲课内容,主要是儒家的"四书""五经",同时还会教给严复一些八股文范本,他亲自给严复命题,让严复做破题、承题、起讲,练习起承转合的技巧。在讲经的间隙,黄宗彝会娓娓动听地给严复讲一些关于东林党的掌故,严复常常听得陶醉,大为顾宪成、高攀龙等人的故事所感动。而东林党人议论时政,主张开放言路、实行改良的做法和精神,在幼年严复的脑海中留下了难以磨灭的印象。黄宗彝上课认真,对严复的要求也格外严格。当时严家的经济已经不太宽裕,住房也较为紧张,严复读书的地方,是与人合租的一所房子。楼下是歌舞娱乐的场所,每天晚上演剧,非常吵闹,严重干扰了严复的读书和学习,使严复经常分神,无法专心读书。黄宗彝看到这种情况,便及时调整了作息时间,当楼下演剧时,就让严复休息,等夜里演剧结束,则唤严复起身,挑灯夜读。

严复十三岁那年,黄宗彝不幸因病去世。临终时,他向严振先推荐了自己的儿子拔贡生黄孟修来家坐馆教严复读书。严振先晚年染上了嗜赌的恶习,很快将严家靠行医积累起来的有限家业败光殆尽。严振先去世后,严家家徒四壁,家人整日以泪洗面,艰难度日。父亲严振先去世后,严复的母亲陈太夫人靠给人做针线活挑起了抚养儿女的重任。家庭的变故给严复留下了深刻的影响,他发誓一定要努力读书,日后有所作为,不辜负母亲含辛茹苦的养育。晚年严复为一幅《篝灯纺织图》题诗的时候,触景生情。他回首往事,感慨万千,写下了一首诗表达了当时的内心境遇:

> 我生十四龄,阿父即见背。
> 家贫有质券①,赙②钱不充债。
> ……………
> 慈母于此时,十指作耕耒。
> 上掩先人骨,下养儿女大。
> 富贵生死间,饱阅亲知态。
> 门户支已难,往往遭无赖。
> 五更寡妇哭,闻者隳心肺。③

父亲的去世,对严复产生了很大的影响,也彻底改变了严复的命运。按照父亲生前的规划,严复本来要走科举做官的道路,由于家庭变故,他不得

---

① 质券:即典当票。
② 赙钱:为助办丧事而赠送的钱。
③ 皮后锋.严复评传[M].南京:南京大学出版社,2006:12.

不辞去塾师,中断了读"四书""五经"及学习八股制艺的学业计划,后来正好赶上了福州船政学堂开张,学堂招生不仅食宿全免,每月还有生活补贴,严复于是决定投考,从此走上了一条崭新的生活道路。严复就是在这样的情况下,跨进了福州船政学堂的大门。

那时的福州船政学堂主要计划培养两种人才:一种是学习造船,将来做"良工";另一种是学习驭船,将来做"良将"。因此,学堂也相应地分为两类——前学堂和后学堂。前学堂为法文班,主要学习法国的造船学问;后学堂为英文班,主要学习英国的驭船学问。严复选择了后学堂,于1867年至1871年在后学堂学习了整整五年的英文和驭船术。严复系统学习了数学方面的算术、几何、代数、解析几何、割锥、平三角、弧三角、代积微,物理学方面的动静重学、水重学、电磁学、光学、音乐、热学,以及化学、地质学、天文学、航海学等知识。这些西方资本主义国家传来的自然科学知识,为严复日后进一步接受西方的社会科学理论、成为时代的启蒙思想家打下了坚实的基础。

后来,由于学业成绩突出,严复于1887年3月被选派到英国去留学,寻求祖国富国强兵的真理。严复留学归国之后,经由李鸿章的举荐,担任北洋水师学堂的校长,长达20年之久。后来,严复因与顶头上司关系不融洽,感觉在北洋当差"味同嚼蜡"①。另一方面,由于严复少年时期读的是船政学堂,尽管他曾经到过外国,但那时的留学生身份在清末却因为他没有功名,被人看不起,非但不像今天的海归一样风光无限,还会被人视为假洋鬼子,常常受人歧视。严复曾经自嘲说:"当年误习旁行书(即西洋文),举视相视如髦蛮。"②在当时社会这种陈腐观念的压力和影响下,严复多多少少产生了一点自卑心理。为了提高社会地位,严复花钱买了一个监生,发奋专治八股文,希望能够考中举人,以博取功名、光宗门楣。从1885年开始,严复奔波于福建和北京两地,九年之中连续四次参加了乡试,但遗憾的是均名落孙山。1894年中日甲午战争的爆发,唤醒了每一位中国的爱国有识之士,要救国、

---

① 王栻.严复集(第2册)[M].北京:中华书局,1986:7311.

② 王栻.严复传[M].上海:上海人民出版社,1975:361.

要维新、要学习外国成为当时人们的共识。严复也终于从多年的科举迷梦中清醒过来,毅然决定为中国近代的资本主义维新运动奔走呼号,逐步转变成为资产阶级启蒙思想家。

1895年,清政府与日本签订了丧权辱国的《马关条约》,中国面临被帝国主义列强瓜分的危险。在这样的形势下,酝酿已久的维新变法思想与人民的爱国义愤结合起来,形成了相当规模的维新政治运动。以康有为、梁启超等人为代表的维新派发起了"公车上书",虽然没能阻止《马关条约》的签订,但它标志着酝酿多年的维新变法思潮已经发展成为爱国救亡的政治运动,引起了很大的社会震动,从此之后,变法维新的呼声日益高涨。在此背景下,从1895年到1897年间,严复发表了许多重要的文章如《论世变之亟》《原强》《辟韩》和《救亡决论》等,宣传民主、自由思想,敦促变法,成为维新运动的重要组成部分。严复依据斯宾塞的庸俗进化论,提出了他主张维新变法的救国方案,即"鼓民力""开民智""新民德",据此进一步提出了禁鸦片、禁缠足、废八股、倡西学、设议院和公民选举等救国措施。随着形势的进一步发展,严复在天津创办了《国闻报》,发表了大量抨击反动腐朽的政治和文化的文章,在社会上引起了极大的反响。此外,严复还翻译了英国生物学家赫胥黎编写的《天演论》一书,将"物竞天择,适者生存"的进化论思想引入中国,呼吁中国唯有变法自强才可以得救,敲响了促人猛醒、救国危亡的警钟。

晚年的严复,思想从进步转向保守,慢慢地成为资产阶级改良派,后又沦为资产阶级保皇派。从1898年到1911年间,严复先后担任了很多职务,但这些都不是他的兴趣所在,他将主要心血和精力,都倾注在翻译西方著作上了。严复的译著主要宣传了三个方面的内容:一是西学救国,二是经济上的民主思想,三是政治上的民主思想。严复最为看重的是思想启蒙和教育救国。1905年,孙中山自美洲到达英国后,听说严复正在伦敦,特意前往拜访。二人深谈之下,思想上不免产生了争论。严复说:"中国民品之劣,民智之卑,即有改革,害之除于甲者将见于乙,泯于丙者将发于丁。为今之计,惟急从教育上着手,庶几逐渐更新。"①明确表达了他对教育的重视及其明确的

---

① 王栻,俞政.严复[M].南京:江苏古籍出版社,1984:68.

资产阶级改良思想。为实现教育救国的理想,严复曾担任过复旦公学和安徽高等学堂的监督,还曾担任过北京大学的首任校长。后来,严复被迫辞职,开始把主要精力用于为袁世凯当顾问,逐步卷入政治漩涡。

实事求是地来看,严复是一个复杂而多变的思想家和教育家,在他的身上西学与旧学并存、进步与顽固共有,上述因素对严复家庭教育的理论和实践无疑会产生一定的影响。

袁世凯死后,严复不再在北洋政府中供职。1917年严复在书信中说:"复虽在京,不入政界。"①1918年在信中又说道:"生计颇窘,然粗得了,即亦听之,不复向胡奴乞米,问政府讨顾问做矣。"②这样一来,严复固然脱离了政治,但经济来源也成了问题。严复一生主张严禁鸦片,可是他自己却始终没有下定决心砸烂烟枪,这个不良嗜好给严复带来了严重的哮喘病,无情地损害了他的健康。严复晚年过着衰病闲居的沉闷日子,喜欢怀念故旧,与精通西学的复古派辜鸿铭的思想渐趋于一致,严复认为:"辜鸿铭议论稍为惊俗,然亦不无理想,不可抹杀。"③此外更与康有为交好,将康有为引为知己,自称"老来与南海(康有为)持论什九相同"。④甚至对于1917年康有为参加张勋复辟一事,严复也认为可以谅解:"康有为归国以还,未尝一出,而吾曹又何忍深责之乎?"⑤严复抑郁无聊之时,有时也强作潇洒,自我安慰。或阅读《庄子》,或教导子女,甚至还想补译《穆勒名学》。

从1917年底开始,严复的身体健康状况严重恶化,病情每况愈下,"每日进餐,面红气促,如干极劳之事"⑥。1918年底,严复陪护三子严琥回闽完婚,身体虚弱得连走几百步的路都感觉困难。1919年初,由于连日为严琥娶妻、为自己做寿等事情操劳过度,一病几殆,后来在严琥夫妇的精心照料下,病情才出现了转机。随后严复两度大病,进入北京协和医院治病,月底出院后

① 王栻.严复传[M].上海:上海人民出版社,1975:135–136.

② 王栻.严复传[M].上海:上海人民出版社,1975:135–136.

③ 王栻.严复传[M].上海:上海人民出版社,1975:136.

④ 王栻.严复传[M].上海:上海人民出版社,1975:136–137.

⑤ 王栻,俞政.严复[M].南京:江苏古籍出版社,1984:95.

⑥ 王栻.严复集(第2册)[M].北京:中华书局,1986:1526.

在北京闲居。

从1920年新春以后,严复感觉身体状况大不如从前,他似乎预感到将不久于人世。严复曾写过这样一段文字表达自己内心的苦闷心境:

> 还乡后,坐卧一小楼,看云听雨之外,有兴时,稍稍临池遣日。从前所喜历史、哲学诸书,今皆不能看,亦不喜谈时事。槁木死灰,惟不死而已,长此视息人间,亦何用乎?以此却是心志恬然,委心任化。①

1920年2月20日,严复晚年得孙,欣喜异常,立即悬灯燃烛,焚香拜祖,并作《元旦觐祖生》诗四首,其四仿陆游《示儿》诗云:

> 名尔为侨胙,心仪到古贤。
> 艰难支奥国,词命却强权。
> 震旦方沉陆,何年得解悬。
> 太平如有象,莫忘告重泉。②

严复在诗中表达了他希望孙子日后能成为像公孙侨和羊舌胙等古贤一样的寄托,希望孙子能够在内政外交方面大展宏图,为国出力。1910年,严璩任福建财政正监理官时,为父母建造了墓地,严复亲自书写了"清侯官严幾道先生之寿域"的碑文。其中的"清"字,意味着严复一生主要生活在晚清,也表达了严复心中对中华民国的不满与失望;碑文中他不屑罗列"资政大夫""海军协都统"之类的官衔,则是对自己平生际遇的不满与无言抗议。虽然如此,但严复基本上按自己的计划完成了几部"要书"的翻译,自感平生并无多少未了的心愿。

1920年10月19日,严复回闽避寒,途中气喘恶化,回到福州后,严复的身体并无好转。随着沉疴久治不愈,年老体弱的严复基本上在一种凄凉而

---

① 王栻.严复传[M].上海:上海人民出版社,1975:137.
② 王栻.严复集(第2册)[M].北京:中华书局,1986:411.

虚空的心境中养病。1921年10月27日,一代宗师、大思想家、教育家严复在福州郎官巷寓所逝世,走完了他的生命旅程,终年六十八岁。

临终前,严复给家人留下了一纸遗嘱,作为对子女最后的教育:

> 民国十年,岁次辛酉,十月三日,瘉壄老人(严复自称)喻家人诸儿女知悉:
>
> 嗟嗟!吾受生严氏,天秉至高。徒以中年攸忽,一误再误,致所成就,不过如此,其负天地父母生成之德,至矣。耳顺以后,生老病死,倏然相随而来,故本吾自阅历,赠言汝等,其谛听之。
>
> 须知中国不灭,旧法可损益,必不可叛。
>
> 须知人要乐生,以身体健康为第一要义。
>
> 须勤于所业,知光阴、时日、机会之不复更来。
>
> 须勤思,而加条理。
>
> 须学问,增知能,知做人分量,不易圆满。
>
> 事遇群己对待之时,须念己轻群重,更切勿造孽。
>
> 审能如是,自能安平度世。即不富贵,亦当不贫贱。贫贱诚苦,吾亦不欲汝曹徼之也。余则前哲嘉言懿行,载在典策,可自择之,吾不能舰缕尔。①

严复的遗训将国家大事排在了第一位,表达了他一生心系国家、民族命运的高风亮节。严复不要求儿女们固守中国旧法而不知变通,而是要求孩子们记得中国人当以中华传统文化和礼仪规范为根本。在严复看来,中国的根本之法不容动摇。另外,严复一生为鸦片所害,饱受哮喘、肺病的折磨,深感身体健康的宝贵,因此,他要求子女们谨记身体健康乃人生第一要义。此外,严复一生勤于学习和思考,译著颇丰,深知学习和教育的重要性,因此,他告诫子女们要珍惜宝贵的年少时光,勤业勤思,以学问为志业。严复一生追求仕途,虽然才华横溢,但始终不得志,郁郁寡欢,直到晚年才深谙中

---

① 王栻.严复集(第2册)[M].北京:中华书局,1986:359-360.

庸之道,因此在遗训中告诫子孙们不要追求所谓的大富大贵之类虚幻的圆满,告诫他们不要一味追求富贵,但也不能甘于贫贱,他希望子女们能够一生平安。

严复一生奉公爱国,为国家、民族的命运殚精竭虑,苦思救国良策。严复以教育救国为己任,先后在天津北洋水师学堂、复旦公学和安徽高等学堂、北京大学等单位就职,一直为国家的教育事业东奔西走,直至晚年才回归故土。严复主办《国闻报》和《国闻汇编》,致力于推动变法维新。他热衷于翻译事业,系统地将西方政治学、社会学、经济学、哲学等经典著作引入中国,希望能借此打开中国人的眼界,他所翻译的《天演论》《原富》等著作在当时产生了重大的影响,尤其是《天演论》中"物竞天择,适者生存"的理论震撼人心,对后世产生深远影响。严复所做的一切都是希望能挽救国家危亡,使中国国富民强。他殷切希望自己的子孙后代能够永远记得,任何时候都要做到以国家为先、以群体为重,始终做到"己轻群重",充分体现了一位思想家、教育家的责任与担当。严复的家庭教育就是在他上述思想的指导下进行的,取得了预期的良好效果。

二、严复的家庭教育生活

严复生活的时代正值中国饱受封建地主阶级和帝国主义双重压迫的困难时期,中国当时面临的主要任务是进行反帝反封建的资产阶级民主革命。作为思想家的严复认为,要想取得革命的最终胜利,挽救国家民族危亡,首先应当从教育着手,因此他明确提出了教育救国思想。在教育救国思想的影响下,严复充分认识到家庭教育的重要作用,他认为家庭教育是教育的重要组成部分,家庭教育在一个人的成长和发展过程中起着重要的奠基作用,良好的家庭教育可以在很大程度上弥补学校教育的不足。因此,严复强调指出,父母应在儿童的幼儿教育阶段,重视和加强对孩子的家庭教育。

严复非常重视家庭教育,并在家庭教育过程中身体力行,取得了家庭教育的巨大成功,为后人留下了一笔宝贵的精神财富。严复的家庭教育主要通过他的言传身教来进行的,作为中西兼通的知识分子,他的家庭教育生活体现了传统和现代的过渡与融合。严复的家庭教育生活涉及如何读书勤业、如何治家传世、如何做人卫国等。在严复言传身教的影响下，严氏的家庭教育取得了巨大的成功，家族中人才辈出，既有名留青史的爱国将领，又有睿智博学的两院院士，亦有默默耕耘的教育专家。

综观严复的家庭教育，敬业乐生、勤学勤思、学贯中西、爱国奉公是其家庭教育的基本特点，成为严氏世代相传的家风，得以长久流传。

（一）乐生为要，健康第一

"须知人要乐生，以身体健康为第一要义"①，这是严复留下的六条遗嘱之一。熟悉严复的人都知道，严复的烟瘾很大，他的一生饱受哮喘、肺病的困扰和折磨，因此严复深知健康的可贵和良好身体对于一个人的重要性，因此特意在遗嘱中叮嘱和教育后代注意保持身体健康。

现在看来，严复作为鼎鼎大名的教育家、思想家，当初是如何染上鸦片烟瘾的呢？详细情况需要进一步的考证。据严复的外甥女何纫兰所说，严复最早可能是在吕君止（长子严璩的岳父）家里做客时染上烟瘾的。

清朝末年，鸦片曾被称为"雅片"，稍有点地位的家庭常用此物招待客人。严复起初对吸食鸦片一事并不在意，他还曾轻松地对家人表示：虽然自己没有戒烟，但是不管何时戒除，都属于易事。也许严复当初吸食鸦片，只是出于社交的一时需要或好奇心的驱使，但严复可能真的不知道鸦片的危害如此之厉害，以至于后来烟瘾成性，越吸越厉害，欲罢不能，难以戒除。也有人认为，严复吸食鸦片是出于生活和工作的需要。1908年，严复应直隶总督杨士骧之聘赴天津就职，他在天津期间所吸食的鸦片几乎均由夫人朱明丽从上海寄来。当鸦片快用完的时候，严复便寄信催促家人尽快寄送，严复在信中写道："在此日日有事，恐精神不支撑耳。"②有人据此推断，"在严复的心中，鸦片乃麻痹自己、缓解精神压力的良药。还有人通过分析其日记认为，严复吸食鸦片、打吗啡主要是为了缓解生理病痛。"③但无论何种原因，严

---

① 王栻.严复集（第2册）[M].北京:中华书局,1986:359-360.

② 孙欣.勤业重群冠中西——严复与严氏家风[M].郑州:大象出版社,2016:57-58.

③ 孙欣.勤业重群冠中西——严复与严氏家风[M].郑州:大象出版社,2016:57-58.

复吸食鸦片大半生时间,最终导致沾染烟瘾,欲罢不能。由于常年吸食鸦片,严复的身体遭到了很大的破坏,偶感风寒,竟要纠缠好久才得以痊愈。严复晚年饱受肺病困扰,亦与之有关。

深受吸食鸦片之害的严复,后来深感戒除鸦片实在太难,他在晚年给友人熊锡育的信中,对此感慨万千、悔恨不已:"恨早不知此物为害真相,致有此患,若早知之,虽曰仙丹,吾不近也。寄语一切世间男女少壮人,鸦片切不可近。世间如有魔鬼,则此物是耳。"①严复以自己的亲身经历告诫家人及朋友,鸦片之类的东西犹如魔鬼般可怕,是万万不可碰的,否则会后患无穷。

严复虽然痛恨鸦片,但严复的"乐生之道"并非是指不碰鸦片。作为中医大夫之后,严复对自己及家人的身体健康颇为重视,非常在意和讲究饮食起居。民国元年(1912),严复的外甥女何纫兰因病求医,她非常依赖医药。严复闻之,遂告诫外甥女若要想身体得以健康,不能依赖于医药,他认为医药只能起到短期暂时的缓解作用,而无法有长远的效果。在严复看来,与其过分依赖医药,不如依靠饮食疗法进行调理,这种方法看似起效较慢,但严复认为此乃长久之计。严复嘱咐外甥女何纫兰出院后,一定要在饮食起居方面小心谨慎:"勿以害小而为之,害不积不足以伤生;勿谓益小而不为,益不集无由以致健;勿嗜爽口之食,必节必精;勿从目前之欲,而贻来日之病。"②从中可以看出,严复所倡导的"乐生之道",其实重在"节制"二字。其实,通过节制欲望养生,并非严复首创,它很早就是我国古人的养生之道,备受重视。如明代医学家江绮石提出的"六节六养"之说:"节嗜欲以养精,节烦恼以养神,节愤怒以养肝,节辛勤以养力,节思虑以养心,节悲哀以养肺。"③节与养,很好地说明了怡情养性与长生久视的关系,可谓抓住了养生之要害。清代石成金也说:"食宜八九分,不可过饱,食宜淡些,不可厚味。"其实都是同样的道理。

其实,严复所倡导的"乐生"还是一种安宁淡泊的心境。严复希望自己

---

① 孙欣.勤业重群冠中西——严复与严氏家风[M].郑州:大象出版社,2016:58.
② 孙欣.勤业重群冠中西——严复与严氏家风[M].郑州:大象出版社,2016:58.
③ 朱岚.中国传统文化[M].北京:国家行政学院出版社,2013:138.

的子女能够勤学乐业,但他不希望子女们以伤害身体为代价。如严复的四儿子严璿从小刻苦勤奋,不甘于居人之后,以至于用功太甚,严重伤害了身体。作为父亲,严复对儿子既心疼又担忧,但他认为儿子这样做"过犹不及,愚蠢之至"①,是万万不可取的。严复以古人"皮之不存,毛将焉附"的道理,告诫子女们一定要注意身体健康,千万不要为了学业过度耗费身体,以致本末倒置。

严复的长子严璩早立无子,次子严瓛七岁夭折,严复因此对三子严琥寄予厚望。严复在家书《与长子严璩书》中教育儿子说:"欲为有用之人,必须表里身心并治,不宜有偏。"②1916年初,严琥从唐山工业专门学校回家之时,身体极为疲惫,又咳嗽得十分厉害,远在北京的严复知悉后非常担心,急忙写信嘱咐严琥:

> 刻下大哥年已老大,再七八年,便是半百。吾将七十,尚未抱孙。吾儿须念一身乃是全家柱石,千万不可大意。校中饭食不佳,即便添菜。用钱多少,信来便寄,不必刻苦。只要身体强健,其余皆可置为徐图,儿须深察。此言不可当作东风吹马耳也。③

严复在信中告诫儿子严琥,作为家里的顶梁柱,一定要保持"身体强健",不必过于刻苦和省钱,强调指出身体才是第一位的,希望儿子谨记,务必要保持身体健康。

可以看出,严复所提出的"乐生之道",不仅是一种健康的生活方式,更是一种对待生活的随性与洒脱。

（二）注重家塾启蒙教育,偏重国文

启蒙教育是一个人学习认识世界的第一步,早期的智力开发自古以来就为人们所重视。《颜氏家训》曰:"人生小幼,精神专利,长成以后,思虑散

---

① 孙欣.勤业重群冠中西——严复与严氏家风[M].郑州:大象出版社,2016:59.

② 王栻.严复集(第3册)[M].北京:中华书局,1986:780.

③ 严复.严复全集(第8卷)[M].福州:福建教育出版社,2014:519.

逸,固须早教,勿失机也。""幼而学者,如日出之光;老而学者,如秉烛夜行,犹贤乎瞑目而无见者也。"①二程也非常重视儿童的启蒙教育,认为:

> 人之幼也,知思未有所主,便当以格言至论日陈于前,虽未有知,且当薰聒,使盈耳充腹,久自安习,若固有之,虽以他说惑之,不能入也。若为之不豫,及乎稍长,私意偏好生于内,众口辩言铄于外,欲其纯完,不可得也。②

中国教育史上更是不乏优秀的儿童启蒙教育读物,如《三字经》《百家姓》《千字文》《弟子规》等。

严复是我国近现代教育史上最早关注启蒙教育的代表性教育家之一。在当时,启蒙教育被称之为蒙养教育。严复曾在为《蒙养镜》所撰写的序言中着重论及家庭教育,他指出:"夫一国一种之盛衰强弱,民为之也。而民之性质,为优胜,为劣败,少成为之也。"③严复认为,儿童启蒙教育的成功与否直接决定着整个国家国民素质的高低,因此,启蒙教育不仅是一个人成长发展中十分重要的环节,同时会影响到整个民族未来的可持续发展,可谓意义重大。严复认为,蒙养教育并不是像一般人看起来那样内容简单,也并非对教师的要求不高,他认为蒙养教育是一门高深的学问,除非成为大智大圣之人,而后才会懂得蒙养教育。严复说:"非真哲学家,不能为童稚之教育。夫童子之心灵,其萌达有定期,而随人为少异,非教育之能察,其不犯陵节踏之讥寡亦。"④那么什么才是真正的教育呢?在一般人看来就是,学生有不明白的地方,老师为其讲解明白;学生不具备的能力,老师为其示范,使他能够模拟。但在严复看来这只不过是"鹦鹉沐猴之道"而已,即使教者至勤,而学生又极其博闻强识,但宇宙万物,难以胜数,作为老师怎么可能都一一教之呢?

① 王利器.颜氏家训集解[M].上海:上海古籍出版社,1980:166.
② 朱熹,吕祖谦.近思录全译[M].贵阳:贵州人民出版社,200:284.
③ 严复.严复全集(第7卷)[M].福州:福建教育出版社,2014:310.
④ 严复.严复全集(第7卷)[M].福州:福建教育出版社,2014:218.

那么该如何教育蒙养阶段的儿童呢？严复认为这是一门极其高深的学问，应该遵照儿童身心发展的规律对其进行教育。严复认为，应对儿童采取"引而不发""启发诱导"的教育方式，指出这是古今圣者之师进行启蒙教育的至高境界。严复指出："教人直到奈何？人固有所受于天之天明，又有所得于天之天禀。教育者，将以其瀹其天明，使用之以自求求知；将以练其天禀，使用之以自求能；此古今圣哲之师，所以为蒙养教育之至术也。"①严复所倡导的蒙养教育的方式类似于古希腊哲学家苏格拉底所倡导的"产婆术"式的教学法，实践证明，这是符合儿童认知发展规律的。

对于启蒙教育阶段的儿童，严复十分注重父母言传身教的示范作用。他引用斯宾塞的话说："子孙者汝身之蜕影也。"②他严厉批判当时为人父母者的错误做法："日为乾没无已之事，而望其子以光明；日为腆鲜不涓之事，而望其子以高洁。汝以为不汝知也耶？又大误也。"③父母作为孩子的第一任老师，如果父母不做好孩子的榜样和示范，而希望自己的孩子能成大器，严复认为这是绝对不可能的。

严复曾长期在国外游历，深谙西方欧洲强国都普遍重视编写小学教科书的做法和成效。为此，严复曾专门在报刊上发文，呼吁学部应该早日审定我国的小学教科书。他认为，教科书"高等之学校不必有而自中学以下，至于小学，则又不可无"④。严复认为，对于启蒙教育阶段的智育，教科书可有可无，但是对于启蒙教育阶段的德育，教科书则是不可缺位的。严复的理由是：

> 智育之进步日殊也。而德育之事，虽古今用术不同，而其著为科律，所以诏学者，身体而力行者，上下数千年，东西数万里，风尚不齐，举起大经，则一而已。忠信廉贞，公恕正直，本之修己，以为及人，秉彝之

① 王栻.严复集(第1册)[M].北京:中华书局,1986:199-200.
② 王宪明.严复学术文化随笔[M].北京:中国青年出版社,1999:157.
③ 严复.严复全集(第7卷)[M].福州:福建教育出版社,2014:311.
④ 严复.严复全集(第7卷)[M].福州:福建教育出版社,2014:219.

好,黄白棕黑之民不大异也。不大异,故可著诸简编,以为经常之道。且夫智育之为教也,贵求其所以然,如几何然。使徒诏学者以半员之内藏角必为矩形,是未足也,必为之原始要终,而能言其所以然之故。否则,虽知犹不知也。若夫德育之事则不然。德育修身诸要道,故未尝无其所以然,第其为言也深,取其义也远,非成童者之所能喻也……是故五洲德育之为教,莫不取其种族宗教哲学之公言类纂之,而有教科书之设。①

鉴于"今者小学之师资,其程度高者必寡,以其食之不称事,能者不居"的严重现状,严复对当时小学教育的办学情况十分不满意,在此情况下,严复选择自己在家教育孩子,他说:"复教子弟,以现时学校之难信,故宁在家延师先治中学。"②因此,严复亲自为自己的子女拟定了一套完整的家庭启蒙教育方案:"成童入学之顷,不宜取高远之书授之,而以识字知书能算三者为目的。"③他认为不应对蒙童传授以高深的知识,而应当以识字和算数为主要目的。与此同时,严复认为还要教给孩子观察外界事物的方法,指出"观物以审详不苟为主"④。严复认为训练观察能力最好的方法是绘画,当然他认为并不一定非要让孩子成为画家,只要能让孩子粗略掌握绘画技巧,就已经具有非常大的意义:"盖画物之顷,童子心不外驰;而求肖物,则必审物,此二者皆极有用之心习,而其事又为童子之所欣,而不以为苦,故可贵也。"⑤

那么启蒙阶段的孩子应该学习什么内容呢?严复本人从小曾受到良好的中国传统启蒙教育,他深刻认识到中国传统的国文应当是启蒙教育阶段孩子主修的主要内容,强调要为子女打好扎实的国文基础。严复认为:"至于国文之课,则必读古文、古诗,选其佳者,必令背诵。"⑥他进一步指出,至小

---

① 严复.严复全集(第7卷)[M].福州:福建教育出版社,2014:219.
② 严复.严复全集(第7卷)[M].福州:福建教育出版社,2014:305.
③ 严复.严复全集(第2卷)[M].福州:福建教育出版社,2014:530.
④ 王宪明.严复学术文化随笔[M].北京:中国青年出版社,1999:153.
⑤ 严复.严复全集(第7卷)[M].福州:福建教育出版社,2014:241-242.
⑥ 孙应祥.严复年谱[M].福州:福建人民出版社,200:277.

孩七八岁开始,应着重培养孩童对国文的诵记,稍长便可以让孩童读经书,认为"经书固中国教化之星宿海,惟读经要在讲解,欲讲解之明,又不可不治小学"①。在此启蒙教育期间,严复认为不必太刻意让孩子去理解国文中的深奥涵义,当然能理解文意甚好,如果不能做到也不必过于挂怀和在意,认为只要打好国文基础,随着孩童年龄和见识的增长其义自明。他说:"自孩童七八龄至十四五,约计七年,使子弟而系中材,前此功程,无难勉企,其次即未成学,亦可粗就。"②当时一些谈论教育的人严禁或反对悬梁刺股式的背诵,严复对此不以为然,认为"每闻今人谈教育者常悬背诵为厉禁,此语不必尽从也"③。严复把不懂而熟读称为"盲读",认为这样做对孩童自有其益处。严复之所以对吟诵推崇备至,不仅是出于对中国传统国文的尊重,还基于他对吟诵有助提升记性的重要作用深信不疑。严复指出:

> 寒家子女少时,皆在家塾,先治中文,经传古文,亦无不读,非不知辞奥义深,非小学生所能了解,然如祖父容颜,总须令其见过,至其人之性情学识,自然须俟年长,乃能相喻。四书、五经亦然。以皆上流人不可不读此书,此时不妨先教。讽诵,能解则解,不能解置之,俟年长学问深时,再行理会,有何不可。且幼年讽诵,亦是研练记性;研练记性,亦教育中最要事页。若少时不肯盲读一过,则终身与之枘凿,徐而理之,殆无其事。④

可见,为了帮助子女们打好国文基础,严复更乐意通过家塾教导子弟们。在严复看来,"寒家子女少时,皆在家塾,先治中文,经传古文,亦无不读。"⑤严复本人作为从家塾中接受教育走出来的孩子,他认为家塾的老师教得用心,学生也学得用功。而我国当时的新式学堂在师资、教材等方面尚处

---

① 严复.严复全集(第7卷)[M].福州:福建教育出版社,2014:248.
② 严复.严复全集(第7卷)[M].福州:福建教育出版社,2014:241—242.
③ 严复.严复全集(第7卷)[M].福州:福建教育出版社,2014:248.
④ 严复.严复全集(第8卷)[M].福州:福建教育出版社,2014:370.
⑤ 王栻.严复集(第3册)[M].北京:中华书局,1986:697.

于起步阶段,教学质量的确难以令人信服。

严复之所以在启蒙教育阶段对国文学习如此重视,应该与他自身的坎坷人生经历密切相关。自严复留学归国之后,虽然他通晓西学,但常有"局外人"之感,始终得不到重用,有志难酬。严复将此归因于自己未能考取功名,为此写下了"当年误习旁行书,举世相视如髦蛮"①的诗句抒发感怀。严复曾先后四次参加科举考试,但每一次都名落孙山,屡试不第。严复鉴于自己在国文学习上的痛苦经历,他当然不希望同样的悲剧在自己子女后代身上重演,由此在家庭教育中对启蒙教育阶段的国文学习非常重视。

严复对长子严璩寄予厚望,希望他能像自己一样闭门用功读书,他很早就将儿子带到天津读书,以便随时能督促其学业。然而严璩"天性浮动,难以用功"②。1885年7月18日,严复回到福建参加乡试,他担心在此期间儿子严璩无人管教而荒废学业,临行之前将儿子托付给好友郑孝胥,让其代为管教并督促其学业。常言说"受人之托,忠人之事"。郑孝胥对此事尽职尽责,第二天早晨便"入斋,督幼陵儿读书,儿十二岁,名璋"③。据郑孝胥日记记载,从严复回福建一直到9月21日两个多月时间内,除非天气恶劣,郑孝胥都会到书斋督促严璩读书。然而正如严复走时所担心的那样,严璩在此期间读书确实不怎么用功,多次谎称已完成郑孝胥要求背诵的内容,在学习上大打折扣。郑孝胥多次指出严璩在诵读过程中遗漏内容,而严璩对此"因噤不语"。郑孝胥语重心长地教育严璩道:"凡我所为急持者,非苟子也。诸张之幻,我所素悉,不能自欺,与子为比也。夫我受人托尔,犹不忍欺,奈何子以己事而不惮自欺乎?"④

随着严复子女的不断增多,严复逐渐感觉到若一一督促子女们读书,实在精力难济。为了不耽误子女的学业,让他们接受系统的国文教育,严复聘请了桐城金子善先生作为家庭私塾教师。金子善先生有着深厚的国文功

---

① 王栻.严复集(第3册)[M].北京:中华书局,1986:361.
② 严复.严复全集(第8卷)[M].福州:福建教育出版社,2014:435.
③ 郑孝胥.郑孝胥日记[M].北京:中华书局,1993:62.
④ 郑孝胥.郑孝胥日记[M].北京:中华书局,1993:87.

底,对严氏子女的教育也非常认真负责,尽心尽力,严复对他非常满意,支付给金子善很高的学费。根据严复账册的记载,仅在1913年上半年,总计支付给金子善先生学费三百三十元。①这在当时可以说是非常高的薪资了。可见严复对子女们家庭教育的投入和重视。

金子善兢兢业业地教严复的几个子女读书问学,一直到自己年迈体弱、无法继续工作为止。为了表达对金先生多年来对其子女教育操劳的谢意,严复在他辞职后,许诺再送他一年的学费。但令人没想到的是金先生不久便不幸离世了,严复深感悲痛,遂写信给大儿子严璩说:"今先生已去,身后自是萧条,除三月间已寄一百元外,令再寄二百元去,以举其丧。"②严复之所以不让自己的子女们到当时的新式学堂读书,而是重金聘请私塾先生到家授课,是因为严复认为当时的学校大都不是理想的真正学习国文的地方,严复说:"今日国中无论何等学校,皆非学习真正国文之地,要学习须在家塾。"③这种对家塾的推崇和对新式学堂的质疑,几乎是清末民初当时知识分子的共识,严复当然也不能例外。因此,当时很多的孩子在新式学堂放学后,还要到私塾里去补习国文基础。在严复的影响下,长子严璩在严复逝世之后,继承和延续了父亲的这一传统,聘请陈曾为严复的孙辈们的家塾教师,教习国文,这逐渐形成了严氏家族重视国文的家族传统,正因为如此,严氏子弟们的国学功底大都十分深厚。

严复的家庭教育除了注重深习国文之外,还注重打好书法文字功底,尤其强调书法练习。严复自幼就喜欢练习书法,写得一手好字,练字的习惯一直坚持到晚年。严复在写作中始终坚持用毛笔写字,不用钢笔写字,并且反对家人使用钢笔写字。严复十分重视对子女们的书法教育。严复在北京居住时,经常到琉璃厂购买字帖,用于子女们的"临池之资"④。严复曾经总结了一套练习书法行之有效的秘诀,并将自己的书法经验体会传授给晚辈:

---

① 严复.严复全集(第8卷)[M].福州:福建教育出版社,2014:728–730.
② 严复.严复全集(第8卷)[M].福州:福建教育出版社,2014:450.
③ 严复.严复全集(第8卷)[M].福州:福建教育出版社,2014:512.
④ 曲振明.严复与天津[M].天津:百花文艺出版社,2008:195.

　　凡学书,须知五成功夫存于笔墨,钝刀利手之说万不足信。小楷用紫毫,或用狼毫水笔亦可,墨最好用新磨者……至于大字,则必用羊毫,开透用之。市中羊毫多不合用,吾所用乃定制者。第二须讲执笔之术,大要不出指实掌虚四字,此法须面授为佳。再进则讲用笔,用笔无他谬巧,只要不与笔毫为难,写字时锋在画中,毫铺纸上……最后乃讲结体,结体最繁,然看多写多自然契合,不可急急。①

　　严复在天津任职期间,夫人朱明丽和孩子们在上海居住了很长时间,子女教育基本上全部由她负责,但严复并未因为工作上的忙碌而忘记关心子女们的学业。为了检验子女们的学习效果,严复要求孩子们要多与在外工作的父亲通信,并且与孩子们约定,有信必复。②严复的家书内容丰富,既有严师的规导,又有良友的倾谈,还不乏天伦的挚爱。严复对子女们的要求非常严格,他要求他们无论读书写字,都要端端正正地坐着,反对躺着读书,或歪着写字,衣服要整洁,用具要排列整齐,并常以"敬胜怠者昌,怠胜敬者灭"③之语来告诫子女。1910年,严复多次收到十二岁的长女严璸与十岁的次女严璆的来信,他感到甚是欣慰,多次回信表扬她们"儿能勤学写信,是极好的"。"父见之眼明,难得小小年纪,便肯好学如此",并仔细询问她们"汝今现读何书? 先生有讲给汝听否?"④不管当时人们如何强调和宣扬"女子无才便是德",在严复的坚持下,他的四个女儿都接受过完善的教育及艺术方面的熏陶。⑤

　　严复的四儿子严璿颇有书法天赋,在他七八岁时,严复就断定严璿"他

---

① 严复.严复全集(第8卷)[M].福州:福建教育出版社,2014:454.

② 严复.严复全集(第8卷)[M].福州:福建教育出版社,2014:523.

③ 苏中立,涂光久.百年严复——严复研究资料精选[M].福州:福建人民出版社,2001:115.

④ 严复.严复全集(第8卷)[M].福州:福建教育出版社,2014:514-515.

⑤ 苏中立,涂光久.百年严复——严复研究资料精选[M].福州:福建人民出版社,2001:106.

日必以书法名世"①,并在信中夸赞和鼓励儿子:"儿来信书字颇佳,此后可以书帖;日作数纸,可代体操。"②严复对于四儿子严璿的品质评价很高,认为他天性孝悌,笃实勤俭,谦虚谨慎,同时也深得金子善先生喜欢。

严复的三儿子严琥心浮气躁,"不肯用心作文章,读书不好",严复批评他"总无书信与父也"③。为此严复多次写信催促他要与父亲通信。在三子与严复的通信中,严复经常直接劈头就问:"前一轮不得汝缄,今日海晏又复无一字,何耶?""久始得七月十七日书,然亦稍慰,所言并悉"④,当严复看到严琥来信签押日期忽然改用阳历,而以前皆用阴历时,严复则立即回信教训儿子道:"凡作家信,用新则纯新,用旧则全旧,不可乍阴乍阳,必致迷乱误事……又如朔、望、弦、瀚及初几等字,皆旧历有之;不宜以书新历,如儿此禀乃四日所作,则竟书四日、四号可耳,而乃填为初四。"⑤严复认为像签押日期这样虽属枝端末节的小事,"有章程人"也应该一丝不苟,希望儿子努力成为有章程、严谨踏实做事的人。此外,严复对于严琥信中出现的一些错别字也一一指出,并分析是因为他精力不够集中,才导致这么多的"讹字"⑥。从上述这些细节足以看出,严复对子女的要求是非常严格的。

1918年,年仅八岁的五子严玷给父亲写了几封信,当严复看到儿子字迹清楚少疵,感到十分欣慰,回信告诉他要"承欢听话,莫要吵闹"⑦。像其他几个兄长一样,严玷从小在家塾跟金子善先生读书。但是五子严玷和三子严琥一样,性情顽劣不好好读书,令严复十分头痛。没过多久,金子善先生因病暂时告假,同时严复因筹办三子严琥的婚事南下阳歧。于是,严玷便有了一段短暂的远离父亲又无师父管教的潇洒自由日子,每日除了调皮捣蛋再也无事可做。虽有夫人朱明丽的管教,远在南方工作的严复仍然担心儿子

---

① 严复.严复全集(第8卷)[M].福州:福建教育出版社,2014:524-525.
② 严复.严复全集(第8卷)[M].福州:福建教育出版社,2014:531.
③ 严复.严复全集(第8卷)[M].福州:福建教育出版社,2014:514.
④ 严复.严复全集(第8卷)[M].福州:福建教育出版社,2014:524-525.
⑤ 严复.严复全集(第8卷)[M].福州:福建教育出版社,2014:523.
⑥ 严复.严复全集(第8卷)[M].福州:福建教育出版社,2014:526.
⑦ 严复.严复全集(第8卷)[M].福州:福建教育出版社,2014:538.

放松学业,于是便写信告诫他要自觉温习功课,或者练习毛笔字。[①]严复在与长子严璩的家信中,多次表达了他对小儿子的担心,"小五荒废,令人放心不下","家中无人猥琐忌惮,甚虑学成下流脾气,奈何!"[②]直到严复去世之前的三四个月,他还在家信中念念不忘地告诫五儿子严玷:

> 儿多时不作信与我,想是与笔墨相骂了耶?长日不读书,闻但一味顽劣,顽劣犹可,千万不要暴戾,残忍暴戾,足以闯祸,残忍尤其不可。何为残忍?即以他人他物之苦为汝之乐是也。现世之伟人军人,便是如此,此皆绝子害孙千古骂名之人,吾儿岂可学之?大大在山养病,极念吾儿,吾儿切要听话学好,不然大大就不疼吾儿了。[③]

对于管教顽劣的严玷,严复付出了很大的心血,拳拳父爱可见一斑。

(三)教子中西会通,经世致用

严复学贯中西,他希望自己的子女也能够成为中西兼通之才。1915年,严复在写给好友熊纯如的信中,明确表达了自己培养和教育子女的具体进程和规划:

> 复教子弟,以现时学校之难信,故宁在家延师先治中学,至十四五而后,放手专治西文,一切新学皆用西书,不假译本,而后相时度力,送其出洋,大抵八年而后卒业,至于所治何科,所执何业,亦就少年性质之所近而喜好者,无所专尚也。[④]

严复认为,在孩童十二岁以后"则课以地理诸书,先中国后外邦"[⑤],此时也可以开始对物理、数学、历史知识的学习。严复认为,一直到孩童十六岁

① 孙欣.严复与严氏家风[M].郑州:大象出版社,2016:136.
② 严复.严复全集(第8卷)[M].福州:福建教育出版社,2014:447.
③ 严复.严复全集(第8卷)[M].福州:福建教育出版社,2014:519.
④ 严复.严复全集(第8卷)[M].福州:福建教育出版社,2014:350.
⑤ 严复.严复全集(第7卷)[M].福州:福建教育出版社,2014:530.

之前,这类西学范畴的科目不易占用太多的学习时间,大概十分之一即可,随着孩童年龄的增长可以继续增加西学的比重。①可以看出,严复对子女的教育模式,几乎完全按照他个人的求学之路来进行。

可以看出,严复作为一位"会通中西"的知识分子,强调应先学中学,后入西学。在严复看来,小孩子应首先打好中学的基础。虽然中学辞奥意深,不容易为小孩子所掌握和理解,但是恰如祖父之容颜,必得令孩童见过,倘若连自己的祖父都不知晓,岂非忘本?更何况"四书""五经"乃上流人必读书目。至于中学对个人性情学识有多少帮助,需待小孩子年长方能有所体察。

严复精通西学,康有为曾极力称赞严复"为中国西学第一"②。戊戌变法时期,严复在《国闻报》《直报》等报刊上连续发表政论文章,积极鼓吹和宣扬西方的进化论和人权论学说。1895年,严复在天津《直报》上发表了《论世变之亟》一文,对中西文化作了全面的对比,涉及中西历史观、自然观、学术观等多个方面,通过对中西文化的对比,严复认识到西方文化的先进之处,认为中国当时惟一的出路就是要学习西学,主张在政治、经济、军事、文化、教育、外交等方面全面学习西方。综观严复的学术思想发展历程,可以看出严复早年主张"全盘西化",晚年则蜕化为文化保守主义者,严复的这一思想特点也渗透在家庭教育当中,体现出中西并重的教育倾向。具体到家庭教育过程中对子女的教育和培养上,严复认为要教育孩子们使其达到中西会通,但他更强调"中学"的学习。严复说:"今之科学,自是以诚成物之事,吾国欲求进步,固属不可抛荒。至于人之所以成人,国之所以为国,天下之所以为天下,则舍求群经之中,莫有合者。"③

严复认为,学习要从中学至西学,首先要打好坚实的国文基础,尤其需要从读经开始。严复认为"夫群经乃吾国古文,为最正当之文字"④。经书乃

---

① 严复.严复全集(第8卷)[M].福州:福建教育出版社,2014:204–205.

② 康有为.与张之洞书,中国史学会.戊戌变法(第2册)[M].上海:神州国光社,1953:525.

③ 严复.严复全集(第7卷)[M].福州:福建教育出版社,2014:462.

④ 徐立亭.晚清巨人传 严复[M].哈尔滨:哈尔滨出版社,1996:499.

中国之为中国的根本,是否读经涉及人格与国性的重大问题:"无人格谓之非人,无国性谓之非中国人,故曰经书不可不读也。"①中国旧学,首重德育,尤为严复所重视。从德育对国民人格的塑造起着重要的教化作用来看,严复重视读经的着眼点在于道德教化,是为了树立中国人的国民人格,养成国民道德。因此,严复非常重视家庭教育中的修身教育,并将个人的道德成长放在家庭教育的重要位置。

严琥在收到父亲的信后,他复信告诉父亲自己最近在读《近思录》,并打算用七年左右的时间通读二十四史。严复看到信后得知儿子肯花功夫读《近思录》,感到非常高兴,他复信提醒儿子:"但此书不是胡乱看得,非用过功夫人,不知所言着落也。"②严复精通中学,他认为通读二十四史确实是一个很远大的志向,严复鼓励并指导儿子可以先从前四史开始着手,并且要持之以恒,须在三十岁之前将二十四史看完,否则,等到四十以后,"因人事日烦,记忆力渐减"③,即使看了也记不住多少内容了。为了增加严琥的读书学习的紧迫感,严复还分享了自身的读书体验"吾五十以还,看书亦复不少,然今日脑中,岂有几微存在? 其存在者,依然是少壮所治之书"④。严复不满足于当时学校的正规课程,到处延揽名师指教严琥学习古文诗词,自己也常常对儿子指点和辅导。在严复的精心培养下,严琥在经史、诗文、哲学等方面都打下良好的根基,并在书法、绘画、篆刻等方面也初步入门。

1918年,严复年仅十五岁的四儿子严璿进入唐山工业专门学校读书。由于儿子初次远离父母出门求学,严复因此格外挂念儿子,多次写信嘱咐。他嘱咐儿子趁刚刚开学,功课还不十分繁多时,应当抓紧时间奠定旧学的基础:"暇时仍当料理旧学,勿任抛荒。看《资治通鉴》自然甚佳,但《左传》也不应当半途而废,仍应排日点诵,即不能背只令遍数读足亦可。文字有不解处,可就近请教伯曜或信问先生,庶无半途废业之叹。"⑤

---

① 严复.严复全集(第8卷)[M].福州:福建教育出版社,2014:464.

② 王栻.严复集(第3册)[M].北京:中华书局,1986:800-801.

③ 王栻.严复集(第3册)[M].北京:中华书局,1986:800-801.

④ 严复.严复全集(第8卷)[M].福州:福建教育出版社,2014:519.

⑤ 严复.严复全集(第8卷)[M].福州:福建教育出版社,2014:531.

第三章 民国教育家群体的家庭教育生活

严复作为一位大学问家,反对纯粹书斋式的学问,提倡将学问研究深入到现实世界当中去,做到经世致用。1921年1月,严璿写信告诉父亲,他要利用暑假期间游览西湖。严复认为,青年人通过旅行观览山水名胜,不但可以怡神遣日,知山水之乐,还能够增进、丰富许多阅历和学问,从而激发人的志气。虽然为此要花费不少钱,但严复认为非常值得,于是欣然同意了儿子的旅行计划,并鼓励儿子若想使兴趣更加浓厚,需要再预备多种学识,才会有更大的收获。严复在信中教育儿子严璿要增进和了解如下知识:

> 一是历史学识,如古人生长经由,用兵形势得失,以及土地、产物、人情、风俗之类。有此,则身游其地,有概想凭吊之思,亦有经略济时之意与之俱起,此游之所以有益也。其次则地学知识,此学则西人所谓Geology。玩览山水之人,苟通此学,则一水一石,遇之皆能彰往察来,并知地下所藏,当为何物。此正佛家所云:"大道通时,虽墙壁瓦砾,皆无上胜法"。真是妙不可言如此。再益以摄影记载,则旅行雅游,成一绝大事业,多所发明,此在少年人有志否耳。[①]

严复以其自身丰富的治学和人生阅历,认为若想真的成为20世纪的经世致用之才,除了要打好中学基础之外,从十五岁开始必须学习西文,英、法、德、意任何一门外语皆可。为什么要这样做呢?严复给出了四条理由:

> 第一,一切科学美术,与夫专门之业,彼族皆已精通,不通其文,吾学断难臻极;第二,中国毫无进步,即以其文字与外国大殊,无由互换智识之故。惟通其文字,而后五洲文物事势,可使如在目前,资吾对勘;第三,通西文者,固不必皆人才,而中国后此人才,断无不通西文之理,此言殆不可易;第四,更有异者,中文必求进步,与欲读中国古书,知其微言大义者,往往待西文通达之后而后能之,此亦赫胥黎之言也。[②]

---

① 严复.严复全集(第8卷)[M].福州:福建教育出版社,2014:531.

② 严复.严复全集(第7卷)[M].福州:福建教育出版社,2014:241–242.

实践证明，如果能够精通西方某一国文字，则无异于进入一个新的学术世界，即使以前接受的教育有所缺憾，也可以借此来补齐短板。严复之所以将十五岁作为学习中西文化的时间分水岭，这或许和严复自身的心得体会和经历有关，十四五岁恰好是严复初入福州船学堂涉猎西学的年龄。严复认为，作为20世纪的中国人，如果不能做到中西会通，将"不得谓之成学"。如果中间没有间断，早则二十四五岁，晚则三十岁便可以学有大成，"为八面应敌之才，他日入世，达为王将相，隐为师农工商，皆可为社会之所托芘，后五十年不可知，即今而言教育，舍此无他术也"①。

对于西学的学习，严复认为，人在十六岁以后，应当拿出十分之七的学习时间来学习，其余时间可用来学习中文功课，尤其是西方科学的学习应当作为学习的重中之重。严复针对当时一些传统观点将西方科学视为"西艺"，以及"政本艺末"的观点，严复对此加以反驳，如果认为科学为西艺，"则西艺实西政之本"②。他认为中国当时的政治之所以日行其绌，不足与西方列强争存，关键的原因就在于不以科学为本。严复指出："西学之最为切实，而执其例可以测万事、御蕃变，此名、数、质、力四者之学事已。"③严复所说的名、数、质、力即今天的逻辑学、数学、化学、物理学，他认为"四者皆科学也"④。此外，严复还提出物理科学的概念，不仅包括物理学，还包括化学、动植物学、天文学、地理学、生理学、心理学。⑤

严复提倡学习西方科学，特别强调必须要按部就班地学习好数学，他认为数学不仅是研究其他一切自然科学的基础，更重要的是，通过对数学的学习，可以达到训练思维并使之条理化的良好效果。严复指出了学习数学的好处："你学过数学，尽管后来全部忘掉了，但你头脑已得到训练，当谈话、写

---

① 严复.严复全集(第7卷)[M].福州:福建教育出版社,2014:241-242.
② 严复.严复全集(第8卷)[M].福州:福建教育出版社,201:205.
③ 严复.严复全集(第1卷)[M].福州:福建教育出版社,2014:6.
④ 严复.严复全集(第8卷)[M].福州:福建教育出版社,2014:205.
⑤ 严复.严复全集(第7卷)[M].福州:福建教育出版社,2014:241.

作和推理时就不至颠倒紊乱。"①严复认为,一个人治国、平天下,只要打好名、数、质、力的基础,然后再循序渐进地学习天文地理、生物医学及采矿,进而再学习以人为研究对象的生理学和心理学,最后攻群学,这样就一定能够达到学术的鼎盛境地。

严复在学习西方科学的过程中,还注重学以致用、躬身实践,强调要将科学研究应用于实践,"学几何、三角者,必日事于测高仞深,学理、化、动、植者,必成业于治铸树畜也"②。严复认为,要自觉养成理论联系实践的治学习惯,"道在必使学者之心,与实物径按,而自用其明,不得徒资耳食,因人学语"③。

近代工业文明发源于西方,严复认为学习西方科学最有效的途径就是留学教育。但在严复看来,要想取得出洋留学事半功倍的良好效果,应做好留学的前期准备工作,否则,盲目留学可能会无功而返、徒劳一场。严复认为,"不通语言,则出洋无益;不了解科学,其观物必肤"。在严复看来,出国留学之前,至少要先学习西文三年,英语、法语、俄语、德语四种语言可以自由选择其中的一种或多种。前两年可专门学习外国语言文字,第三年学习科学原理,语言文字当然也不可偏废。严复驳斥了社会上流传的年龄过长则口齿不灵不适合学习外文的说法,认为这属于奇谈怪论,根本不足为信,只要严格按照自己所设计的这一套方案去做好留学准备工作,照样可以在出国留学这条路上"大器晚成"④。在学习西学的过程中,严复强烈建议使用外文原典作为学习的课本。严复作为一名优秀的翻译家,他真切地了解翻译过程中不可能达到绝对的精确度,有时候译者自己的主观删减或曲解在所难免,所以,为了避免学习者被译本误导,严复主张采纳外文原典作为学习西学的教材。

正是由于严复对西学的高度重视,在严复的精心规划和安排下,他的几

---

① 苏中立,涂光久.百年严复——严复研究资料精选[M].福州:福建人民出版社,2011:40.

② 严复.严复全集(第7卷)[M].福州:福建教育出版社,2014:244.

③ 严复.严复全集(第7卷)[M].福州:福建教育出版社,2014:241.

④ 严复.严复全集(第7卷)[M].福州:福建教育出版社,2014:205.

个子女到了十五六岁的年龄后,有的出来考取新式学堂,有的出国留学进一步学习深造,均打下了坚实的西学基础。1896年,严复曾一度想捐两三千金为长子严璩谋一个候补主事,以便早日进京步入仕途,但最终还是决定让他跟随驻英钦差大臣罗丰禄去了英国。严璩到了英国之后,一方面在驻英使馆里做随员,一方面到剑桥大学、伦敦大学等各个大学选课进修。[①]庚子事变之后,清政府对外交涉事务日益频繁,懂洋务的人才较前受到政府的重视,再加上严复社会关系的影响,1902年严璩从德国出访归来,很快就被安排到京师大学堂的译书局供职。

  1911年2月,严复年仅十五岁的三儿子严琥考取了清华大学中等科。[②]严琥念了一段时间之后,因"无法佩服那些教授"[③],所以决定不去学校了。严复本来准备安排他到欧洲留学,不料突然爆发第一次世界大战,只好作罢。1915年7月,严琥考入唐山工业专门学校,主攻数学和化学。然而没等到严琥毕业,严复就将他从唐山工业专门学校召回。[④]1918年1月,第一次世界大战结束,严复拟再次安排严琥于1919年底赴德国留学。但因为此时严琥已经与台湾地区的林慕兰小姐完婚,为家事所累,再加上父亲严复当时旧病复发,就不愿再远走异国他乡留学了。晚年的严复对出国留学一事逐渐淡漠,认为当时社会上存在一些争相出国求学的青少年功利心过强,"又见近日少年,争以出洋求学为人生登峰造极之业,想其所得,舍干禄而外,亦无别项用处。故鄙处于子弟出洋一事,亦自然淡漠然也"[⑤]。因此,严复从此便再未勉强严琥出洋留学了。

  对于出国留洋一事,长期留洋海外的严复深知,在当时社会,即使有出洋留学的背景,如果没有一技之长,也很难获得较为满意的职位。因此,严复在千方百计的送子女出洋留学的同时,同时鼓励子女选择攻读实业学校。

---

  ① 苏中立,涂光久.百年严复——严复研究资料精选[M].福州:福建人民出版社,2011:45.

  ② 孙应祥.严复家谱[M].福州:福建人民出版社,2003:69.

  ③ 严停云.郎官巷里的童年[N].中国时报,1988-3-16.

  ④ 皮后锋.严复大传[M].福州:福建人民出版社,2003:521.

  ⑤ 严复.严复全集(第8卷)[M].福州:福建教育出版社,2014:387.

1918年,严复将年仅十五岁的四儿子严璿送入唐山工业学校,后来又肄业于交通大学。在严复弥留之际,还拜托在上海的张元济就近照顾儿子。[1]1923年,在父亲的安排下,严璿赴美留学,专攻建筑设计。严复的五子严玷在天津南开高中毕业后,赴比利时入鲁汶大学学习土木工程,毕业后又赴荷兰留学,专攻水利工程。

虽然严复大力支持儿子们出国留学,但是在女儿出国留学方面则甚不以为然。严复认为,女子出国留学只不过是一时的潮流,属于盲目的追赶时髦,不仅对增进女子持家之德无益,反而会助长女子的骄纵之气,不利于家庭和顺。严复长女严瑸的未婚夫曾一再要求严复让其女儿赴美留学,甚至以退婚相要挟,但严复始终没有同意让女儿赴美留学。[2]后来,因为严复始终未同意女儿严瑸到美国留学,导致严瑸的婚约因此而解除,"中西二文均受良好教育"的严瑸后来终身未嫁。[3]在严复的坚持下,严复的几个女儿都恪守旧法,均未曾出国留学。这体现了严复在家庭教育中对于女子教育方面尚有一定程度的保守性。

(四)教子勤于做人做事

作为一位颇有影响力的教育家、思想家和翻译家,严复一生南下北上,忙于译著、办学、讲学等活动,难得与子女相聚。但是严复一直非常关心子女的学业,在家时亲自教导,在外时经常通过书信对孩子进行教育。

1.教子勤勉好学,严谨治学

"业精于勤而荒于嬉。"严复一生勤勉为学、做事,取得了巨大的成就。在严复看来,"勤"不仅代表了毅力与恒心,更应当是一个人求学做事的最基本态度。因此,无论是做人还是做事,严复都以"勤"严格要求自己,并且殷切希望子女们也能做到。严复不仅在家书中多次提醒子女勤于学问、勤劳持家,并且留下遗训,嘱咐子女们"须勤于所业,知光阴、时日、机会之不复更

---

① 严复.严复全集(第8卷)[M].福州:福建教育出版社,201:157.

② 孙欣.严复与严氏家风[M].郑州:大象出版社,2016:23.

③ 孙欣.严复与严氏家风[M].郑州:大象出版社,2016:389.

来。须勤思,而加条理"①。

1894年,严复给长子严璩写信,叮嘱儿子一定要把握好十四至二十岁之间学问养成的关键期:

> ……又欲为学,自十四至二十间决不可间断;若其间断,则脑脉渐痼,后来思路定必不灵,且妻子仕官财利之事一诱其外,则于学问终身门外汉矣。学既不明,则后来遇惑不解,听荧见妄,而施之行事,所谓生心窘[害]政,受病必多,而其人之用少矣。②

因此,严复教育儿子严璩,在此关键期间,绝不可因为妻子、仕官、财利等外界因素耽误了学问的养成,导致学业半途而废,最终成为学问的门外汉。此时的严璩已经二十岁了,于1891年秋刚完婚,初为人夫,但是在父亲严复的眼中,他仍是一个"天性浮动,难以用功"的孩子。严璩作为严复的第一个孩子,被严复寄予厚望。因此,自严璩出生以来,他每一个阶段的学习,包括后来的出国成长经历,几乎都由严复一手安排。按照父亲的安排,严璩在国内打下了坚实的中学基础,于1896年赴英留学,四年后学成归国,学业没有受到影响。

严复曾对四子严璿说:"学问之道,水到渠成,但不间断,时至可见。"在严复看来,学问是一个漫长的积累过程,所谓"勤",就是在学问这条崎岖不平的道路上不断前行和积累,才能水到渠成。严复这句话印证了"书山有路勤为径,学海无涯苦作舟"的道理。

严复还教育子女们要树立正确的人生态度,积极学习谋事,争取有一番作为。严复生当国运飘摇之世,终其一生,实以经世济民为职志。③严复主张积极进取,他在给友人熊纯如的信中写道:

---

① 严复.严复全集(第7卷)[M].福州:福建教育出版社,2014:520.
② 王思义.生斯世何必无情 严复家书[M].沈阳:辽宁古籍出版社,1996:2.
③ 皮后锋.严复评传[M].南京:南京大学出版社,2006:49.

吾人不善读书,往往为书所误,是以以难进易退为君子,以隐沦高尚为贤人,不知荣利固不必慕,而生为此国之人,即各有为国尽力之天职。往者孔子固未尝以此教人,故公山、佛肸之召,皆欲往矣。而于沮、溺之讥,则云:"天下有道,某不与易。"孔子何尝以消极为主义耶?夫陶渊明可谓与世相遗极矣,然读黄山谷《宿旧彭泽有怀陶令》一首,乃知贤者用心,固非时俗所能妄测耳。①

严复十分欣赏孔子"知其不可为而为之"的积极进取精神,并在信中以黄庭坚的《宿旧彭泽有怀陶令》诗一首,证明即使通常被世人认为与世相遗的陶渊明,实际上也胸怀经世济民的远大志向,表达了严复本人积极进取的人生态度。严复写信教育儿子应当以"济世立业"为务:"居今之日,时异往古,有志之士,须以济世立业为务,不宜溺于文字,玩物丧志。"②

此外,无论是学习中学、西学,还是做人、做事、做学问,严复都要求子女们要养成独立思考判断的习惯,不要人云亦云,不惟书,不惟上,只惟实。在严复看来,中国人大多好古忽今,有崇圣尚书的习惯。严复认为,中国人这种保守的思维习惯,严重阻碍了人们认知新事物的动力,也扼杀了人们的创造力,容易让人冒进盲从。因此,严复认为养成理性的思维和独立的判断尤为可贵。

严璿初到学校读书时,学校生活给他带来新鲜感的同时,也给他带来了诸多忐忑与困惑,特别是国文课一度令他感到迷茫。因为以往在家塾跟着金子善先生所修的国文在学校竟然毫无用处。不仅学校中文教习所出的试题闻所未闻,甚至有一些新名词,比如"研习"竟然不能通其意。在一次国文课中,严璿非常认真地写出一篇很长的论文交给老师,然而结果却是出力不讨好,考试成绩不太理想,严璿为此感到十分委屈。严复得知此事后致信开导他说:"为学须有优游自得之趣。"也就是说,读书为学应达到怡然自得的

---

① 王栻.严复集(第3册)[M].北京:中华书局,1986:649.
② 王栻.严复集(第3册)[M].北京:中华书局,1986:802.

境界,认为"一时高低毁誉,不足关怀也"①。严复教导儿子要认真对待自己的学业,在信中对严璿的学业给予了悉心指导:

> 汝堂课分数极佳,可慰。至于国文教员所为,乃一时风气所成,与昔贤规矩,及儿在书房者,大不相侔。我们既入学校,而国文分数又有升班关系,自不得不勉强从俗,播弄些新名词之类,依教员所言,缴卷塞责;至于真讲文字,固又是一宗事,后来从汝所好为之,不关今日之事也。孟子云:鲁人猎较,孔子亦猎较,正是此意。夫孔子尚有时随俗,况吾辈乎?考试原求及格,但人事既尽之后,即亦不必过予认真,转生病痛。总之为学须有化游自得之趣,用力既久,自然成热,一时高低毁誉,不足关怀也。②

严复在信中教育引导儿子说,学校不是真正学习国文的地方,不必过于较真,教员只不过是拨弄些新名词,合于教育维新而已。他认为这就是当下新学的环境,而且几乎所有的学校皆是如此,既然社会风气如此,学校成绩又关乎能否升班,实在无可奈何,也就只能顺应形势。严复写信教育严璿要正确对待学业成绩:"堂课得佳评,故不足喜,得恶评,亦无须懊丧。至于自己用功,则但肯看书,时至自称通品,无庸虑也。"③他教育儿子,课堂分数良好,不足以沾沾自喜;课堂分数低,也不必垂头丧气。所以严复建议严璿,"以后无论应课应考,只能从众,不要长篇大论,以免烦扰教员。"④"考试原求及格,但人事专尽之后,即亦不必过于认真,转生病痛。"总之,严复告诉儿子一定要在学业成绩上做到悠然自得、宠辱不惊。严复还教育儿子要尊重教育成长的过程,认为"用力既久,自然成熟"⑤。

---

① 严复.严复全集(第8卷)[M].福州:福建教育出版社,2014:533.
② 王栻.严复集(第3册)[M].北京:中华书局,1986:808-809.
③ 王栻.严复集(第3册)[M].北京:中华书局,1986:808-809.
④ 严复.严复全集(第8卷)[M].福州:福建教育出版社,2014:532.
⑤ 严复.严复全集(第8卷)[M].福州:福建教育出版社,2014:533.

2.教子谨慎做人处世

严复作为阅历丰富的知识分子,经历了太多的酸甜苦辣,他希望自己的孩子遇到事情能够冷静处理,避免少走弯路。

1919年五四运动爆发,大批的青年学生投身爱国运动。严复虽极为赞同青年学生的爱国激情,但他特别反感学生们的过激行动。在他看来,"学生应当远离政治,心无旁骛,一心向学。自古学生干预国政,从东汉太学生一直到南宋陈东,都无良好效果,何况今日!"[1]五四时期,严复的四儿子严璿所在的唐山工业专门学校,也受到五四爱国学潮的波及,与当时众多天真无邪、满脑子充满爱国主义的学生一样,年轻的严璿也深受爱国热情的感染,认为自己理应为国家贡献自己的一份力量,于是也自觉加入抵制日货的行列,并慷慨解囊捐款五元以示支持。在5月22日的家信中,严璿向父亲汇报了自己的勇敢爱国行为。

严璿满以为父亲看到信后会夸赞自己的爱国行为,但严复见到儿子的信之后,恨不得立马叫严璿回家大骂他一顿。严复随即给严璿复信批评儿子说:"唐校学生起哄……如此等事断断非十五六岁学生如吾儿所当问也。"在严复看来,即使曹汝霖、章宗祥之辈卖国有罪,学生也不应该如此蛮横暴戾,"谁复敢立异,而正理从此不可见矣",信中严复还指责、批评严璿随波逐流,人云亦云,毫无自己的思考与判断,"如此直不类严氏家儿,可悲孰逾于此者。今吾与汝母均极伤心"[2]。严复为此还专门写了一首诗对儿子以示劝诫,并将此诗送给忘年好友熊纯如:

> 举国方饮狂,昌披等桀纣。慎勿三年学,归来便名母,内政与外交,主者所宿留。就言匹夫责,事岂关童幼。吾衰不足云,况亦多纰缪,然于二者闲,衡量亦已久。不胜舐犊情,为儿进苦口。[3]

---

① 严复.严复全集(第8卷)[M].福州:福建教育出版社,2014:370.

② 严复.严复全集(第8卷)[M].福州:福建教育出版社,2014:534.

③ 严复.严复全集(第8卷)[M].福州:福建教育出版社,2014:40.

严复之所以对儿子严璿抵制日货的行为加以反对,源于严复自身的人生经历。史载严复天资聪颖、才华横溢,与他接触过的郭嵩焘、曾纪泽、郑孝胥等人对其才华均有较高的评价,同时对他恃才傲物、桀骜不驯的性格也多有担心或指责。实践证明,严复这种锋芒毕露的性格,的确给他的仕途平添了不少荆棘和磨难,惹来了很多麻烦,导致严复一直郁郁不得志,中年以后严复才幡然悔悟,然而时光易逝,悔之晚矣,给严复留下了终生遗憾。为此,严复希望子孙后代能够从自己身上汲取教训,不再重蹈自己的覆辙。

1905年7月,在外任职的严璿写信告诉父亲谈及回国后,为了能够在福建老家料理一些事情,打算让一位叫福田的副手北上,向外务部和商部面陈事务。严璿将此事写信告诉了父亲。严复收到回信后,觉得十分不妥,急忙复信给长子严璿,谆谆教诲儿子:

> 汝父旁观者清,窃以此为计之至左者。汝若不同恩庆赴京,在汝以为吾将一切面子让与福田,己则宁居人后,此意诚为高尚。但京师之人必以云尔,而谓吾儿为傲慢不恭,不将渠辈挂眼,于此等事不肯自己亲行,但教碌碌十九人之类为之。吾儿方及壮年,家贫亲老,此后职宜与世为缘,岂宜更蹈汝父覆辙,邀其谤毁?故愿吾儿一听父言,必变此计。吾非望汝媚世阿俗,然亦甚不愿吾儿为无谓之忤俗。吾前者即缘率意径行,于世途之中不知种下多少荆棘,至今一举足辄形挂碍,顷者自回国以后,又三四次睹其效果,深悔前此所为之非。此事非父子见面时不能细谈也。故今者第一嘱咐,乃吾儿于役之后,必往京师一行,是为至要。[①]

严复告诉儿子这样做可能会造成严重的后果,认为儿子这样做看来是将此好事让与福田,一是给福田面子,二是自己宁居人后,显得十分高尚。但是严复觉得京城的人未必会这么看、这么想,他们会认为儿子这样做傲慢不恭,做事不亲力亲为,随便找个人来敷衍他们,不将京城的人放在眼里。严璿收到父亲的信后,觉得父亲说得很有道理,迅速改变了主意。

---

① 严复.严复全集(第8卷)[M].福州:福建教育出版社,2014:438-439.

　　严复深知自负清高大犯人忌,给自己种下了无数荆棘,因此他不愿看到长子严璩无意犯忌,空招毁谤,重蹈自己的覆辙,但他也并不希望孩子们走向另一个极端——阿谀、奉承、巴结,变成圆滑势利之辈,所以在信中严复又这样嘱咐儿子"亦不必向人乞怜,但不可更为高亢足矣"①。

　　严复对四儿子严璿颇为偏爱,当严璿十五岁第一次出远门时,离开父母到唐山工业学校求学。严复十分舍不得这个年幼的儿子,对其倍加关怀。严复了解到学校的饮食起居大不如家里,考虑到儿子必然会觉得受苦受委屈,于是写信嘱托儿子"弧矢四方,早晚总须离家入世,故令儿就学唐山耳。现开学伊始,功课宜不甚殷,暇时仍当料理旧学,勿任抛荒"②。并劝导严璿"惟是男儿志在四方,世故人情,皆为学问,不得不令兄早离膝下,往后阅历一番,盖不徒堂课科学,为今日当务之急也"③。严复认为,在外地学校读书,可以培养儿子独立生活的能力,这也是一门重要的学问。

　　在为人处世上,严复规劝四儿子严璿在学校一定要谨言慎行:"校中师友,均应和敬接待,人前以多见闻默识而少发议论为佳;至臧否人物,尤谨慎也。"并告诉儿子要处理好身边的人际关系:

　　　　汝在堂中,既有月费,亦不必十分俭啬;如欲用时,可向鳌哥支取。闻近来学生中,多有偷窃之辈,钱财及珍重物件,町不必多放身边,以犯"慢藏诲盗"之戒。处世固宜爱惜名誉,然亦不可过于重外,致失自由。大抵一切言动,宜准于理,勿随于俗,旁人议论,岂能作凭!他要讥笑,听其讥笑可耳。中文教习所出之题,自是时式,无怪吾儿诧为未见。须知时下报馆文章,什九皆此类也。……儿此后看题,当有觉悟,而另具一副手眼矣。总之,今日国中无论何等学校,皆非学习真正国文之地……堂课得佳评,固不足喜;得恶评,亦无须懊丧。至于自己用功,则但

---

　　① 严复.严复全集(第8卷)[M].福州:福建教育出版社,2014:438-439.
　　② 严复.严复集(第2册)[M].北京:中华书局,1986:807.
　　③ 严复.严复集(第3册)[M].北京:中华书局,1986:808-809.

肯看书,时至自成通品,无庸虑也。①

严复还教育儿子严璿为人处世一定要珍惜自己的名誉,但也不可爱慕虚名,致使自己失去自由。他认为儿子只要能做到"大抵一切言动,宜准于理,勿随于俗"②,就算是合乎中庸之道了。

3.教子兄友弟恭,维护家庭和睦

严复是一个有着浓厚传统观念的人,他认为长幼有序、父慈子孝、兄友弟恭是家庭和睦必不可少的前提条件,家庭成员都应该严格恪守。1921年5月22日,当时已经将近知天命之年的大儿子严璩,在北京法源寺设奠坐道场,纪念亡母王夫人,并要求四弟严璿和五弟严玷一起跪拜神佛,为嫡母的亡灵祈福。但是让严璩没有想到的是,四弟和五弟竟然以反对封建迷信为由,拒绝参加祭奠亡母的任何法事活动。这让严璩感到非常伤心,也感觉非常难堪,他辗转反侧终于忍不住写信向父亲严复一吐心中之郁闷。但碍于兄弟感情,对于两位弟弟的顶撞言语,严璩在信中只用"无谓言语"一笔带过。8月6日,接到严璩的来信后,严复怒不可遏,他一改以往的和颜悦色,立即回信对儿子的不当行为进行斥责,信中激烈言辞是其他家书所未有的。在严复看来,长幼尊卑有序,万万不可轻易造次。严复早就听说过严璿等人反对迷信的言论,但没想到他们竟然将大哥严璩祭拜亡母的孝心说成是迷信。严复写信首先告诉儿子们,自己拖着年迈多病之躯"尚勉强写得《金刚经》一部,以资汝亡过嫡母冥福"③。严复随后笔锋一转,大骂老四、老五着实应该受到责备。严复认为封建迷信事小,幼弟伤害长兄感情、不孝敬亡母,却是大逆不道的事情。严复说:

> 虽然我不知道你们让大哥伤心的话具体是什么,但若你们真的曾将大哥祭拜亡母之事,说成是迷信,那着实该打!迷信事小,但弟弟伤害兄长感情,却是大逆不道。俗话说:"长兄为父,长嫂为母""父有长

---

① 王栻.严复集(第3册)[M].北京:中华书局,1986:808-809.

② 严复.严复全集(第8卷)[M].福州:福建教育出版社,2014:438.

③ 严复.严复全集(第8卷)[M].福州:福建教育出版社,2014:542-543.

子,称曰家督",我不在家,大哥便是严家一家之主,你们怎么可能不听他的话？况大哥年将知命,可为汝父有余,乃以嫡母忌日,叫汝代劳拜佛,汝缘不信宗教,或他见解,遂露不豫之色,兼有无谓语言,使大哥伤心,岂非该死！①

与此同时,严复指出长子严璩本身也有做得不对之处。作为兄长,看到弟弟们如此大逆不道,不应该让步,而是"应呼到面前,扎实教训一番,劈面大骂,才是做家督正理"②。

严复认为大儿子严璩的表现不仅没有家督应有的威严和担当,还将人情世故掺杂到骨肉亲情当中,十分不合时宜。

在中国传统家庭中,一家之长的权威不容许轻易践踏和挑战,长幼尊卑的家庭伦理关系不容许有些许错乱。但是随着西方社会平等的核心理念的传入,中国家庭内部的伦理关系逐渐发生了改变。从某种意义上来说,严璿、严玷等人对大哥祭拜亡母做法的质疑,实际上是对严家家督权威地位的挑战,这种做法对于重视长幼尊卑的严复来说,自然是无法容忍和接受的。在严复看来,长幼有序是家庭和睦必不可少的重要因素。与此同时,严复认为家长应懂得如何正确处理家庭成员之间的矛盾。有一次,严复的三儿子严琥与严复的外甥女何纫兰大吵了一架。了解事情原委后,严复不仅将儿子狠狠批评了一顿,还告诉妻子朱明丽应拿出家长的权威及时劝阻,千万不能任由孩子的性子,平时也应注意避免在孩子面前说长道短,以免其日后更加难以管教。

(五)注重女子教育

"凡为女子,大理须明。温柔典雅,四德三从。孝顺父母,惟令是行。问安侍膳,垂手敛容。言辞庄重,举止消停。"③这是《闺训千字文》中传统中国人对于女子的期望和要求。由此,普通人家的女子,即便达不到名门闺秀那

---

① 严复.严复全集(第8卷)[M].福州:福建教育出版社,2014:542-543.
② 严复.严复全集(第8卷)[M].福州:福建教育出版社,2014:543.
③ 孙欣.勤业重群冠中西 严复与严氏家风[M].郑州:大象出版社,2016:47.

样知书达理,也必定以贤良淑德为标准,以相夫教子为己任。

然而女子教育的风气到了晚清民国时期为之一变。出现了如秋瑾、吕碧城、陆小曼、林徽因等诸多传奇新式女性,她们不甘于平凡的家庭琐事,勇敢冲出了传统家庭的束缚,开始走向社会舞台,敢于与男子争辉斗艳。严复的几个女儿,正出生和成长于这个大变革的历史洪流之中。

与当时许多人奉行"女子无才便是德"的观念相反,严复对女子教育非常重视。可能是受到吕碧城和外甥女何纫兰的影响,严复开始关注和提倡女学。严复大约从1906年开始积极提倡女子教育,呼吁在中国开办女学,他认为:"中国不开民智、进人格,则亦已耳。必欲为根本之图,舍女学无下手处。"①1906年,当时在上海中西女塾读书的何纫兰多次与舅舅严复商量、讨论如何兴办一所理想的女子学校的问题,严复此时已萌生了办女学的想法,并表示愿意为"女界出一臂之力"。严复对当时士绅兴办的女学嗤之以鼻,认为士绅们所办女学大多演变为官场交接之场,女子受教育的成效可以想见。严复发誓要办一所"完全女学",但是念及人言可畏,严复又不想担当校政职务,惟愿日后担任女学的国文教员,以尽一份心力。不过,严复仍然为女学的创建提出了诸多设想。对于女学校政人选,严复本来打算让自己的儿媳妇吕静宜担任,但是又觉得儿子严璩家政繁多,恐其不能抽身。因此,严复建议外甥女何纫兰在自己同学当中仔细寻找志同道合的大家闺秀,以共成此事。此外,严复还草拟了女学的办学宗旨,具体包含了培养目标、校址、课程设置、师资性别、学习时段、入学资格、学费等诸多方面,考虑不可谓不细,从中可以看出严复对于创办女学和重视女子教育的热心程度。

那么严复是如何教导自己家中的女性的呢?是否也希望自己的女儿成为新潮女性呢?答案却是否定的。严复虽然与中国历史上第一个女编辑、颇有盛名的吕碧城有忘年之交,但是对于当时社会上的新式女性却并无多少好感。当严复听闻亲家吕增祥的长子吕彦深一心想追求新式女子为妻,十分不以为然地讽刺说:"吾见新式女子甚多,几于无一不闹故事,可哀也

---

① 王栻.严复集(第3册)[M].北京:中华书局,1986:589.

已。"①在严复看来,吕彦深有此种想法无非是讲究排场,赶时髦而已,但其自身中西二学均有限,根本不足以令新式女子心生敬畏和爱慕,因此即便勉强结合在一起,将来也必将以离婚收场。吕彦深后来娶了严复的侄女严琦为妻,可能与严复的这番训诫有关。

严复接受过系统的传统教育,虽然也曾出国留学,受到西学的很深影响,但却对中国传统的婚姻礼法深信不疑。严复一直以"父母之命,媒妁之言"的旧办法来处理儿女的婚事,而对婚姻自由的提法十分反感。严复曾在给外甥女何纫兰的信中极力赞赏吕碧城的婚姻观。吕碧城虽是新式女性,但是在婚事上与严复的观点不谋而合。吕碧城认为,由父母主婚的婚姻虽然可能有错,但是错的几率毕竟占少数,且即使错配对象,还可以将责任推到命运的头上。严复认为,在所谓的自由婚姻中,双方仅仅以外表为择偶的衡量标准,而非看重对方的人品,这样等激情过后,难免相看两生厌,难以白头偕老。在严复看来,女性是阴柔的,本来就应该贤良淑德。因此,在严复的严格要求下,严家的几个女儿都谨守传统文化道德要求。

严复非常重视对家中女孩的教育。在严氏家塾中,严复的几个女儿都与哥哥一同在家学习。严复多次嘱咐女儿及外甥女何纫兰要勤学好学,用心做文章,不可闲散度日,而且还细致指导外甥女掌握书法之要领。在严复看来,书写不同字体,须用不同笔墨,执笔之术讲究锋在画中,文字结构则讲究密不透风。

严复不仅关心家中女子的学业,还非常关心她们的生活。严复非常疼爱外甥女何纫兰,严复的妹妹去世后,严复将三岁的外甥女接到天津抚养,视如己出。后来,何纫兰嫁给了严复的同乡及同班同学叶祖珪的侄儿叶可梁。但是婚后何纫兰与公婆的关系很不和谐,因而写信向舅父抱怨。在严复眼中,外甥女公婆家虽然是书香门第,但均是守旧之人,依照外甥女的脾气秉性不免在婆家受罪。严复疼爱何纫兰是出了名的,即便如此,他也没有一味地"护犊子",而是写信告诉自己的外甥女:"人生世间,任所遭何如,皆

---

① 王栻.严复集(第3册)[M].北京:中华书局,1986:813.

有所苦,泰然处之可耳。"①劝告外甥女要顺应环境,妥善处理好身边的事情。

1912年4月2日,严复致信给夫人朱明丽,让她在家无事,可以随时买些小菜,同女儿们学习烹饪家常菜。严复认为这本应当是女孩们的分内之事,他叮嘱夫人说:"如果能够精通,他日持家,可以省去无穷的烦恼。希望夫人能早日准备着手去做。"②

受到严复的教育及严氏家风的熏陶,严氏家族的女性个个饱读诗书、学贯中西、琴棋书画样样精通,成为名副其实的大家闺秀,尤其是严复的几个孙女如严倚云、严倬云、严停云、严系云等均声名远扬,不仅在事业上颇有建树,更继承和发扬了严氏家族一以贯之的济世情怀。

总的看来,在严复的悉心教育下,其家庭教育取得了巨大的成功,几个子女皆遵礼法,悉数成才,演绎出满门皆才俊的家族传奇。长子严璩在清末官场如鱼得水,春风得意,远比其父亲严复在官场顺利得多。严璩曾做过四品京卿和道员的官阶,后来官至广东全省电政监督。宣统二年(1910),年龄不足三十五岁的严璩已然是朝廷二品大员,后来受到摄政王载沣的"特恩",回到福建担任财政监理官。民国成立后,严璩由于财政和洋务专家的资历,历任长芦盐运使、财政部参事、公债司司长等职。后来在父亲严复去世之后,曾三度出任财政部次长、全国盐务署署长以及盐务稽核总所总办等要职。南京国民政府时期,严璩担任财政部次长及司法行政总务司司长等要职。三子严琥曾先后进入清华大学和唐山工业专门学校学习,抗日战争全面爆发后,他在福建协和大学任教。中华人民共和国成立后,他担任福州大学校务委员会副主任委员,当选为民盟福建省委常委。"三反"结束之后,严琥调任福州市副市长。严复孙女严倬云为台湾妇女界的领袖人物,是前任海峡交流基金会董事长辜振甫的夫人。孙女严停云,笔名华严,是台湾著名的作家。四子严璿赴美留学,专攻建筑设计,在大三期间,就曾获得俄亥俄州的工程师职衔,后来在美国自任建筑师,主要从事建筑工程绘图设计业务。五子严玷于天津南开高中毕业后,自费赴比利时入鲁汶大学学习土木

① 孙欣.勤业重群冠中西 严复与严氏家风[M].郑州:大象出版社,2016:85.
② 严复.严复全集(第8卷)[M].福州:福建教育出版社,2014:502.

工程专业,由于学业优秀曾获得比利时皇家奖学金,毕业后又远赴荷兰,专攻水利工程,抗战期间回到中国,后来被荷兰政府聘往任职。

　　严复子女以及严氏后人的成就,可以说是严复呕心沥血、悉心教育的结果,而其中严复自己的言传身教可以说是其家庭教育成功的最关键要素,成为沉淀在严氏家族血液中的文化基因。

第二节　梁启超的家庭教育生活

　　梁启超(1873—1929),字卓如,号任公、饮冰室主人,广东新会茶坑村人,是中国近代资产阶级改良运动的重要领袖、启蒙思想家、政治家、教育家和学术大师。梁启超是一位成功的父亲,他从自己的社会际遇及丰富的阅历感悟出发,以其独特的理智和灵感精心培育九位儿女,给予子女以学业、生活、求职、做人等方面的指导,演绎了中国近代满门皆俊秀的家族传奇。

图2　梁启超像

梁启超家族是文化名门,家学深厚。梁启超和夫人共育有九个子女,他们人人成才,又各有所长,他们中有学术大家、爱国军官、外交家、科学家等,其中更有三位院士,梁思成是1948年中央研究院院士,梁思永、梁思礼是新中国成立后的中国科学院院士,创造了"一门三院士,满门皆俊秀"家庭教育的传奇。

一、梁启超家庭教育的背景

(一)独特的成长环境

1873年2月23日,梁启超出生于广东省新会县茶坑村(今新会区茶坑村)。新会有着独特的人文环境,出生于这里的陈白沙是新会有史以来第一位文化名人,深受家乡后人推崇,建有白沙祠、陈白沙读书处等几处场所。新会的读书士人深受心学的影响,忠、孝、节、义、仁等伦理规范影响着这里的民风、价值观念和社会心理。距离茶坑村不远的崖山,建有祭祀抗元忠臣文天祥、陆秀夫、张世杰的大忠祠。此外,茶坑村还有一座北帝庙,庙里有二十四忠臣、二十四孝子图像,成为敬忠敬孝的生动素材。长期生活在此环境中的梁启超,他的气质、为人和学术思想都受到一定程度的影响。

有研究表明,一个人的人格特质和其将来在社会上的成就,在很大程度上取决于他所受的早期教育和家庭环境的熏陶。梁启超在十岁以前,完全在家受业于祖父和父母。梁家祖辈务农,到了梁启超的祖父梁维清,开始出现读书仕进,其祖父曾中过秀才,担任过管理一县文教事业的"教谕"差使,是一位具有强烈民族主义的乡绅,好"以宋明义理名节之教贻后昆"。梁启超对祖父非常崇拜和自豪,他曾心怀崇敬之心地对祖父的生平业绩和家庭教育情况作了这样的评价:"若夫勤俭朴实,其行己也密,忠厚仁慈,其待人也周,其治家也严,而训子也谨,其课诸孙也祥而明,此固大父生平之梗概。"[①]梁启超的父亲梁宝瑛,自小攻读诗书,但屡试不第,遂远离仕途,做起了私塾先生。梁父勤于教子,他热心公益事业,贵乎淑身与济物,行为举止拘谨合礼,颇有理学家之遗风。梁维清和梁宝瑛父子没有显赫的功名,但作为"半农半儒"的下层乡绅,在乡村中发挥着重要的作用,如调解民间纠纷、

---

① 丁文江,赵丰田.梁启超年谱长编[M].上海:上海人民出版社,1983:7.

举办公益活动等,在很大程度上左右着当地的乡民意识和伦理观念,享有很高的威望。梁启超后来所形成的领袖风范和调和精神,可以说在很大程度上得益于家庭的浸染。梁母赵氏,出身于读书家庭,知书达理,相夫教子,谨守家风,以贤孝名乡里,而且勤劳干练,常教诸姑姊妹识字及习女工,颇为乡人所信赖,对梁启超性格的形成也起到了很大的影响。

此外,梁家多年自耕自种,受到了下层民众勤俭、务实、淳朴的民风熏染,对下层民众十分亲近和了解,在这种环境下长大的梁启超,形成了乡民与绅士的双重思想品格和社会心理,他一方面勇于进取、务实灵活、视野开阔,有强烈的社会责任心,另一方面敢于怀疑,性格刚直,不愿意同流合污,尤其无法容忍虚伪、势利、腐败的士林风气,这种思想品格在中年之后的梁启超身上体现得淋漓尽致。对此,《梁启超年谱长编》对其评价说:"一个人的性格,是左右他一生事业的主因,而一个人的善恶优劣……的禀赋,多半是因袭他的先人和幼年的家庭环境所造成。"[1]

(二)严格而良好的家庭启蒙教育

由于处在新会"尊师务学问"的社会环境之中,又出生于一个知书达理、家教严谨的书香门第,决定了梁启超必定有一个良好的启蒙教育。十岁之前,梁启超的启蒙教育主要是在家庭中进行的,由其祖父和父母直接教授。梁启超在《我之为童子时》一文中说:"我为童子时,未有学校也。我初识字,则我母教我,直至十年,皆受学于我祖父我父。"[2]对梁启超来说,童年所受的家庭教育是非常严格的,这对他日后的成长及为人处世影响极大。

梁启超幼年时代特别受祖父梁维清的喜爱,也受到了祖父的颇多教诲和提携。据梁启超的《三十自述》记载,他从四五岁就开始随祖父读书识字,白天祖父指导他读《四书》《诗经》等,晚上又带他同床而眠。当小启超读书疲倦的时候,祖父就给他讲一些古代豪杰哲人的嘉言懿行,特别喜欢讲述一些南宋、明末的国难故事,幼年的梁启超听得津津有味、如痴如醉。这些故事使年幼的启超既增长了知识,又受到了教育。为了方便小启超学习,祖父

---

① 丁文江,赵丰田.梁启超年谱长编[M].上海:上海人民出版社,1983:5.
② 梁启超.悼启,饮冰室合集·文集[M].北京:中华书局,1936:25.

特地在屋后盖了一间小书斋,取名为"留余",祖孙在此同吃共住,形影不离。祖父梁维清对梁启超的家庭启蒙教育是多方面的,除了读书识字外,伦理道德教育和爱国主义教育也是非常重要的教育内容。祖父对梁启超的教育通常采用寓教于乐的户外教育活动方式,具体又生动,对梁启超产生了很大的影响。据梁启勋的《曼殊室戊辰笔记》记载,每年的正月十五上元节,茶坑村的乡民在赏灯之余,还要去观赏北帝庙的古画,以此来表达对历史上这些忠臣、孝子的崇敬之情。每逢这一天,祖父梁维清必定会带儿孙们入庙观画,指点着墙上挂着的一幅幅古画,对儿孙们说:"此朱寿昌弃官寻母也,此岳武穆出师北征也。"[①]清明节祭扫完梁家祖坟后,梁维清都要带儿孙们凭吊为国捐躯的民族英雄。"舟行往返,祖母每与儿孙说南宋故事,更朗诵陈独麓《山木萧萧》一首,至'海水有门分上下,关山无界限华夷!'辄提高其音节,作悲壮之声调,此受庭训时之户外教育也。"[②]这些历史上的忠臣、孝子、英雄的事迹,深深地打动和感染了小时候的梁启超,对他日后伦理道德思想和爱国主义思想的形成,起到了一定的促进作用。"梁氏以'数百年栖于山谷'而为'岛民'之特质,而自幼即受本乡过去'光荣'和'悲痛'两大纪念之刺激,梁氏一生命运'种子的熏习',即奠基于此时。"[③]梁启超从小牢记祖父对自己的爱国主义教育,为其日后注重对子女进行爱国主义教育奠定了基础。

梁启超在幼年所受的家庭教育,除了来自其祖父梁维清之外,还得益于他的父母。梁启超一生勤俭节约,做事兢兢业业,这与从小父母对他的教育和熏陶有很大的关系。梁启超在《三十自述》中记载说:"父慈而严,督课之外,使之劳作。言语举动稍不谨,辄呵斥不少假借。常训之曰:'汝自视乃如常儿乎?'至今诵此语不敢忘。"[④]可见,梁父一开始就对梁启超寄予厚望,对其严加管教,精心培养,期待他能出人头地。梁启超六岁时,曾跟随表兄张乙星受学,但主要是跟随其父读书受教,"受《中国历史》《五经》"等,开始接

---

① 梁其勋,吴其昌.我的兄长梁启超[M].合肥:黄山书社,2019:28.
② 梁其勋,吴其昌.我的兄长梁启超[M].合肥:黄山书社,2019:29.
③ 吴其昌.梁启超传[M].北京:团结出版社,2004:65.
④ 梁启超.哀启,饮冰室合集·专集[M].北京:中华书局,1936:127.

受历史文化知识和儒家思想教育。正如梁启超在其《哀启》一文中说道："启超、启勋及群从昆弟,自幼皆未尝出外就傅,学业根底,立身藩篱,一铢一黍,咸禀先君子之训也。"①梁启超跟随父亲打下了深厚的学业根底,也养成了良好的个人修养。

不仅祖父、父亲对梁启超严加管教,母亲赵氏也是如此。母亲对梁启超的教育,对梁启超一生的立身行事有很大的影响作用。梁启超在《我之为童子时》,回忆了母亲在自己小时候一次极为深刻的教育。梁启超在六岁时因为一件事对母亲撒了谎,而撒谎在梁家看来乃万恶之首,母亲赵氏为此勃然大怒,痛打小启超并对其严厉训诫:"汝若再说谎,汝将来便成窃盗,便成乞丐。"②继而训斥梁启超,最终使其明白这样一个道理:凡说谎者,必然自己知道错误而有意掩饰,明知而故犯,自欺而欺人,这与盗贼行为有何区别呢?并且让梁启超明白认为天下之恶,皆起于此。然而欺人者必然会被人发觉,且必被人指为说谎大王,在众人面前失去信用,既无人信任,将来必至沦为盗贼乞丐而不止。对于母亲赵氏的这次教训,梁启超深有所悟,刻骨铭心,乃至三十多年过去了,他仍然认为母亲的话是"千古名言",要"常记于心"。梁启超曾感慨地说:"须知天下爱我者,无过于母,而母亲之教训,实不多得,长大而思训。"③梁启超后来在风云变幻的近代中国,能始终保持"不敷衍,不说谎,厚重少文,表里如一"④的品格,和其母亲对他的家庭教育有着极大的关系。

总的看来,家世给梁启超的精神馈赠是十分丰厚的。梁启超所在的是一个"富而不贵"的家族,虽然对读书的认识仍着眼于追求仕途,但梁家更为注重对精神文化的追求和关切。梁启超后来说自己"学术兴味"甚浓,实则萌芽于此。在历代梁氏族人的共同努力下,形成了梁氏家族独有的崇尚文化、崇尚精神的家学特点,为梁启超家庭教育思想的形成和家庭教育的成

---

① 梁启超.哀启,饮冰室合集·专集[M].北京:中华书局,1936:127.

② 梁启超.我之为童子时,饮冰室合集·文集[M].北京:中华书局,1936:19-21.

③ 梁启超.我之为童子时,饮冰室合集·文集[M].北京:中华书局,1936:19-21.

④ 罗检秋.新会梁氏 梁启超家族文化史[M].济南:山东画报出版社,2018:19.

功,奠定了良好的基础。梁启超后来之所以能成为一代学人和改良运动中的领航者,与他有着深厚的"家学"渊源是分不开的,这也直接影响了他日后对子女的教育思路和方案。

严格的家教和深厚的家学,加之梁启超独特的成长环境,在梁启超身上形成了一种不同于常人的特质——不死读书、富于怀疑和批判精神、思想自由、有着接纳新事物的天资。因此,从小聪慧过人、敏而好学的梁启超成为远近闻名的小神童,十一岁考中秀才,十七岁考中举人。梁启超的经历印证了人是时代的产物这一客观真理,一个人思想的形成和发展,除了与其生长环境、家学、个人努力有关外,主要还受到社会环境和时代特点的影响。

(三)特殊社会环境和人生经历

梁启超出生的时代是一个不平凡的时代,整个世界处在一个大变革的历史时期。中国遭受西方帝国主义的入侵,逐步沦为半殖民地半封建国家,西方国家如英国、美国、法国、德国等国都先后建立起先进的资本主义国家体系,中国的近邻日本刚完成明治维新不久,逐步发展成为强盛的君主立宪制国家。这种政治经济的变革使中国的思想界发生了剧烈的变动,出现了一批要求向西方国家学习科学技术、学习西方文明、改革中国社会的开明人士,如龚自珍、魏源、王韬等。一场社会变革的风暴,在梁启超出生时,正逐步酝酿形成。郑振铎在梁启超去世后评价说:"他(梁启超)生于同治十二年癸酉正月二十六日,正是中国受外患最危急的一个时代,也正是西欧的科学、文艺以排山倒海之势输入中国的时代;一切旧的东西,自日常用品以至社会政治的组织,自圣经旧典以至思想、生活,都渐渐地崩溃了,被破坏了,代之而起的是一种崭新的外来的东西。梁氏恰恰诞生于这一个伟大的时代,为这个伟大时代的主动角之一。"[①]从"现代性工程"的视角来看,梁启超正好出生在1840年鸦片战争到1895年甲午中日战争这一"中国现代性工程"的孕育期中,可谓恰逢良机,有幸成为"这一个伟大的时代的主动角之一"。时代际遇加上梁启超自身独有的素质条件,使得梁启超在接受完良好的家庭启蒙教育后,得以迅速吸纳新思想,一步步从家乡迈入更大的社会,

① 王勋敏,申一辛.梁启超传[M].北京:团结出版社,1998:3.

特别是拜师康有为,成为梁启超命运转折的关键。

康有为(1858—1927),号长素,又称南海先生,是中国现代向西方寻找真理队伍的领袖人物。他年少时饱读经史,有较为深厚的国学基础。青年时代接触到西方资本主义思想和国内改良主义思潮,在香港广泛吸收了西学、西政,糅合古今中外学术思想,形成了以经世致用为目的的新的今文经学思想体系,极大地解放了人们的思想。1890年,梁启超在万木草堂师从康有为前后已有四年,康有为中西并重、提倡独立思考、学以致用,使青年梁启超眼界大开,激发了他强烈的爱国情感和改造中国的宏愿,成为梁启超学术、人生道路的转折点,梁启超认为"一生学问之得力,皆在此年"[①]。

总的看来,梁启超早年的家学、外界复杂多变的社会环境、跌宕起伏的人生经历,加之独特的个人特征共同熔铸形成了梁启超的家庭教育思想,成为梁启超整个教育思想的重要组成部分。

二、梁启超的家庭教育生活

梁启超对子女的家庭教育非常重视。梁启超的家庭是一个和睦、幸福、民主的大家庭,既有中国固有的伦理传统,又富有现代色彩。梁启超共有两位夫人,即正房夫人李蕙仙和第二夫人王桂荃。梁启超与两位夫人共育有九位子女,他们分别是:思顺(女)、思成(男)、思永(男)、思忠(男)、思庄(女)、思达(男)、思懿(女)、思宁(女)、思礼(男)。其中,思顺、思成、思庄为李蕙仙所生;思永、思忠、思达、思懿、思宁、思礼为王桂荃所生。梁启超对每个孩子都疼爱有加,热心教育每一个孩子,家庭教育取得了巨大的成功,创造了"一门三院士"的家庭教育传奇,为后人津津乐道。

梁启超对其子女的教育主要是通过书信的方式进行的。"梁启超的家书,不是一般的家书,而是充满爱国爱家的家书。在家书中可以看到他对祖国的爱,也可以看到他对孩子们的爱。"[②]在家书中,梁启超教育其子女认真

---

① 梁启超.三十自述,饮冰室合集·文集[M].北京:中华书局,1936:11–16.

② 汤志钧,汤仁泽.梁启超家书 南长街54号梁氏函札[M].北京:中国人民大学出版社,2016:5.

读书、为人处世、学成报效祖国,成为我国家庭教育中教育子女爱国爱家的典范。

(一)言传身教,成就子女爱国之心

梁启超崇尚墨子的人格,自号"任公",即是取墨者任侠之风。他又号"饮冰室主人","饮冰"一词出自《庄子·人间世》中"今吾朝受命而夕饮冰,我其内热欤",寓意对国家社稷忧虑焦灼之情。南朝宋人鲍照曾在《谢永安令解禁止启》中说"饮冰肃事,怀火毕命",来表现受命从政、为国忧心的惶恐情态。梁启超以"饮冰室"为自己的书斋命名,借此表达他内心对祖国前途的忧虑,他始终以天下为己任,关怀着中华民族的自强自立。梁启超一生虽多变、善变,但爱国之心却始终不变。正如梁启超好友徐佛苏所说:"先生四十年之中脑中固绝未忘一'国'字。"①梁启超的爱国忧国之心诚如他自己所言:"今天下之可忧者莫中国若;天下之可爱者,亦莫中国若。吾愈益忧之,则愈益爱之;愈益爱之,则愈益忧之。既愈哭之,又欲歌之。"②

爱国是梁启超一生言行的准则和底线,他自觉肩负起唤醒国民的责任,为国家的富强奔走呼号,他说:"我一生的政治活动,其出发点与归宿点,都是要贯彻我爱国救国的思想和主张。……我是一个热烈的爱国主义者,即说我是国家至上主义者,我也承认。"③

爱国渗透在梁启超的一言一行之中,梁启超的爱国情怀集中体现在其政治救国、文字救国和学术救国三方面,体现出他对国家、民族强烈的责任感。他把责任心看作是做人最起码的标准,他说:"人生于天地之间,各有责任。知责任者,大丈夫之始也;行责任者,大丈夫之终也;自放弃其责任,则是自放弃其所以为人之具也。"④并认为"天下最可厌、可憎、可鄙之人,莫过于旁观者"⑤。

① 罗检秋.新会梁氏 梁启超家族文化史[M].济南:山东画报出版社,2018:438.

② 梁启超.自由书,饮冰室合集·专集[M].北京:中华书局,1936:40.

③ 李任夫.回忆梁启超先生,追忆梁启超[M].北京:中国广播电视出版社,1997:418-419.

④ 梁启超.为学与为人[M].苏州:苏州古吴轩出版社,2016:53-54.

⑤ 梁启超.为学与为人[M].苏州:苏州古吴轩出版社,2016:53-54.

梁启超身上体现出强烈的爱国主义情怀,这种爱国情怀在他对子女的教育中表现得也非常突出。梁氏子女皆生长于苦难深重的中国,亲眼目睹了中国的落后和西方的强盛,心灵上自然触动很大。梁启超将自己的爱国主义情怀通过言传身教,在家庭中形成一种良好的爱国主义教育氛围。梁氏子女的爱国主义教育一方面是受到父亲梁启超自身表率的影响,另一方面来自家庭内部对子女的爱国主义教导。梁启超在家经常给孩子们讲述中国历史上民族英雄和爱国者的英勇事迹,在孩子们长大离家之后,梁启超则通过书信的形式继续对子女们进行爱国主义教育,鼓励他们努力学习,掌握国家所需要的知识和本领,将来学成后报效祖国。经过长期的耳濡目染,梁氏子女逐渐培养起对祖国的深厚情感,并立下了报国之志。

正是在梁启超爱国精神的感召和教育下,他的几位子女虽然在国外接受了高等教育,学贯中西,成为各个行业的专家学者,但无一人留居国外,都毅然选择学成后即刻回国,与祖国同呼吸、共患难。梁启超的长子,著名古建筑专家梁思成和夫人在四川过着清贫的生活,虽疾病缠身,却仍然坚持为祖国工作,断然拒绝日本的物质利诱和美国的高薪聘请。梁思成说:"我的祖国正在苦难中,我不能离开她,哪怕仅仅是暂时的。"[①]梁启超的四子梁思忠从美国西点军校毕业后毅然归国,担任国民党十九路军炮兵校官,但后来患腹膜炎,因忙于工作贻误治疗不幸病逝。长女梁思顺与丈夫周希哲,抗战期间一直坚守高洁的品操,拒绝与日伪合作,只跟爱国知识分子交往。抗战胜利后,国民党想拉梁思顺做"国大"代表,她拒不参加,却通过协和医院向解放区捐赠衣物。五女儿梁思懿在燕京大学读书期间担任过学校的"中华民族解放先锋队"的大队长,积极参加一二·九学生运动,于1937年参加中国共产党,后来还动员妹妹梁思宁参加新四军,参加抗日战争。1949年7月,当梁思懿得知中华人民共和国即将成立后,立即联系弟弟梁思礼一起结伴归国,参与祖国的社会主义建设。

在梁启超的教育下,梁氏子女们以极大的热情投身于中华人民共和国的建设事业,虽历经磨难而无怨无悔,将满腔热血报效祖国,尽管遭受了厄

---

① 高学生等.家庭教育研究与方法[M].沈阳:辽宁大学出版社,2017:192.

运的打击和迫害,但依然深深热爱和依恋着祖国,他们从父亲梁启超那里继承了中国知识分子的爱国主义传统,这是梁启超家庭教育最大的闪光点。

(二)营造良好家庭氛围,注重亲情教育

梁启超是一个重感情,富有人情味的人,他认为"天下最神圣的莫过于情感"①。他在《人生观与科学》中写道:"人类生活,固然离不了理智,但不能说理智包括尽人类生活的全内容,此外还有一极重要一部分——或者可以说是生活的原动力,就是情感。情感表现出来的方向很多,内中最少有两件的的确确带有神秘性的,就是'爱'和'美'。"②因此,梁启超非常注重情感教育,认为"古来大宗教家、大教育家,都最注意情感的陶养,老实说,是把情感教育放在第一位"。梁启超情感丰富,在教育上造诣颇深,亲情教育自然成为他对子女实施家庭教育的内容和纽带。

最能体现梁启超亲情教育的应属梁启超写给九位子女的大量家书,梁氏家书的总量大概在两千封以上,家书时间从1898年到1928年梁启超逝世前三月止,整整持续了三十年,其中有三百多封信是梁启超写给子女们的,内容包罗家庭各种事务,涉及子女们读书、写字、学校和职业选择、婚姻等诸多方面,对子女的成长起到了重要作用。梁启超的家书中不像传统的家长那样充满了训斥和说教,更没有父亲权威居高临下的管制,更多的是循循善诱和娓娓谈心,每一封信都是"笔锋常带感情"。我们可以从梁启超对子女们的称呼中看出他是多么疼爱自己的孩子:他称已成家的大女儿为"大宝贝思顺",称二女儿为"小宝贝庄庄",称长子、次子为"那两个不甚宝贝的好乖乖",称小儿子为"老白鼻"(英文baby),称所有的孩子为"一群大大小小的孩子们",称留学国外的孩子为"对岸一大群孩子"。梁启超对子女的爱是坦诚和真诚的,如1927年6月15日《给孩子们书》中说:"你们须知你爹爹是最富于感情的人,对于你们的爱情,十二分热烈。"1922年12月2日《与思顺书》中,这样写道:"我的宝贝思顺……我很后悔,不该和你说那一大套话,只怕

---

① 张冠夫.梁启超1920年代的情感诗学研究[M].长春:东北师范大学出版社,2013:205.

② 梁启超.人生观与科学,饮冰室合集·文集[M].北京:中华书局,1936:26.

把我的小宝贝急坏了,不知哭了几场?"又在同月8日的信中,以"怎么啦!吓着没有?"开头,同月18日信中又写有"我又想起你来了,说不写信又写了"的话,诸如此类的话语在梁启超的家书中随处可见。实践证明,这种轻松、亲切、幽默的话语对梁启超的子女们的教育效果是非常明显的,起到了潜移默化的影响,增进了父亲与子女的亲情,也使得整个家庭更加和睦、友爱。

梁启超对子女的关心可谓细致周到、体贴入微,让孩子体会到作为子女的深深亲情和爱意。例如,梁启超于1928年4月26日给正在欧洲度蜜月的梁思成写下了一封充满父子情怀的家书:

> 你们回来的职业,正在向各个方面筹划进行,一是东北大学教授(东北为势最顺,但你们去也有许多不便之处,若你能得清华,徽音能得燕京,那是最好不过了),一是清华大学教授,成否皆未可知……另外还有一件"非职业的职业"——上海有异味大藏画家庞莱臣,其家有唐画近千轴,明清名作不计其数,这位老先生六十多岁了,我想托人介绍你拜他们,当他几个月的义务书记,若办得到,倒是你学问前途一个大机会。你的意思如何?亦盼望到家以前先用信表示。

> 你们既已学成,组织新家庭,立刻须找职业,求自主,自是正办,但以现在时局之混乱,职业能否一定找着,也很是问题。我的意思,一面尽人事去找,找得着当然最好,找不着也不妨,暂随缘安分,徐待机会。若专为生计独立之一目的,勉强去就那不合适或不乐意的职业,以致或贬损人格,或引起精神上苦痛,倒不值得。一般毕业青年大多数立刻靠自己劳动去养老亲,或抚育弟妹,不管什么职业得就便就,那是无法的事。

> 你们算是天幸,不在这种境遇之下,纵令一时得不着职业,便在家里跟着我再当一两年学生(在别人或正是求之不得的),也没有什么要紧。所差着,以徽音现在的境遇,该迎养她的娘娘才是正办,若你们未得职业上独立,这一点很感困难。但现在觅业之难,恐非你们意想所及料,所有我一面随时替你们打算,一面愿意你们先有这种觉悟,纵令回

国一时未能得到相当职业，也不必失望沮丧。失望沮丧，是我们生命上最可怖之敌，我们须终身不许他侵入。

《中国宫室史》诚然是一件大事业，但据我看，一时难成功，因为古建筑十九被破坏，其所有现存的，因兵乱影响，无从到内地实现调查，除了靠书本上资料外，只有北京一地可以着手。所以我盼望你注意你的副产工作——即《中国美术史》。这项工作，我很可以指导你一部分，还可以设法令你看见许多历代名家作品。

回来时立刻得有职业固好，不然便用一两年工夫，在著述上造出将来自己的学术地位，也是大佳事。

你来信终是太少了，老人爱恋儿女，在养病中以得你们的信为最大乐事，你在旅行中尤盼将所历者随时告我，以当卧游，又极盼新得的女儿常有信给我。①

从信中可以看出，梁启超字里行间满含深情，可谓句句珠玑、尽是良言！让人可以深切地感受到梁启超与子女的距离如此之近，一改中国传统"严父"的形象，像知心朋友一样帮助子女、为子女指点迷津，这是梁启超家庭教育中独特的教育力量。梁启超这种教育孩子的方式，使孩子们在享受被爱的同时，还懂得了要以同样的爱回报父母，而"孩子在爱与被爱的环境中成长，才能形成良好的人格，成为孝敬父母，尊重他人，富有同情心，善于帮助别人的人"②。教育的真谛是爱，它包括了爱和被爱。苏联教育家苏霍姆林斯基曾说过："要善于爱孩子，爱的真谛就是给孩子以精神上的温暖、关怀、鼓励和帮助，而不是任何其他东西。"梁启超对子女们的爱无疑是健康向上的，他绝不姑息溺爱，他在给三子梁思忠的信中说："爹爹虽然是挚爱你们，却从不姑息溺爱，常常盼望你们在困苦危险之中把人格磨炼出来。"③他还说："总要在社会上常常尽力，才不愧为我之爱儿。人生在世，常要思报社会

① 丁文江，赵丰田编.梁启超年谱长编[M].上海:上海人民出版社,1983:1173-1174.
② 贾黛翙.世界最伟大的教育法则[M].北京:海豚出版社,2005:238.
③ 丁文江，赵丰田.梁启超年谱长编[M].上海:上海人民出版社,1983:1131.

之恩。"①梁启超的子女们在父亲的舐犊之爱中朝气蓬勃地成长,每个人身上都有一部奋斗史和成功史,全部是"滴自己的汗,吃自己的饭",虽然"父亲的'光环'并没有保护他们,他们经历了中国知识分子所经历的一切苦难,但他们都能经受住种种考验,笑对人生,这就是梁启超对儿女们的珍传"。②可以看出,"亲情之爱是梁启超实施家教的重点,它通过真情渗透进子女的生命,而逐渐变成一种力量,这种爱的高度仍是站在国家、民族立场之上,激励子女成才是为国并非为一己之私,所以,这份挚爱的力量因其高尚品格而格外感人,也因其高尚而持久延续"③。

从本质而言,家庭教育其实就是情感教育。梁启超认为:"情感教育的目的,不外将情感善的美的方面尽量发挥,把那恶的丑的方面渐渐压伏淘汰下去。"④梁启超在家庭教育中对子女的情感教育的做法和准则值得我们今天家庭教育学习和借鉴。

(三)教子与人为善,宽爱他人

梁启超有着海纳百川般的气概,他做学问如此,做人亦是如此,一生宽以待人。梁启超心里装的是国家、民族和百姓,故他总能站在国家和人民的立场上去理解别人、善待他人,能容人所不能容。梁启超一生待人宽厚,坦诚磊落,受到林宰平的高度评价:"任公之为人,款挚而坦易,胸中豁然,无所盖覆。与人言,倾困竭廪,恳恳焉惟虑其不尽。世每称其文字之闳豁通彻,感人至深,实其性情使然也。"⑤

梁启超把情谊看得至高无上,对朋友亲人慷慨解囊、出手相助,是地地道道的性情中人。他为了不让亡友唐才常的家属在生活上遭受委屈,宁愿背着"贪污筹款"的黑锅,使出浑身解数对其家属进行救济,风雨无阻、无怨无悔。当清华研究院同事王国维自沉湖中时,梁启超正因为手术失败在天津养伤,听闻凶讯后,不顾家人和朋友反对,赶往北京协助王国维家属办理

---

① 丁文江,赵丰田.梁启超年谱长编[M].上海:上海人民出版社,1983:891.
② 吴荔明.梁启超和他的儿女们[M].上海:上海人民出版社,1999:343.
③ 张红霞.梁启超家庭教育思想研究[D].武汉:华中师范大学,2006:29-30.
④ 梁启超.作文入门[M].北京:教育科学出版社,2007:55.
⑤ 夏晓虹.追忆梁启超[M].北京:中国广播电视出版社,1997:55.

善后事宜,不辞劳苦,让身边人感动落泪。

梁启超对人宽厚,其气度之宏阔非常人所能及。有一件发生在梁启超身上误诊的事件最具有代表性。1926年,梁启超因患尿血病进入北京协和医院治疗,经过医生诊断后做了割去右肾的手术,事后竟然发现右肾并无异常,是一场典型的医疗事故!梁启超家属对此非常气愤,舆论的矛头也指向协和医院。梁启超至交徐佛苏指责此乃为"科学杀人",陈西滢、徐志摩为梁氏的"白丢腰子"(徐志摩语)向协和医院兴师讨罪,积极撰文呼吁理论,并在《现代评论》与《晨报副镌》上引发了一场争论。对于这样的一场医疗事故,梁启超采取了非常大度的处理方式,他认为协和医院的医师并非有意为之,医疗事故无法做到绝对避免,加之协和医院是美国人创办,乃科学的象征,他认为不能因为自己的手术出现失误而使国人怀疑科学,让守旧者在此事中找到口实。于是,梁启超坦然忍受身体的巨大痛苦,劝慰家人和解,并写信向孩子们解释和劝解说:"这回手术的确可以不必用,好在用了之后身子没有丝毫吃亏,只算费几百块钱,捱十来天痛苦,换得个安心也值得。"①还写下了《我的病与协和医院》一文,替协和医院辩解:

> 科学呢,本来是无涯涘矣的。……我们不能因为现代人科学智识还幼稚,便根本怀疑到科学这样东西。假如我这点小小的病,虽然诊察的结果,不如医生所预期,也许不过偶然例外。至于诊病应该用这种严密的检查,不能像中国旧医那些"阴阳五行"的瞎猜。这是毫无比较的余地的。我盼望社会上,别要借我这回病为口实,生出一种反动的怪论,为中国医学前途进步之障碍。——这是我发表这篇短文章的微意。②

梁启超在文中肯定协和医院的医疗是有效的,认为此件事的错误不在于医院和医师,而在于新的医疗科学技术尚待进一步研究。梁启超割掉的

---

① 丁文江,赵丰田.梁启超年谱长编[M].上海:上海人民出版社,1983:1079.
② 梁启超.我的病与协和医院[N].晨报副刊,1926-2-6.

是一个好肾,但他站在他人和科学的立场上,独自默默地吞下了这颗苦果,体现了梁启超宽厚待人的大爱情怀,这件事对梁启超的子女无疑是一个生动的教育实例,起到了良好的家庭教育的效果,其子女无不为父亲宽厚待人的精神所感染。

梁启超宽厚待人的大度胸怀还体现在他对待老师康有为的态度上。康梁师徒之间,虽然师徒情深,但梁启超颇有主见,对老师康有为并不完全惟命是从,康有为对此颇为恼火。尤其是梁启超违背他的意愿,暗中与孙中山协商合作方案,事情虽未成功,但康有为一直对此事耿耿于怀。后来,康有为违背民国时期的历史发展潮流,为复辟帝制大造舆论,甚至追随张勋之流,为宣统帝草拟“诏书”,梁启超对此毅然大义灭亲,带头讨逆其老师的复辟逆流,康有为为此对梁启超恨之入骨,大骂“梁贼”,导致康梁师徒关系僵化。但梁启超身为康门弟子,仍然心系师门,并不与康有为计较。1927年3月,适逢康有为寿辰,梁启超邀约康门弟子一同前往上海为老师祝寿,并撰写了传诵一时的寿联、寿文。寿联写道:“述先圣之玄意,整百家之不齐,入此岁来七十矣;奉斛斗于国叟,致欢忻于春酒,亲授业者盖三千焉。”①寿联可谓文采斐然,对老师康有为的学术成就给予了高度评价。梁启超更是在寿文中回顾了自己早年在万木草堂的学习经历及师徒之间真挚的感情,衷心感谢老师康有为的教诲之恩,并高度评价了康有为对自己的重大影响:“今国事诚有大不忍言者存,然剥极之后,会有其期。戊戌以后之新中国,惟先生实手辟之。今之少年,或能讥弹先生,然而导河积石,则孰非闻先生之风而兴者? 事苟有济,成之何必在我?”②在康有为谢世之后,梁启超觉得“好生伤感”,因见“他身后萧条得万分可怜,……赶紧电汇几百块去,才能草草成殓哩”③。梁启超还带头为老师募捐,为老师披麻戴孝,主持身后事,悲痛得痛哭失声,亲率清华国学研究院众弟子在法源寺开吊三日。每当来人行礼,

① 张品兴.梁启超全集[M].北京:北京出版社,1997:5213.
② 梁启超.南海先生七十寿言,张启祯,周小辉.万木草堂集[M].青岛:青岛出版社,2017:143.
③ 梁启超.给孩子们书,梁启超年谱长编[M].上海:上海人民出版社,1983:1124.

梁启超始终站在孝子位置,答礼不疲。凡此种种,不胜枚举,令亲友们大受感动,也使梁启超子女们为此深受教育。

此外,梁启超与学生之间重情义、讲义气也是出了名的,他视门生如子侄,可谓有求必应,主动无私地为弟子们提供帮助。例如,跟随梁启超听讲的学生张熙曾撰文批驳梁启超的观点,言辞颇为激烈。梁启超虽不赞成其见解,但却赏识其才华和勇气,不但没有生气,反而对其热情奖掖。梁启超在饮冰室的藏书对学生全部开放,"特许自由阅览,即珍本孤本亦听借出"[①]。有个学生余永梁写了几篇关于契文考据的文章,梁启超对其大加支持,竟将其搜藏的珍贵的《殷墟书契前编、后编、菁华》全套典籍全部无偿赠送给该学生。对于生活困难的学生,梁启超也给予了多方无私的帮助。他曾让学生给图书馆写卡片索引以贴补生活费用,也曾介绍学生周传儒去暨南大学当副教授,也曾介绍徐中舒等人去教书,可以说,受过梁启超帮助和恩惠的弟子不计其数。

梁启超以自身的表率,在子女面前树立了一块厚德载物的丰碑,使子女们受益良多,正如梁启超所言:"我常常感觉我要拿自己做青年人的人格模范,最少也不愧做你们姊妹弟兄的模范。"[②]梁启超身教胜于言传,以自己宽厚待人的实际行动,潜移默化地影响着子女们,使他们深刻理解到爱的内涵,那即是爱国、爱家、爱己、爱人如出一辙。梁启超说:"我身固我也,我家亦我也,我国亦我也。我一生不能独活,有许多事非合一家之力不能办到,固既爱我身即不得不爱我家;又有许多事非合一乡之力不能办到,故既爱我身即不得不爱我乡;更有许多事非合一国之力不能办到,故既爱我身即不得不爱我国。"[③]梁启超这份爱国如爱家、爱人如爱己的大爱思想,成为梁氏子女茁壮成长的沃土,也成为子女们一生享用不尽的宝贵财富。

(四)力倡趣味教育,培养子女积极的人生观

梁启超生性达观、风趣幽默,重视生活的"兴味"。他说:"我是个主张趣

---

① 夏晓虹.追忆梁启超[M].北京:中国广播电视出版社,1997:282.

② 梁启超.给孩子们书,梁启超年谱长编[M].上海:上海人民出版社,1983:1133.

③ 梁启超.国民浅训·何故爱国,饮冰室合集·集[M].北京:中华书局,1936:2-3.

味主义的人；倘若用化学划分‘梁启超’这个东西，把里头所含的一种元素名叫‘趣味’的东西抽出来，只怕剩下仅有个0了。"①在梁启超看来，趣味的反面是干瘪、是萧索。没有趣味的生活被梁启超称之为"石缝的生活"，挤得紧紧的没有丝毫的开拓余地；又称之为"沙漠的生活"，干透了没有一豪润泽；又好比一株枯树，毫无生机。梁启超由此把趣味看做人生活动的源泉，趣味干涸，活动也便随之停止，如同机器没有燃料发不出蒸汽来，任凭你再大的机器都要停摆。因此，梁启超强调指出："凡人必常生活于趣味之中，生活才有价值，忙于自己的趣味，便是人生最合理的生活。"②梁启超进一步强调和阐释了趣味生活的看法：

> 假如有人问我，你信仰的甚么主义？我便答道：我信仰的是趣味主义。有人问我，你的人生观拿甚么做根柢？我便答道：拿趣味做根柢。我生平对于自己所做的事，总是做得津津有味。而且兴会淋漓，什么悲观咧，厌世咧，这种字面，我所用的字典里头可以说完全没有。我所做的事常常失败——严格的可以说没有一件不失败——然而我总是一面失败一面做，因为我不但在成功里头感觉趣味，就在失败里头也感觉趣味。我每天除了睡觉外，没有一分一秒钟不是积极的活动，然而我绝不觉得疲倦，而且很少生病。因为我每天的活动有趣的很，精神上的快乐，补得过物质上消耗而有余。③

可以看出，梁启超是一个极力主张趣味主义的人，他在很多场合都宣称自己是一个趣味主义者。在他看来，从事政治活动是出趣味，从事学术研究是出于趣味，从事交友吟诗活动更是出趣味，正是每天生活充满了趣味，梁启超整天感觉有用不完的精力，整日奔波于政治舞台，闲下来又津津有味地研究历史和文学。而且不管他每天忙到什么程度，他总要坚持奋笔疾书几

---

① 梁启超.学问之趣味,饮冰室合集·文集[M].北京:中华书局,1936:15.
② 梁启超.教育趣味与趣味教育,饮冰室合集·文集[M].北京:中华书局,1936:12–13.
③ 梁启超.教育趣味与趣味教育,饮冰室合集·文集[M].北京:中华书局,1936:12–13.

个小时,总要坚持在灯下夜读几个小时,这一切均出自趣味。正是出于生活的趣味,梁启超才会每天感觉不知疲倦和劳累,每一天都生活得非常充实而有意义。

那么梁启超是如何理解"趣味"的呢?他认为,"凡一件事做下去不会生出和趣味相反的结果的,这件事便可以为趣味的主体。"为此梁启超提出了能为趣味之主体的四种活动:一是劳作,二是游戏,三是艺术,四是学问。在梁启超看来,他的生活是没有"低级趣味"可言的,比如吸毒、赌博这样的恶习就不能算作趣味,因为赌博不符合以趣味始趣味终的原则,而吸毒则给人以刺激的同时耗损着人的体质,也消磨着人的意志,最终以自毁而终,也即以无趣而止,这样的低级趣味不能算作真正的趣味。梁启超认为,趣味以刺激始,以精神的愉悦终,属于精神层次,即高层次,是对刺激这种低层次的扬弃。

正是由于梁启超注重趣味生活、享受趣味生活,他自觉地将他的"趣味主义"教育理念渗透到他的家庭教育生活之中。在梁启超看来,"教育事业从积极方面说,全在唤起趣味;从消极方面说,要十分注意不可以摧残趣味"①。梁启超强烈反对和批判那种不顾别人兴趣,不注意教育方法,一味给学生灌输知识的"摧残趣味"的不正当做法:一是注射性教育,教师将课本知识强行叫学生记忆,就好像嚼饭让学生吃,学生当然会感觉枯燥乏味,苦不堪言;二是课目过多,学生精力有限,应接不暇,结果任何方面的兴趣都养不成;三是拿教育的事项当手段,即将学问当作敲门砖来看待,待门敲开了自然就抛弃了砖,因此也就不可能有深入而持久的趣味。为此,梁启超提出了"尽性主义"的教育理念,充分肯定受教育者的主体地位,注重受教育者独立个性的发展,并根据个人的兴趣和特长,因势利导进行教育和引导,以便将人的天赋良能发挥到十分圆满的地步,"要个人自审其性之所近何如,人人发挥其个性特长,以靖献于社会"②。

在家庭教育中,梁启超主张"以趣导学",通过趣味引导子女做学问。他

---

① 梁启超.教育趣味与趣味教育,饮冰室合集·文集[M].北京:中华书局,1936:14.

② 张品兴.梁启超家书[M].北京:中国文联出版社,2000:247.

认为做学问要有趣味主义,他说:"我并不是因为学问是道德,才提倡学问,因为学问的本质能够以趣味始,以趣味终,最合于我的趣味主义条件,所以提倡学问。"①因此,梁启超一再提醒长子梁思成,不要往"孤峭冷僻一路去,总要常常保持着元气淋漓的气象,才有前途事业之可言"②。在梁思成选择专业方向方面,梁启超建议他在所学的建筑学之外,分出点时间多学些常识,尤其是文学或人文科学。他以慈父般的关切语气对思成说:

> 我怕你因所学太专门之故,把生活也弄成近于单调,太单调的生活,容易厌倦,厌倦即为苦恼,乃至堕落之根源。再者,一个人想要交友取益,或读书取益,也要方面稍多,才有接谈交换,或开卷引进的机会。不独朋友而已,即如在家庭里头,像你有我这样一位爹爹,也属人生难逢的幸福,若你的学问兴味太过单调,将来也会和我相对词竭,不能领着我的教训,你全生活中本来应享的乐趣,也削减不少了。我是学问兴趣方面极多的人,……我每历若干时候,趣味转过新方面,便觉得像换个新生命,如朝旭升天,如新荷出水,我自觉这种生活是极可爱的,极有价值的。我虽不愿你们学我那泛滥无归的短处,但最少也想你们参采我那烂漫向荣的长处。……我希望你回来见我时,还我一个三四年前活泼有春气的孩子,我就心满意足了。③

同样,对待女儿思庄,梁启超也鼓励她发展"自己娱乐的学问","专门科学之外,还要选一两样关于自己娱乐的学问,如音乐、文学、美术等。据你三哥说,你近来看文学书不少,甚好甚好。你本来有些音乐天才,能够用点功,叫它发荣滋长最好"④。同时,梁启超不主张关在屋子里闷头做学问,而是教导子女多走出去交朋友、开阔眼界:"多走些地方(独立的),多认识些朋友,

① 梁启超.学问之趣味,饮冰室合集·文集[M].北京:中华书局,1936:15.
② 梁启超.给孩子们书,梁启超年谱长编[M].上海:上海人民出版社,1983:1136.
③ 梁启超.给孩子们书,梁启超年谱长编[M].上海:上海人民出版社,1983:1152-1153.
④ 梁启超.给孩子们书,梁启超年谱长编[M].上海:上海人民出版社,1983:1154.

性格格外活泼些,甚好甚好。"①此外,梁启超还结合自己的生活经验,一再要求子女们一定不要用功过猛,必须要注意休息,并且多游戏运动,学习方法要得当,"以后受学只求理解,无须强记。"②

此外,梁启超对子女的趣味教育还体现在他非常重视子女专业兴趣的选择和确定上。比如,在女儿思庄的专业选择方面,梁启超最初建议她选择生物学,希望女儿能够在生物学领域成为"先行者",但是梁思庄发现她所在的麦基尔大学的生物学教授教得很不好,完全引不起梁思庄对生物学的兴趣,于是思庄将苦恼告诉了哥哥梁思成。梁启超得知后,赶紧给女儿思庄写了一封信教育引导她:

> 听见你二哥说你不大喜欢学生物学,既已如此,为什么不早同我说。凡学问最好是因自己性之所近,往往事半功倍,你离开我很久,你的思想近来发展方向我不知道,我所推荐的学科未必合你的式,你应该自己体察作主,用姊妹哥哥当顾问,不必泥定爹爹的话,但是新学期若已选定生物学,当然也不好再变,只得勉强努力而已,我很怕因为我的话扰乱你治学之路,所以赶紧寄这封信。③

后来,在父亲梁启超的鼓励下,梁思庄改学符合其兴趣和性情的图书馆学。由于"个人选择他趣味最浓的事项做职业,自然一切劳作都是目的,不是手段,越劳作越有趣"④。所以对图书馆学的趣味和热爱使梁思庄最终成了一名著名的图书馆学专家,这和父亲梁启超对她的引导和帮助是分不开的。

因为追求趣味是人的天性,不能拂逆;趣味又是生活的原动力,失之人生乏味,有了趣味,人才会热爱生活,才会以积极的态度去奋斗创业,所以趣味不仅是一种生活态度,更是一种生活方式。梁启超将这种理念通过家庭

---

① 梁启超.给孩子们书,梁启超年谱长编[M].上海:上海人民出版社,1983:1086.

② 梁启超.我们今天怎样做父亲[M].上海:上海古籍出版社,2020:52-53.

③ 吴荔明.梁启超和他的儿女们[M].上海:上海人民出版社,1999:50.

④ 梁启超.趣味教育与教育教育趣味,饮冰室合集·文集(38)[M].北京:中华书局,1989:15.

教育传授和感染了他的子女们，起到了良好的教育效果，他的众多子女个个性格乐观、兴趣广泛、朋友众多、开朗豁达，不管外界环境如何变迁，他们都能做到热爱生活、乐学上进、勤于事业、生活过得快乐而充实。这完全得益于梁启超的趣味教育，这是梁启超家庭教育的过人之处，也是最具有魅力之处。

（五）教子为学之道

梁启超是蜚声民国的学术大师，具有丰富的治学经验。梁启超家庭教育中的为学之道主要体现在教子追求务实的学风和"博""专"结合上。

1.务实求学

梁启超的家庭教育体现了显著的务实学风，他反对在做学问上追求虚名、急于求成。梁启超汲取了朱熹、曾国藩的治学心得，他告诫子女说："凡做学问总要'猛火熬'和'慢火炖'两种工作，循环交互着用去。"①梁启超还劝告大学三年猛读的梁思成不要浮躁，应该做到"悠游涵饮，使自得之"。并且给提前一年考大学的女儿梁思庄写信说："能进大学固然很好，既不能也不必着急，日子多着哩！"②还进一步对女儿说："求学问不是求文凭，总要把墙基越筑得厚越好。你看见别的同学入大学，自己着急，那便是孩子气了。"③向女儿道出了做学问的真谛在于求真求实，要能够下得苦功夫，持之以恒。梁启超批判传统的"学而优则优"的风气，反对将学问当作谋取仕途的手段，教育子女要做到"学而优不仕"，要为学问而学问，将追求真学问放在为学的第一位。

梁启超认为，"求学譬如登楼，不经初级，而欲飞升绝顶，未有不中途挫跌者。"④他曾写长信向梁思成阐明做学问打好坚实基础的必要性。梁启超指出："孟子说：'能与人规矩，不能使人巧。'凡学校所教与所学总不外规矩方面的事，若'巧'则要离了学校方能发现。规矩不过求巧的一种工具，然而

① 梁启超.给孩子们书,梁启超年谱长编[M].上海:上海人民出版社,1983:1153.
② 梁启超.给孩子们书,梁启超年谱长编[M].上海:上海人民出版社,1983:1046-1047.
③ 梁启超.给孩子们书,梁启超年谱长编[M].上海:上海人民出版社,1983:1046-1047.
④ 张品兴.梁启超全集[M].北京:北京出版社,1997:754.

终不能不以此为教、以此为学者,正以能巧之人,习熟规矩后,乃愈益其巧耳。"①他认为求学就是学习"规矩"的时期。人要学有所成,不能一开始就追求"巧",而要发挥个人的主动性,借用环境和机遇创造更大的成就。因此,梁启超告诫梁思成在学校中"只有把应学的规矩尽量学足。不惟如此,将来到欧洲回中国,所有未学的规矩也还须补学。这种工作乃一生历程所必须经过的,而且有天才的人绝不会因此而阻抑他的天才"②。他语重心长地劝告儿子梁思成,切不可对学校的学习产生厌倦心理,如果一厌倦就会退步,这是非常可怕的。心里面不要总想着未来的成就,在学习中要做到"莫问收获,但问耕耘","一面不可骄盈自满,一面又不可怯弱自馁,尽自己能力做去,做到那里是那里。如此则可以无如而不自得,而于社会亦总有多少贡献"③。梁启超告诉儿子,学问的实质不是追求虚名,而是求真务实,做学问必须要经过艰苦的磨砺,去除投机心理,方可得到真学问。

梁启超强调务实学风还体现在注重"实践"上。他说:"求知的目的有二:一是求智,二是致用。二者缺一不可,即所谓'知行合一',二者兼备方称得上是学问。"④梁启超还指出:"所谓中国学问界的矿苗,当然不专指书籍,自然界和社会实况,都是极重要的。"⑤按照梁启超的观点,如果一个人学习不得法,像学习医学、矿学这样先进的科学技术,即使将书上的知识背得滚瓜烂熟,而不能将其应用,就会出现如烧纸成灰而吞食的危险,"无论文学之纸灰、矿学之纸灰,其为无用一也,专在纸的学问上用工夫,则空耗脑力而已"⑥。梁启超批判说:"中国过去的教育,只能养成书呆子和烂名士,完全迂阔于事情。"⑦因此,梁启超在家庭教育中非常重视指导子女实践,要求他们

① 梁启超.梁启超家书[M].北京:中国青年出版社,2013:148.
② 梁启超.梁启超家书[M].北京:中国青年出版社,2013:149.
③ 梁启超.给孩子们书,梁启超年谱长编[M].上海:上海人民出版社,1983:1116.
④ 黄延复.梁启超治学杂拾,人物[J].1985(1).
⑤ 梁启超.国学入门书要目及其读法,饮冰室合集·专集[M].北京:中华书局,1936:24.
⑥ 梁启超.国学入门书要目及其读法,饮冰室合集·专集[M].北京:中华书局,1936:25-26.
⑦ 梁启超.国学入门书要目及其读法,饮冰室合集·专集[M].北京:中华书局,1936:25-26.

要做到知行结合。梁启超经常对思成、思永说"学问是生活,生活是学问",要求他们"从实际上日用饮食求学问,非专恃书本也"①。基于此,梁启超想尽一切办法为子女们接受实际锻炼创造机会。他为了让学考古学的梁思永切实接触考古的实际工作,1926年与在山西进行考古发掘的李济联系,希望能够让思永回国参加他们的工作。1927年思永回国,实地参与研究了李济从山西带回的几十箱出土文物,这让梁思永收获匪浅,并在此基础上写成了硕士论文。而对于学建筑的梁思成、林徽因夫妇,梁启超建议两人先游历、考察欧洲的建筑而不要急于回国。梁启超对南美和欧洲的建筑风格非常重视,特写信为其作出安排:"到英国后折往瑞典、挪威一行,因北欧建筑极有特色,市政亦极为严整有新意。到德国后,除了参观几个古都外,还应参观莱茵河畔的著名堡垒。"梁启超还强调,要在意大利多耽搁一些时间,研究文艺复兴时期的建筑艺术。此外,他还希望两人到土耳其一行,参观那里的回教建筑和艺术,附带看看土耳其革命后的政治。1927年,梁思成夫妇遵照父亲的安排游历欧洲,切身感受了欧洲建筑艺术的美并目睹了中西建筑文化的差异,极大地开拓了视野,强化了书本上所学的知识,为日后的成就奠定了深厚的基础。事实证明,梁思成、梁思永等人的学术成就与其长期的实地考察是分不开的,在这方面,父亲梁启超的教育、引导是极为关键的。

2."博""精"结合

梁启超认为,学问之道在于"博通"与"专精"相结合。梁启超推崇这样的读书方法:"每日所读之书,最好分两类:一类是精熟的,一类是涉览的。"他强调做学问要做到"博"与"精"结合:"单有常识,没有专长,不能深入显出。单有专长,学识不足,不能触类旁通","专精同涉猎,两不可少"。他认为"学问固贵专精,又须博涉以辅之。……随意涉猎,初时并无目的,不期而引起问题,发生趣味,从此向某方面深造研究,遂成绝业者,往往而有也"②。梁启超一直认为:专才教育会使人知识偏狭,知识偏狭不仅会导致一个人胸襟狭窄,还会使人的生活单调,进而使人厌倦生活,成为堕落的根源。因此,

① 梁启超.教育与政治,饮冰室合集·文集[M].北京:中华书局,1936:72.
② 梁启超.中国历史研究法(补编),饮冰室合集·专集[M].北京:中华书局,1936:7.

梁启超总是教育子女要效法"读万卷书，行万里路"的古训，做学问要做到"博"与"精"相结合。

梁启超中西博通，其家庭教育上也体现了中西并重的思想，这是对追求学问上"博"与"精"的追求和体现。梁启超针对当时的学校偏重西学的状况，特别注意在课外培养子女的国学素养，指导子女们阅读国学书籍，并请家庭教师为子女们补习国文。为了扩大子女们的知识面和视野，梁启超又陆续送子女们到北美去留学，极大地扩大了子女们的见识与视野，使得梁启超的子女得以汲取中西文化之长，成为学贯中西之通才。梁思成说过："我非常感谢父亲对我在国学研习方面的督促和培养，这对我后来研究建筑史打下了基础。"①建筑学作为一门综合的艺术，它不仅以数学、物理为基础，而且蕴含和积淀了丰富的文化。在梁思成的学术生涯发展过程中，李诚的《营造法式》一书发挥了重要作用，为了使远在美国的梁思成了解该书的精髓，梁启超特地为他寄去新版的《营造法式》一书，为梁思成艺术素养的养成奠定了重要基础。现在看来，如果梁思成没有综合的传统文化艺术素养做基础，他很有可能无法成为建筑学方面的大师，梁启超的指点对梁思成学术生涯的影响可谓至关重要。

另一方面，梁启超将"专精"作为学问的起点和"博通"的条件，他认为："我们要做博的功夫，只能选择一两件专业为自己性情最近者做去，从极狭的范围内生出极博来，否则，件件要博，便连一件也博不成，这便是'好一则博'的道理……资料越发丰富，则驾驭资料越发困难，总求得个'一以贯之'的线索，才不至于'博而寡要'，这便是'以浅持博'的道理。"②

梁启超晚年时期，对子女们一再强调"专精"的重要性，并以自己的"吾学病爱博"告诫子女们。他希望子女们在渊博学识的基础上，能够成为各行各业的专家。梁启超在信中对长期做领事的女婿周希哲说："现在国际法的内容与从前差的很远，我很希望他将国际法重新研究一番。""既已当外交官，便要跟着潮流求自己职务上的新智识，还有中国和各国的条约全文，也

---

① 林洙.建筑师梁思成[M].天津:天津科学技术出版社,1996:20.

② 梁启超.治国学的两条大路,饮冰室合集·文集[M].北京:中华书局,1936:13.

须切实研究。希哲能趁这个空闲做此类学问最好。若要汉文的条约汇纂，我可以买得寄来。"①为了帮助子女们达到学业上的专精，梁启超还教给子女自己总结的三步读书法：鸟瞰、解剖、会通。"鸟瞰"即粗略了解书中大概，了解重点内容；"解剖"即对各部分仔细钻研，重要的地方细细解剖，疑难处仔细研究，使自己有深刻记忆；"会通"即读书时上下左右融会贯通，对全书内容做全面彻底的了解。此外，梁启超还非常青睐抄读法（又叫笔记法），他教育子女们要通过写读书笔记来巩固知识，融会贯通，发挥自己的见解，形成自己的知识体系，他在《读书分月课程》中说：

> 读书莫要于笔记。朱子谓当如老吏断狱，一字不放过。学者凡读书，必每句深求其故，以自出议论为主，久之触发自多，见地日进，始能贯串群书，自成条理。经学、子学尤要。无笔记则必不经心，不经心则虽读犹不读而已。黄勉斋云：真实地，刻苦功夫。学者而不能刻苦者，必其未尝真实者也。②

在梁启超的教育和影响下，梁思成成了著名的建筑学家，他的教育思想也强调"博"与"精"的结合，他指出：

> 求学问需要精，但是为了能精益求精，专得更好，就需要博。"博"和"精"不是对立的，而是相互联系着的同一事物的两个方面。……因此，在我们的专业学习中，为了很好地深入理解某一门学科，就有必要对和它有关的学科具有一定的知识，否则想对本学科真正地深入是不可能的。这是一种中心和外围的关系，这样的"外围基础"是每一门学科所必不可少的。③

---

① 中华书局编辑部.梁启超未刊书信手迹(下册)[M].北京:中华书局,1994:615.
② 周岚,常弘.饮冰室书话[M].长春:长春时代文艺出版社,1998:282.
③ 梁思成.梁思成文集(4)[M].北京:中国建筑工业出版社,1986:233.

梁启超作为一位开风气的思想家,他坚持古今中外贯通,并在诸多领域开辟先河,博中有精,精中有通,无人能及,形成了自己独特的学术特点。梁启超这种治学的学术风格,也给子女们带来了极大的影响。在梁启超的影响下,他的子女们大都兴趣广泛、知识广博,在自己所在的专业,既是某一领域内的"专才",又是多个领域的"通才"。尤其是梁思成、梁思永,成为梁启超家学的集大成者,不仅承袭了梁氏家学,还精通中外文化,而且还熟练掌握了工程技术、化学、物理学、艺术学、地质学、人类学、古生物学、社会学等多方面的知识,分别成为建筑学领域和考古学领域的大家。

3.注重创新,勤于治学

梁启超强调做学问要解放思想,要站得高、看得远,不囿于一家之说,更不能人云亦云,要坚持智慧而敏锐地观察事物,从中发现别人没有发现的东西,实现学术的创新。

梁启超认为,无论何人向你说什么道理,你都要究根结底地考证一番,以求得真知灼见。当运用思想时,不要总是拿"不许一豪先入为主的意见束缚自己",中国旧思想的束缚和西洋新思想的束缚,二者都是要不得的。梁启超说:"孔子教人择善而从,不经一番审择,何由知得善与不善?只这一个择字,便是思想解放的关目。"①对于思想学说,要虚心研究、放胆批评,对的便接受,不对的要反对和批判,切不可"曾经圣人手,议论安敢到"②。

梁启超教育子女们要能够从一般人看来不成问题的问题中自己发现问题,认为这是做学问的起点。他认为,若凡事都没有疑问,那便无学问可言了。梁启超举例说:"苹果落地,本是一个不成问题的事实,牛顿加以怀疑,遂发现万有引力的原理;开水壶盖冲脱,也是一个不成问题的事实,瓦特加以研究和思考,遂发明了蒸汽机。"由此,梁启超告诫子女们:做学问绝对不能着急,一味听人"指使",那叫盲从;着急并无心得,随便以古人所说,改头换面,那叫剿说。梁启超认为吃现成饭是最没有意思的事,一种问题,被别人做完了,四平八正的编成教科书给你,读来自然是毫不费力,但从这不费

① 梁启超.欧游心影录节录.饮冰室合集·专集[M].北京:中华书局,1936:27.
② 梁启超.梁启超谈修身[M].南昌:百花洲文艺出版社,2019:155-159.

力上头,结果便令人的心思不细致。专门喜欢读这类书的人,久而久之,便会湮没自己的创造才能。

正是由于梁启超的创造精神,才会有"新史学""新小说""新体诗"等创造性成果的问世。梁启超说:"学问之价值,在存疑,在求真,在创获,所谓研究精神者,归著于此点。"①正是基于以上认识,梁启超动员他的子女们分别到西方国家去学习现代建筑学、现代考古学、现代生物学、现代工程学等专业,从中可以看出梁启超对于科学方法教育的重视,他说:"目前预备功夫,自然是从研究西洋思想入手,一则因为他们的研究方法,确属精密,我们应该采用他;二则因为他们思想解放已经很久,思潮内容丰富,种种方面可以参考。"②梁启超希望子女们通过对科学方法的掌握,使其治学能够高屋建瓴、思路明确,从而实现学问的创新。

除此之外,梁启超在治学上还教育孩子们要养成勤奋的治学态度。梁启超常说:"百行业为先,万恶懒为首。"③梁启超之所以能够给后人留下一千四百万字的著述,完全是他勤奋努力治学的结果。据记载,梁启超的手中绝没有一天无书,甚至在他病危住院的时候,也没有停止过读书和学术研究。他这种勤奋治学的精神,可谓是中国知识分子的楷模。梁启超这种治学精神也深深感染和影响了他的子女,他告诫子女们说:"当念光阴难得,黾勉日进"④,"但问果能用功与否,若能竭吾才则于心无愧。若缘怠荒所致,则是自暴自弃,非吾家佳子弟矣"⑤。梁启超这种注重勤勉的家训对梁氏子弟起到很好的警示和教育作用。

(六)教子做人之道

梁启超将做人看得比做学问更为重要。梁启超认为,求学是做人的一种手段,做学问、求学的根本目的在于学"做人"。一个人只有具备高尚和完美的道德,才能成为一个真正的人,人的道德和品格在很大程度上决定了知

① 梁启超.清代学术概论.饮冰室合集·专集[M].北京:中华书局,1936:78.
② 梁启超.饮冰室合集·专集[M].北京:中华书局,1936:28.
③ 梁启超.梁启超谈修身[M].南昌:百花洲文艺出版社,2019:170.
④ 张品兴.梁启超家书[M].北京:中国文联出版社,2000:27.
⑤ 张品兴.梁启超家书[M].北京:中国文联出版社,2000:247.

识的用途。因此,梁启超告诫青年及子女们说:

> 诸君啊,你千万不要以为得到片段的智识,就是有学问呀! 我老实不客气地告诉你吧,如果做成一个人,智识自然越多越好。你如果做不成一个人,智识却是越多越坏。①

梁启超对教育有着独到的见解,他说:"教育是什么? 教育是要教人学做人——学做现代人。""教育家教人做人,不是叫他学会做单独一个人便了,还要教他学会做父母、做儿女、做丈夫、做妻子、做伙计……乃至做国民。"②由此可见,梁启超意欲将子女培养成为"备有人格"的"特色之国民","即谓成为人之资格也,品行、智识、体力皆包于是"③。也就是教育子女具备爱国家、爱民族、重公德、有知识等现代国民应具备的基本素质。这与梁启超早年的"新民"理想可谓一脉相承,所谓"欲维新吾国,当先维新吾民"④。梁启超认为,国家的强盛衰落,完全取决于国民自身素质的高低,"民弱者,国弱;民强者,国强。殆如影之随形,响之应声,有丝毫不容假借者"⑤。梁启超认为,当时中国积贫积弱的根本原因在于全体国民爱国心薄弱(表现为不知国家与天下、国家与朝廷、国家与国民的区别与联系)、风俗败坏(表现在奴性、愚昧、为我、好伪、怯懦),因此,他认为要通过教育改变没落帝国的衰颓习气、培养自觉关心国家命运、自觉遵守国家规章制度、具有竞争意识的青年,从而创造一个青春活泼、富有活力的新中国。因此,教育子女如何做人自然成为梁启超家庭教育的重要组成部分。

梁启超受过系统的传统启蒙教育,因此他对子女的"做人"教育多源于传统。梁启超注重向子女们传授国学、史学,在他看来,"史学者,学问之最博大而最切要者也,国民之明镜也,爱国心之源泉也。今日欧洲民族主义所以发达,列国所以日进文明,史学之功居其半焉。然则但患其国之无兹耳,

---

① 梁启超.为学与做人,饮冰室合集·文集[M].北京:中华书局,1936:109.

② 梁启超.教育与政治,饮冰室合集·文集[M].北京:中华书局,1936:68.

③ 梁启超.论中国国民之品格,饮冰室合集·文集[M].北京:中华书局,1936:1.

④ 齐春风.梁启超[M].西安:陕西师范大学出版社,2017:79.

⑤ 梁启超.新民说,饮冰室合集·专集[M].北京:中华书局,1936:7.

苟其有之,则国民安有不团结,群治安有不进化者?"①因此,梁启超将史学、国学作为教导子女"做人"的必修课,认为这些学习有助于"益神志""助文采",对陶养人格大有裨益。因此,梁启超经常督促子女们阅读《论语》《左传》《孟子》《墨子》《古文观止》及唐诗宋词等大量国学书籍。梁启超要求子女们阅读后每周或半月要写一篇短文,并抽空为他们批改、点评。从《双涛阁日记》来看,仅1910年农历正月、二月之间,梁启超虽然工作繁忙,但仅为思顺"讲书"及批改日记、作文就多达十七次。梁启超1912年回国后,经常惦记着在日本留学的思成,他特地将一套影印本《四书》寄给思成,希望他认真阅读。1923年梁思成车祸住院期间,梁启超又告诫儿子说:"吾欲汝以在院两月中取《论语》《孟子》温习谙诵,务能略举其辞,尤于其中有益修身之句,细加玩味。"②

梁启超所说的"做人"教育,其中尤其突出的是爱国主义教育,要求子女们要做有益于社会、国家的人,突出道德修养的主题,因为"品格者,人之所以为人,籍以自立于一群之类者也"③。梁启超认为,孔门"智、仁、勇"三大德就是"做人"的基本要求。所谓"智"是指要有知识、专门学业;"仁"就是"普遍人格之实现",具备正确的人生观;"勇"是指意志力坚强,既要有自由意志,也必须有强壮的身体。梁启超强调从国学中汲取"做人"的智慧,是他对中国传统的热爱,也是他一生经验的总结。

梁启超认为,"做人"要有独立的人格,是要"在社会上造成一种不逐时流的新人。养足你的根本智慧,体验出你的人格人生观,保护好你的自由意志"④。晚年的梁启超虽然不能忘情于政治,却没有从政,他希望子女们养成"政治意识""政治习惯"和"判断政治能力",而不是"抛弃本业来做政治活动"。梁启超以自身的体验和阅历告诉子女们要做到"学而优不仕",反对民国初年以学问为手段、为仕途而学习的不良风气。梁启超对梁思忠等人的政治热情予以指导,使之避免过早卷入政治旋涡。在留学北美的子女中,梁

---

① 梁启超.新史学·中国之旧史,饮冰室合集·文集[M].北京:中华书局,1936:1.

② 梁启超.给孩子们书,梁启超年谱长编[M].上海:上海人民出版社,1983:997.

③ 梁启超.为学与做人,饮冰室合集·文集[M].北京:中华书局,1936:110-111.

④ 梁启超.为学与做人,饮冰室合集·文集[M].北京:中华书局,1936:110-111.

思忠的政治热情最高,进入了专门的军事院校进行学习。梁启超尊重梁思忠的学业选择和兴趣,没有反对梁思忠学习军事,但又非常注重对其进行教育和引导,对其政治热情不无担心。1916年,梁启超写信给思忠说:

> 你既学政治,那么进什么团体是免不了的。我一切不干涉你,但愿意你十分谨慎,须几经考量后方可加入。在加入前先把情形告诉我,我也可以做你的顾问。①

1927年,梁思忠向父亲提出想终止学业回国参加"北伐",对此,梁启超一方面称赞他改造环境、吃苦磨炼的想法,另一方面劝告他应先"把政治经济学学得个可以自信回来"②。从民国当时的情形来看,有许多青年参加了革命,却多是在对革命不甚了解的情况下做了无谓的牺牲;有些则在革命失败的打击下,陷进了背叛、堕落的深渊。梁启超一再劝说梁思忠,最终使他放弃了回国参加革命的想法。在梁启超对子女们养成独立人格的教育下,梁启超子女们突破了传统的"学而优则仕"的鄙俗,转向了学术爱国的道路,成就了数位学术大家。

(七)传承"寒士家风"

梁启超出生于半农半儒的贫寒家庭,从小受到勤俭、朴实、好学的家风熏陶,他保留并传承着这种家风,形成了独具特色的梁氏"寒士家风"。

梁启超将"寒士家风"作为家庭教育的重点。梁启超的"寒士家风"明显受到了曾国藩"内圣"之道的影响。梁启超与曾国藩的经历颇为相似,二人都生长在艰苦的偏僻乡村,都经历了既耕且读的少年生活,后来都经由科举进入上层社会,这让二者在"内圣"功夫上容易产生共鸣,形成了进取、好学、坚忍、勤俭的相似品格。曾国藩主张"慎独""主敬""求仁""习劳",又常讲"以勤为本,以诚辅之",强调读书人要"有志""有恒"。受曾国藩的影响,梁启超常以"克己""诚意""主敬""习劳""有恒"自省,非常推崇曾国藩"立德"

① 中华书局编辑部.梁启超未刊书信手迹(下册)[M].北京:中华书局,1994:705.
② 梁启超.梁启超家书[M].武汉:华中科技大学出版社,2017:258.

"立功""立言"三不朽的功业,并明确指出其立身根本为:"其一生得力在立志,自拔于流俗,而困而知,而勉而行,历千百艰难而不挫屈。不求近效,铢积寸累,受之以虚,将之以勤,植之以刚,贞之以恒,帅之以诚,勇猛精进,艰苦卓绝,如斯而已。"①梁启超以此自我勉励,并以此持家教子。此外,曾国藩"修身、齐家"注重"勤""俭"二字,教儿女辈"惟以勤、俭、谦"三字为主,并在家书中多次指出:"世家子弟最易犯一'奢'字、'傲'字。""居家之道惟崇俭可以长久,处乱世尤以戒奢字为要义。"②受曾国藩的影响和启发,梁启超也主张勤俭、反对骄惰,"骄惰未有不败者。勤字所以医惰,慎字所以医骄"③。"吾屡教家人崇俭习劳。"④

梁启超将传统的"内圣"功夫发展成为"磨炼人格"的"寒士家风",希望子女通过人格的磨砺养成上进、好学、勤俭、坚忍的品格。民国初年,梁启超家族已经进入了上层社会,生活较为优越,但梁启超希望子女门能养成"寒士家风",他不是要求子女要在生活上过极端刻苦的生活,而是像"寒士"那样勤俭、好学、上进。梁启超在家庭教育中注重磨炼子女的人格,注重精神生活对治学修身的重要作用。从欧洲游学归来,梁启超感慨道:"人类只要精神生活不枯竭,那物质生活当然不成问题。"⑤梁启超强调物质生活与精神生活的调和,但又偏重于精神修养。他认为:

> 吾侪确信"人之所以异于禽兽者"在其精神生活,但吾侪又确信人类精神生活不能高却物质生活而独自存在;吾侪又确信人类之物质生活,应以不妨碍精神生活之发展为限度,太丰妨焉,太觳亦妨焉!应使人人皆为不丰不觳的平均享用,以助成精神生活之自由而向上。⑥

---

① 梁启超.曾文正公嘉言钞[M].北京:商务印书馆,1916:1-2.

② 谕吉泽.曾文正公家训[M].上海:上海世界书局,1922:20.

③ 梁启超.曾文正公嘉言钞[M].北京:商务印书馆,1916:14.

④ 梁启超.曾文正公嘉言钞[M].北京:商务印书馆,1916:50.

⑤ 梁启超.欧洲心影录节录,饮冰室合集·专集[M].北京:中华书局,1936:19.

⑥ 梁启超.先秦政治思想史[M].济南:山东画报出版社,2019:265.

　　梁启超的"寒士家风",首先体现在要求子女们合理开销,保证子女们必需的生活支出,他不止一次地写信给女儿思庄,告诉她用钱"不必太多节省。爹爹知道你不会乱花钱的,再不会因为你用钱多生气的"。当听闻"思成像是滋养品不够,脸色很憔悴",因而劝告"思成饮食上不可太刻苦"①。另一方面,梁启超教育子女要养成吃苦的韧性,不要追求和过于看重物质生活。当他得知梁思顺抱怨在加拿大的生活条件时,梁启超立即写信给他说:"你和希哲都是寒士家风出身,总不要坏自己家门本色,才能给孩子们以磨炼人格的机会。生当乱世,要吃的苦,才能站得住(其实何止乱世为然)。一个人在物质上享用,只要能维持着生命便够了。至于快乐与否,全不是物质上可以支配。能在困苦中求出快活,才真会打算盘哩!"②1927年,梁思顺夫妇的工作将有变动,梁启超写信劝其不要着急,又告诫她吃苦的好处:"现状这种困境正是磨炼身心的最好机会,在你全生涯中不容易碰着的。你要多谢上帝玉成的厚意,在这个档口做到'不改其乐'的功夫。"③他还多次向已有儿女的思顺强调,要让下一代"养成节俭吃苦的习惯"。当梁思成、林徽因在加拿大结婚时,梁启超专门致信安排:"婚礼只要庄严不要奢侈,衣服首饰之类,只要相当过得去就够,一切等回家再行补办,宁可节下点钱作旅行费。"④当梁思成夫妇学成归国前,梁启超并未为其展望美好未来,而是告诫他们:"我想你们这一辈青年恐怕要有十来年——或者更长要捱极艰难困苦的境遇,过此以往却不是无事业可做,但要看你对付得这十几、二十年风浪不能。你们现在就要有这种彻底觉悟,把自己的身体和精神十二分注意锻炼修养。"⑤梁启超认为,人不能因为物质的贫乏而感到气馁,也不能因为物质的丰富而感到安逸,"人生惟常常受苦乃不觉苦,不致为苦所窘耳。"⑥梁启超所主张的"磨炼人格"不限于在艰苦的环境中进行,还强调要在优越的条件下克己自

---

① 中华书局编辑部.梁启超未刊书信手迹(下册)[M].北京:中华书局,1994:650-651.

② 梁启超.给孩子们书,梁启超年谱长编[M].上海:上海人民出版社,1983:1135.

③ 中华书局编辑部.梁启超未刊书信手迹(下册)[M].北京:中华书局,1994:727.

④ 中华书局编辑部.梁启超未刊书信手迹(下册)[M].北京:中华书局,1994:854.

⑤ 中华书局编辑部.梁启超未刊书信手迹(下册)[M].北京:中华书局,1994:837.

⑥ 张品兴.梁启超家书[M].北京:中国文联出版社,2000:237.

励,认为后者对"磨炼人格"更为重要和关键。梁启超写信给梁思忠,希望他
能够在优良的学习环境中加强"人格磨炼":

> 一个人若是在束缚的环境中会消磨志气,那么在困苦懊丧的环境
> 中也一定会消磨志气。你看你爹爹困苦日子也过过不少,舒服日子也
> 经过不少,老是那样子,到底志气消磨了没有? ——也许有时你们会感
> 觉爹爹是怠惰了(我自己常常有这种警惧),……我又很相信我的孩子
> 们,哥哥都会收我这种遗传和教训,不会因环境的困苦或舒服而堕落
> 的。你若有这种自信力,便"随遇而安"的做。①

(八)教子经受挫折,磨砺人格

梁启超认为"处忧患是人生幸事"并将之视为立身之本,并以自身的"言
传""身教"为子女树立标杆和榜样,使子女们更加了解"寒士家风"的精髓。
1915年,反袁护国战争烽火升起,梁启超作为活动的主要参与者,梁启超的
家人对他的人身安全颇为忧虑,为其担惊受怕,梁启超把握并利用了这次教
育的契机,两次写信给梁思顺说:

> 汝辈小小年纪,恰值此数年来无端度虚荣之岁月,真是此生一险运。
> 吾今舍安乐而就忧患,非徒对于国家自践责任,抑亦导汝曹脱线也。吾家
> 数十代清白寒素,此乃最足以自豪者,安能逐腥膻而丧吾所守耶?②
> 处忧患是人生幸事,能使人精神振奋,志气强立。两年来处境较安
> 适,而不知不识之间德业日退,在我尤然,况于汝辈。今复还我忧患生
> 涯,而心境之愉快,视前此乃不啻天壤,此乃天之所以玉成汝辈也。使
> 汝辈再处如前数年之境遇者,更阅数年,几何不变为纨绔子哉! 此书可
> 寄示汝两弟,且令宝存之。③

---

① 中华书局编辑部.梁启超未刊书信手迹(下册)[M].北京:中华书局,1994:792.
② 梁启超.梁启超年谱长编[M].上海:上海人民出版社,1983:755.
③ 中华书局编辑部.梁启超未刊书信手迹(下册)[M].北京:中华书局,1994:401–402.

梁启超告诫梁思顺"处忧患是人生幸事,能使人精神振奋,志气强立"。教育他要在忧患处境中磨砺自己,并要求思顺将信寄给两个弟弟,让他们学习并保存之。

另外,梁启超在1927年11月23日至12月5日的《致孩子们》的家书中,对子女们一再提醒养成忧患意识的重要性:

> 我想你们这一辈青年,恐怕要有十来年——或者更长,要捱极艰难困苦的境遇,过此以往却不是无事业可做,但要看你对付得过这十九二十年风浪不能? 你们现在就要有这种彻底觉悟,把自己的身体和精神十二分注意锻炼、修养,预备着将来广受孟子所谓"苦其心志,劳其筋骨,饿其体肤,空乏其身,行拂乱其所为"者。①

实践证明,梁启超这种以"磨炼人格"为核心的"寒士家风"使梁氏子弟们从小就养成了勤俭、吃苦、耐劳的习惯。梁启超的子女们在美国留学时,多数是通过自己半工半读完成学业的。例如梁思礼在留美初期,就曾在美国一家罐头厂当过装罐头的小工,也曾在餐馆洗过碗碟,在游泳池当过救生员等,可以说尝尽了各种苦头。梁家子弟所养成的这种在生活上克勤克俭、吃苦耐劳的品格和习惯,对于培养梁家子弟在学业上的刻苦钻研精神帮助是非常大的。梁启超的儿女们从不炫耀父亲的名声,也从不依赖父亲的帮助,依靠自己的艰苦奋斗获得了事业上的成功,他们所继承的是父亲留给他们的精神财富和崇高思想。梁思礼曾对人这样说:"我五岁时,父亲就去世了,父亲对我的直接影响较少。他的思想通过我母亲及他的遗著使我一生受益。"②由此可见,梁启超的"寒士家风"是梁氏子女们前进道路上的精神支柱,他们深知"人之生也,与忧患俱来,知其无可奈何,而安之若命"③。因而,在动荡的民国时期,梁氏子女们在面对生活和工作上的各种艰难困苦时,总

---

① 梁启超.梁启超家书[M].天津:百花文艺出版社,2017:71.

② 梁启超之子梁思礼专访[N].广州日报,2005-5-11.

③ 张品兴.梁启超家书[M].北京:中国文联出版社,2000:384.

能保持不骄不馁、乐观向上的良好心态,这是梁启超"寒士家风"所遗留给子女们的吃苦"妙境",这是梁氏子弟们永远取之不尽、用之不竭的宝贵财富。梁启超曾经引用过西方一首歌曲来表达这种人格磨砺的"妙境",他说:

> 不要回头,孩子,
>
> 当你在途中,
>
> 时间足够了,孩子,
>
> 在将来的某一天。
>
> 虽然道路漫长,孩子,满怀希望去面对;
>
> 不要停下往后看,
>
> 当你向山上攀登。
>
> 首先要相信自己,孩子,
>
> 然后勇气就会倍增;
>
> 背起你的行囊,
>
> 继续步行、跋涉。
>
> 当你接近险峰,孩子,
>
> 从崎岖的小道;不要以为你的使命已完,
>
> 不断攀登、爬行。
>
> 胜利就在顶峰,孩子,
>
> 等在那里,
>
> 直至勇敢而坚强的孩子,
>
> 到达山顶。①

梁启超认为,挫折能够磨炼品德,"小挫折正是磨炼德性之好机会"②。挫折还能激励人去开创新事业,"在纽约、芝加哥笔直的马路崭新的洋房里舒服混一世,这个人一定是过的毫无意味的平庸生活。若要过着有意味的

---

① 丁宇,刘景云.梁启超教子满门俊秀[M].北京:中华工商联合出版社,2002:235.

② 张品兴.梁启超家书[M].北京:中国文联出版社,2000:323.

生活,须是哥伦布初到美洲时"[1]。正如中国古训所言"自古英雄出少年,从来纨绔少伟男"。梁启超的"寒士家风"、挫折教育是支撑梁氏家族长期发展的强大动力,让梁氏后代子女受益匪浅。

　　总的看来,梁启超先生的家庭教育是非常成功的,既饱含对子女们的舐犊关爱之情,也充满对子女们的国家兴亡、民族兴盛的期待关切,融传统家庭教育与现代家庭教育于一体,开辟了民国时期家庭教育的新局面。

第三节　黄炎培的家庭教育生活

　　黄炎培(1878—1965),字任之,江苏川沙(今属上海)人,我国近现代著名的教育家。黄炎培一生大力推行职业教育,是我国职业教育的开创者和奠基者。中华人民共和国成立后黄炎培曾任中央人民政府委员、政务院副总理兼轻工业部部长、全国人民代表大会常务委员会副委员长、政协全国委员会副主席、中国民主建国会主任委员等职。

图3　黄炎培像

---

① 梁启超.饮冰室合集·专集[M].北京:中华书局,1936:24.

第三章　民国教育家群体的家庭教育生活

一、黄炎培所受的家庭教育及生活经历

黄炎培出生在一个下层士绅家庭,其父名叫黄燨林,号叔材,是一个秀才。父亲青年时期做过塾师,后来转做他人幕僚,曾跟随吴大澂等人去过河南、广东等地,见闻广博。黄炎培的父亲虽常年在外奔波,无暇陪伴孩子,但他对孩子们的成长十分关心。为了让孩子们了解家乡川沙以外的精彩世界,他常常写信给年幼的儿子黄炎培,讲述他在外的所见所闻,父亲曾从广东给孩子们寄回最新潮的泥人士兵玩具,让黄炎培从小通过这样的方式认识了洋人,成为幼年黄炎培了解外面精彩世界的开始。父亲黄燨林一生穷困潦倒,终其一生始终没有属于自己的土地和房屋,一直靠租赁他人房屋居住,生活过得异常艰苦。受父亲的影响,黄炎培一生从不积攒钱财,得钱便花,他始终相信花出去的钱才是真正属于自己的。

由于父亲常年为了生计在外奔波,黄炎培小时候大部分的时光是和母亲一起度过的,受到了母亲对他的诸多教诲和影响。黄炎培对母亲的印象极为深刻,母亲在他心目中留下了极为良好的形象,黄炎培曾这样高度评价自己的母亲:"根据我童真时的想象:世界上有美人,最美是我母亲;世界上有好人,最好是我母亲。"[①]对母亲的赞誉之情溢于言表。黄炎培的母亲孟樾清是地主家的女儿,娘家在川沙东乡,家里有二三百亩田产,但按照旧社会的规定,财产传男不传女,因此孟樾清出嫁时没有获得陪嫁,她也安于清贫勤俭度日,并没有得到娘家的多少恩惠和帮助。由于父亲在外挣钱,常年不在家,黄炎培的教育实际上主要由其母亲来承担。母亲孟樾清虽然算不上饱读诗书,却也知书达理。黄炎培从六岁开始跟随母亲识字、写字,后来母亲又教儿子黄炎培给父亲写信。母亲孟樾清对儿子的要求非常严格,她常常点着油灯陪伴黄炎培读书直到深夜。黄炎培在油灯下读书,母亲则陪伴着儿子在油灯下做针线活,有时候看到儿子打瞌睡,就会用锥子扎他一下,于是黄炎培清醒之后又继续读书。母亲对儿子黄炎培每天何时起床、何时睡觉,每天点多少灯油,都做出了明确的规定,容不得儿子有丝毫懈怠。母

---

① 黄炎培.八十年来:黄炎培自述[M].上海:文汇出版社,2000:20.

亲经常用"少壮不努力,老大徒伤悲"之类的话警示儿子。闲暇之余,母亲会给儿子讲一些故事、戏文等。黄炎培晚年仍能够回忆其母亲给他讲述《珍珠塔》时的情景:母亲一边生动地讲述故事,一边教育和劝勉儿子说:"你看方卿多么苦!儿呀!你将来必须争气。"①黄炎培回忆自己小时候的受教育情况时如是说:"……必须知道,那时没有'小人书'。尽管母亲教我识字、写字,教我学习写信给在外工作的父亲,可是好的少年读物没有。有的是《玉历钞传》一类,画着玉皇大帝、阎罗王,人做了恶事,死后见阎王,受到刀山、火坑的酷刑。我母亲从没有把这类书教我。"②

母亲孟樾清不仅在学业上对儿子黄炎培严格要求,也注意在生活中培养儿子形成良好的品格。母亲经常要求黄炎培勤劳做事、珍惜光阴,她如果发现儿子有怠惰之意,便会对其大加斥责。有一次,黄炎培趁着母亲生病,想要偷懒,被母亲严厉训斥一番:"奎(黄炎培的小名),你看!谁在那里闲荡过日子?公公怎样?婆婆怎样?爹在外边怎样?农民一个个忙得怎样?只有你不读书,怎么对得起人?"黄炎培对这次母亲病中的训斥印象非常深刻,后来黄炎培将"儿懒惰,母生气,儿劳动,母欢喜"③写进了给母亲的诗中,作为自己对后代进行家庭教育的重要内容。

此外,母亲孟樾清待人宽厚、真诚,这也深刻影响了幼年的黄炎培。母亲热情好客,总是用最好的饭菜款待亲友。有一次家中要来客人,年幼的黄炎培被桌上的菜馋坏了,刚想要动筷子,就被母亲拦住了。母亲对他说:"留一下,某人要来吃饭。儿呀!待人好些,自己省俭些。"④黄炎培受其母亲的深刻影响,一生待人友善、真诚。黄炎培在五十二岁的时候写下《母训一则——待人好些,自己省俭些》赠予并教育自己的后代。

母亲宽厚、无微不至地关爱给了黄炎培无尽的温暖,虽然母亲仅仅陪伴了黄炎培十三个春秋,但黄炎培对母亲的感情却非常深厚,常常令他怀念。

---

① 黄炎培.八十年来:黄炎培自述[M].上海:文汇出版社,2000:24.

② 黄炎培.八十年来[M].北京:文史资料出版社,1982:9.

③ 黄炎培.八十年来:黄炎培自述[M].上海:文汇出版社,2000:20–21.

④ 黄炎培.八十年来[M].北京:文史资料出版社,1982:13.

1951年,七十四岁高龄的黄炎培在梦中遇到了母亲,醒来后他动情地写下了短诗《梦里的母亲》回忆母亲:

　　童年失母,无夜不梦,渐长、渐老、渐稀。昨夜七十四龄的儿子,忽然投到他诀别了六十一年的母亲怀里来了。①

1957年,黄炎培观看戏剧《珍珠塔》时,不仅触景生情,他想起儿时母亲对自己的殷切教导,不禁潸然泪下,提笔写下一首诗:

　　余兴逢场听管结,珍珠塔影隐华筵。
　　人情冷暖儿时识,母训回头七十年。②

黄炎培晚年写下了大量的诗歌怀念他的母亲,如:

　　鲜红的太阳,照耀着高楼的纱窗。
　　娘呀! 你怎么一点没有老?
　　您还是这样梳妆,这套衣裳,
　　娘呀! 怎么好久不见您了呢?
　　今年面对面地坐在您膝上。
　　我,永远是您的儿,您,永远是我的娘,
　　太阳永远是人间的太阳。③

　　从上述黄炎培回忆和纪念其母亲的诗句中,我们可以深切地体会到"母训"对黄炎培的重要影响,使他在小时候便明白了很多人生道理,让黄炎培时刻铭记,这对黄炎培以后对子女的家庭教育也产生了诸多影响。

---

① 黄炎培.八十年来:黄炎培自述[M].上海:文汇出版社,2000:20-21.
② 黄炎培.八十年来:黄炎培自述[M].上海:文汇出版社,2000:24.
③ 黄炎培.八十年来:黄炎培自述[M].上海:文汇出版社,2000:21.

后来,黄炎培稍微长大后,开始由其两位叔叔教授黄炎培读"四书"。从九岁那年开始,黄炎培便常常住在川沙东乡外祖父孟荫余的家中,并在那里的家塾读书。在孟家的"东野草堂",黄炎培从九岁一直到十九岁,在那里整整读了十年书,为他日后成材提供了良好的成长环境。

黄炎培在《八十年来》回忆了自己接受传统教育的情况:

> 在不太长的时间里,读完了五经:《易》、《书》、《诗》、《春秋左传》、《礼记》。自我发见一种特殊情况,每天老师授一课,明晨能背诵了,授第二课。我呢,每课约略能读一百行,当天不须读满十遍,明天清晨,老师前背诵,保证一字不差。但当天不能背诵,即使多读几遍,尽多也不能。明晨背诵过后,从此再不能全文背诵了。最近我把这种情况向卫生部傅连暲副部长请教,承他详尽分析地指教我,主要是说:"生理学上把一个兴奋掩盖了另一个兴奋,称为'外抑制',或'负诱导'。清晨脑子里没有这许多打扰,所以容易想清楚"。的确,凡是想不出的名词或答案,在清早容易想出。这当然就是《孟子》所说"平旦清明之气"了。只是二千五百年以前的人,不会用科学方法来分析是了。
>
> 读完了五经,——四书五经是正式上课的,读完以后,广览群书。因我读书多,在第二次被控革命党时,清朝官吏认为读这些书,决不是革命党,获释。——学会做八股文,就去上海应县考,去松江应府考。从此又使我受到了不少刺激。[①]

1933年,黄炎培游经西湖汪惕予宅,看到眼前的情景宛如当年的东野草堂,睹物思情,便当场赋诗一首表达对幼年接受教育的感怀:

> 儿时景物老难忘,一曲明湖百亩桑。
>
> 少长田园知疾苦,家传诗酒戒疏狂。
>
> 荫人大木环村绿,坐我名花静昼香。

---

① 黄炎培.八十年来[M].北京:文史资料出版社,1982:22–23.

此地汪纶临水筑,当年东野读书堂。①

后来,黄炎培十三岁的时候,他的母亲去世,十七岁的时候父亲也不幸病故,留下黄炎培和两个年幼的妹妹需要人照顾,生活一度陷入窘境。父母去世后,黄氏的姻亲沈、孟两家承担起了对黄炎培兄妹三人的抚养与教育。黄炎培出生于川沙城厢镇沈家宅院"内史第"。内史第的主人名叫沈树镛,号韵初,乃清代咸丰年间举人,博学多才,曾官至内阁中书,故其家宅名为"内史第"。沈树镛是一位著名的金石收藏家和考订专家,沈树镛之子沈毓庆娶了黄炎培的姑父之女黄典谟为妻,沈树镛又是黄炎培的父亲黄燡林的学生,出于这种关系,沈树镛对黄炎培称得上关怀备至。可以说,黄炎培的成材与姑父沈肖韵的教导是密不可分的。黄炎培回忆少时经历如是说:"只有一个人从小看中我,培育我,喜爱我,就是我的姑父。"②

黄炎培的外祖父孟荫余对这个孤苦的外孙子也疼爱有加,对他关怀备至。黄炎培与孟荫余之间结下了深厚的祖孙情谊,为此,黄炎培始终称其为"祖父",而不称呼"外祖父"。黄炎培在东野草堂的十年间(1887—1896),他不仅在此学到了诗书礼仪和儒家经典,而且也朦胧受到了来自外祖父孟荫余的家国情怀和爱国主义教育,了解到当时国家所面临的危难。黄炎培回忆说:"一次是孟荫余祖父抱我看壁上张贴着'谅山战役'泥板画,中国兵向法国兵开火,满纸是烟焰。"③孟荫余作为一介书生,面对祖国的大好河山遭到列强侵略、变得满目疮痍,不禁长吁短叹、愁眉苦脸,这一切都深深烙在了外孙黄炎培的心中,对黄炎培的爱国主义意识的养成起到了一定的影响。

孟荫余具有很高的文化水平和学识,但他一生却不应考、不捐官。孟荫余的父亲被清朝地方官吏勒捐巨款,因其无力缴纳而投水而死,死前留下遗嘱令孟姓子孙"勿做清朝官,勿应清朝试"④。成年后的黄炎培知晓事情的始

---

① 黄炎培.八十年来:黄炎培自述[M].上海:文汇出版社,2000:32.
② 黄炎培.八十年来:黄炎培自述[M].上海:文汇出版社,2000:44.
③ 黄炎培.八十年来:黄炎培自述[M].上海:文汇出版社,2000:22-23.
④ 黄炎培.八十年来:黄炎培自述[M].上海:文汇出版社,2000:44-45.

末原委后,对于自己的应考,一直心怀愧疚。黄炎培一生不愿做官,不愿意为腐败的清政府服务,其中肯定不免有孟家对他的影响。在黄炎培的努力下,他二十一岁时就以松江府第一名的好成绩考取了秀才,二十四岁时又顺利考中举人,这在很大程度上得益于他在沈家书斋的学习和教育。

沈家不仅提供给黄炎培大量的传统文化和儒家经典方面的知识,还有各种新学思想。黄炎培的姑父沈肖韵曾是吴大澂的幕僚,甲午战争时随军出征,后来常年奔波在外,可谓见多识广,当维新思潮在中国广泛传播时,他便想方设法将新学知识传授给黄炎培,黄炎培回忆说:"他(沈肖韵)还随时购新书给我读,第一部清楚地记得是赫胥黎的《天演论》。"①黄炎培在19世纪末20世纪初过着无聊的塾师生活,他教书的地方尚看不到报纸,他对外界的一切认知全靠姑父定期寄来的书信,黄炎培整天对外面精彩的世界充满了憧憬。据黄炎培回忆说:

> ……我正在无聊地过塾师生活,沈肖韵姑父和我时时通信,义和团给洋兵打败呀！英、俄、德、法、日、美、意、奥八国联军占领北京呀！清帝、皇太后出奔呀！我当塾师的所在地是没得报纸可以看的。一天,忽然川沙专人送来一封信,又是沈肖韵姑父的信。信大意:上海南洋公学登报招考了。你快回来,去上海应考。如果考取,你的全家生活费,我已约定三个亲戚资助你(他自己和我的舅父孟侣鸥、表伯奚子欣)。不要当塾师了,去当学生吧！……②

一天,姑父给黄炎培寄来了一封信,信中告诉他上海南洋公学登报招考的消息,催促黄炎培前去应考,并且联系了三个亲戚资助他的生活费。黄炎培闻听大喜,随即辞去塾师的工作,立即奔赴上海。由于黄炎培在沈家接触了不少新书,得以顺利成为南洋公学特班学生。在南洋公学,黄炎培在新学的影响下,逐渐抛弃旧文化,学习并接受了新文化,并结识了蔡元培等教育

① 黄炎培.八十年来:黄炎培自述[M].上海:文汇出版社,2000:44-45.
② 黄炎培.八十年来[M].北京:文史资料出版社,1982:34.

家和社会各界的领军人物,成为其一生的重要转折点。而这一切得益于沈家丰厚的藏书资源,以及外祖父孟荫余和姑父沈肖韵对他的大力支持。

二、黄炎培的家庭教育生活

黄炎培对于家庭有自己理想的看法。黄炎培于1909年2月在《教育杂志》上发表了《理想的家庭》一文,主张要改良家庭,给家庭成员特别是子女创造一个良好的家庭生活环境,以利于子女更加健康地成长。黄炎培指出,理想的家庭具有如下四个特征:

第一,家庭要有浓厚的文化氛围。"有歌声、琴声、书声、无诟谇、喧笑声、博具声……四壁非英雄像,即历史图,非关于道德切于卫生之格言,即教育游戏具与练身具。"

第二,家庭要有文明的家风。"男子必毕业中学,女子必毕业小学。男子即成年,莫不执一业;女子非育子女、非主家事、非老,亦莫不执一业。丧葬婚假,概除繁文,新礼式可采者,采之。未尝为子女储婚嫁钱,嫁弗用妆奁,婚费有婚男自备之。僧人道士,三姑六婆,禁勿使入门。岁时不废祭事,而不用纸锭纸钱。"

第三,家庭要建立生活习惯。"起卧食息,必有定时。子女洒扫有定职,常日以外,必定时为大扫除。必设男女厕所,必设浴室。衣服朴雅而整洁,即有陈旧,无绽裂,即勿置华服,必备礼服。出门非有急事,非远道,非携重物,勿乘车。食品不必非必洁。"

第四,日常生活要有计划。"量入以为用,一年之终,预算明年度之出入。一年之始,决算昔年度之出入。苟四分其所出,则衣食住占其一,教育占其一,卫生与游历占其一,而储备金占其一。"

黄炎培非常推崇沈家给他提供的良好的家庭环境。他在沈家不仅读到了《尔雅》《十三经》《宋儒学案》《明儒学案》等儒家经典,还接触到了沈家珍藏的金石珍品和各类藏书。黄炎培回忆说:"他家藏书最多,我一进城,经常在他书斋里泛览群书……我吸收的一些旧文化,和他家是分不开的了。"[①]

---

① 黄炎培.八十年来:黄炎培自述[M].上海:文汇出版社,2000:45.

黄炎培的家庭教育实践即是在他"理想的家庭"的思想指导下进行的,在黄炎培的精心教育和经营下,家庭教育取得了良好的效果。

（一）引导子女们做好职业选择

自1905年我国科举制度被废除之后,一方面,传统社会"读书—考试—做官"的模式被彻底摧毁,家庭对子女教育的重点和期望也随之发生彻底变化。另一方面,随着我国民族资本主义工商业的发展,教育结构与生产力发展需要之间的矛盾日益尖锐,旧教育脱离实际、脱离生活、专重文字的传统,与我国社会发展愈来愈格格不入,难以适应社会发展的需要。培养子女具有一技之长越来越为人们所重视,因此,职业选择愈来愈受到人们的重视,愈来愈多的家庭开始为自己子女的未来职业选择做规划。

黄炎培一生很长时间都在从事和研究职业教育,他主张通过职业教育实现"使无业者有业,使有业者乐业"[1]的目标。黄炎培在他的三个儿女在中学读书期间,系统总结了他教育子女的经验和体会,专门写了《怎样教我中学时期的儿女》,介绍了他如何培养教育中学时期子女的经验和看法。黄炎培指出中学是一个人人生发展的关键节点:"中学正在交叉路口,欲东便东,欲西便西,出入很大。"[2]黄炎培认为"初中三个学年的使命,就在让别人认定他的,或自己认清自己的天性和天才,来决定一生修学就业的大方针"[3]。黄炎培强调父母要对中学这个关键阶段特别注意,应特别注重对此阶段的子女进行教育和引导,认为这关乎孩子一生的发展。所以黄炎培强调指出要对中学生进行职业规划和教育引导,要"先确定服务方针,将来做什么,现在学什么"[4]。作为家长,应当指导子女认识自己的天性,进而决定修业就学的大方针,同时父母应指导子女根据自身的特点发展自己的兴趣爱好,为将来就业打好基础。黄炎培认为,对于子女的职业规划不必等到大学分科之后再去考虑,而应当在中学时期就做出统筹规划和系统思考,帮助子女发现自

---

① 黄炎培.职业教育论[M].北京:商务印书馆,2019:78.

② 黄炎培.空江集[M].上海:上海生活书店,1937:159-160.

③ 黄炎培.空江集[M].上海:上海生活书店,1937:159-160.

④ 黄炎培.空江集[M].上海:上海生活书店,1937:159-160.

己的潜能和优势,科学做好职业规划。

　　黄炎培以自己指导儿子的职业规划为例,指出父母应当在子女尚在孩童时期就努力观察并发现孩子的兴趣、爱好和特长,并对孩子给予积极的引导,黄炎培说:"(我)有一个儿子,少年最喜欢读子书、佛经,便指导他研究哲学。还有一个在孩童时期喜欢玩积木,指导他研究工科。"①黄炎培的儿子黄大能回忆父亲对他的教育时说:

　　　　我的中学生时代,正是父亲提倡职业教育的全盛时期。他把我从美国教会办的贵族化的上海沪江大学附中转移到他所创办的平民化的中华职业学校来。这个学校以"敬业乐群"为校训,以"双手万能"为校徽。提倡手脑并用,注重实践,并有严格的校规。男学生剃光头,穿蓝色工服,接受着中等专业技术训练。父亲多次告诫我:要在社会上成为一个真正有用之才,必须从中等学校就开始接受专业训练。以后,即使你没有机会接受高等教育,也可以在工作岗位上发挥你的专长。②

　　黄炎培的三儿子黄万里幼年时非常调皮顽劣。由于家里孩子多,母亲经常照管不过来,于是就把黄万里送到了寄宿学校。黄万里晚年在《自述》中回忆说:"(我)十岁以前极其顽皮,为母亲所厌恶,长期寄宿于学校,寒暑假则托给至亲代管。"③作为教育家和父亲的黄炎培深信,只要对孩子给予适当的教育和引导,这个淘气的儿子必定能取得一番成就,他常常对黄万里说:"你总要闹出个名堂才好。"④父亲的鼓励和期望给了黄万里极大的鼓舞和动力,经过父亲的引导和黄万里自己的努力,黄万里十岁之后成绩有了突飞猛进的提升。时任浦东中学附属小学校长王则行、班主任王燮钧也逐步发现了黄万里的优点和特别之处,认为他聪明、勤奋,且记忆力超群,因此他

---

① 黄炎培.空江集[M].上海:上海生活书店,1937:159–160.
② 黄炎培.八十年来[M].北京:文史资料出版社,1982:155–156.
③ 赵诚.长河孤旅:黄万里九十年人生沧桑[M].武汉:长江文艺出版社,2004:12.
④ 赵诚.长河孤旅:黄万里九十年人生沧桑[M].武汉:长江文艺出版社,2004:13.

们十分注重培养黄万里,并指导他背诵古文、学习撰写旧体诗,并在黄炎培面前夸奖"此子可造也"。为了帮助儿子更好地成长和发展,黄炎培特意请来了沪江大学的刘湛恩对黄万里的专业倾向进行了考察。刘湛恩是民国著名的教育家,曾发表著名的文章《从孩子在学习中最后兴趣的科目考查其日后应长期从事的专业》,对于指导学生的职业规划有独到的见解。刘湛恩通过考查和判断,认为黄万里更适合学习文学。然而,黄炎培经过深思熟虑,认为当时我国国家贫弱、百废待兴,国家更需要建设性的人才,最终决定让儿子学习工科。于是,在父亲的引导和影响下,黄万里后来考入了唐山交通大学学习桥梁工程,后来又考取了公费赴美留学,之后转而学习水利工程并取得了优异的成绩,回国后为国家的建设做出了巨大的贡献。

黄炎培除了为孩子的专业选择和规划做出指导外,他作为一名教育家,其本身的职业对其子女也产生了潜移默化的影响。黄炎培的人生观念信奉"吾生为一大事而来",他认为自己一生的大事就是为祖国的教育事业而来的,因此他一生致力于教育救国、教育兴国,先后创办了川沙小学、浦东中学,后来又开创了中国的职业教育,参与筹建了暨南大学、同济大学,一生为党和国家的教育事业呕心沥血,做出了不可磨灭的贡献。黄炎培说道:"苟实践其言,虽死,何悲! 然苟并此而不能,虽生,何贵!"[1]在黄炎培的影响下,他的几个子女相继投入到教育事业当中。

黄炎培的长子黄方刚,曾就读于清华大学文学院,后获得美国哈佛大学哲学博士学位,归国后担任东北大学文学院院长,九一八事变后离开东北,先后在北京大学、四川大学、金陵大学、武汉大学任教。黄炎培为其所题写的墓志铭为"著书讲学,到死方休"[2],对儿子一生献身教育给予了高度评价。

三子黄万里,在获得美国康奈尔大学的硕士学位后,后进入美国伊利诺伊大学香槟分校学习工程学,成为该校第一位获得工程学博士的中国人。黄万里归国时,正逢我国抗战最为艰难的时期,他先后参与了鸿化堰的修复工程,金沙江、闽江、嘉陵江的勘测工程,以及三台水利工程等。新中国成立

---

① 朱鸿伯,杨正德.黄炎培在浦东[M].北京:红旗出版社,1995:172.

② 黄炎培.黄炎培日记(第8卷)[M].北京:华文出版社,2008:264.

后回到了母校唐山大学任教,后与妻子丁玉隽一起进入清华大学任教。

四子黄大能,曾就读于黄炎培创办的中华职业学校土木工程系,后来考入复旦大学,毕业后由教育部公派到英国,学习水利水电工程和水泥生产使用,曾担任中国留英工程师学会会长。新中国成立后投身于教育事业,先后担任大连大学工学院土木系副教授,建筑材料工业局中国建材科学研究学院室主任、副院长、副总工程师,兼任武汉建材学院、上海建材学院、浙江大学教授等。

五子黄必信,曾任大连工学院讲师、普通电工教研室主任。

三女黄学潮,曾任空军蓝天幼儿园副园长、致公党北京市委妇女委员会主任。

四女黄素回,曾在内蒙古医学院工作。

六子黄方毅,获得美国杜克大学硕士,曾任北京大学教授。后来长期供职于中国社会科学院、北京大学等从事经济研究,并担任美国霍普金斯大学高级国际研究院、哥伦比亚大学客座教授。

可以说,黄炎培的子女们如此热心并投身于教育事业,在很大程度上受到了黄炎培的影响和教育引导。

(二)注重爱国主义教育和高尚人格培养

近代中国战乱不断,民族灾难深重,国将不国。深受儒家传统文化教育的黄炎培面对国家这种严峻的社会现实,有着强烈的救国图存的责任感和使命感。黄炎培的一生有近七十年的时间生活在国家积贫积弱、战火纷飞的年代,他满怀爱国主义情怀,坚持"一份精神全为国,一寸光阴全为民"的人生信仰,为国家和民族奉献出了自己全部的心血和精力。黄炎培强烈的责任感促使他在青年时期为了挽救国家危亡而敢于发表反对清政府的言论,虽然后来流亡日本,但黄炎培救亡图存的爱国主义精神始终未变。

黄炎培的这种爱国主义精神始终贯穿于他的家庭教育中。在父亲黄炎培的教育和熏陶下,他的几个子女也从小在心底埋下了爱国的种子。多年之后,黄炎培的子女们在追忆父亲的一生时,曾这样评价父亲:"……实即这样八个大字:反帝、爱国、振兴中华。"①

1932年,一·二八事变爆发,日本侵略者的炮火在上海狂轰滥炸,国民党将领十九路军蔡廷锴、蒋光鼐两位将军率领部队进行了顽强的抗击。为了支持抗日前线的抗战工作,黄炎培亲自带领全家老小,不分昼夜地为十九路军将士们赶制过冬的丝绵背心,就连家里十来岁的孩子也未曾闲着。这次对抗战的亲身经历和投入,给黄炎培的孩子们上了一节生动的爱国主义教育课。

父亲的爱国热情深深感染了儿子黄大能。此时的黄大能正在中华职业学校就读,他和同学们积极投身于爱国运动,积极进行爱国主义宣传,整日忙于粘贴墙报、编演话剧、街头募捐,常常忙到深夜才能回家。

据黄大能回忆,在1935年一二·九学生运动时,黄大能参加了上海复旦大学生组成的赴京请愿团,准备赴南京要求蒋介石国民政府政权出兵抗日,学生队伍冲破军警层层阻拦,但被军警阻挠而僵持在北火车站。当晚黄炎培夫妇冒着生命危险赶到车站前来慰问,他鼓励儿子和学生们继续有策略地进行爱国主义斗争。在朦胧月色的站台上,黄炎培语重心长地教育儿子黄大能说:"胆要大而心要细,要勇敢而有策略。"②

黄大能回忆说:"吾父平时家教极严,子女晚归常遭训斥,而这一时期一反常规,竟然慰勉有加。"③可以看出黄炎培对儿子抗日救亡的爱国主义壮举是大力支持的。黄大能回忆说:"从一九三一年'九·一八'日帝入侵我东北,一九三二年'一·二八'上海淞沪十九路军抗日战争到一九三七年'七·七'事变后的'八·一三'上海抗日战争爆发,正是我十五岁到二十一岁在沪高中到大学的青年时代。两次战火都在我身边燃烧。而吾父对我的身教言传,给我深深地灌输了抗日救亡的爱国主义思想。"④

淞沪会战爆发一个月以后,黄炎培的长孙出生,儿媳请爷爷为孩子取

---

① 朱鸿伯,杨正德.黄炎培在浦东[M].北京:红旗出版社,1995:172.

② 黄炎培.八十年来:黄炎培自述[M].上海:文汇出版社,2000:221–222.

③ 黄炎培.八十年来:黄炎培自述[M].上海:文汇出版社,2000:221–222.

④ 黄炎培.八十年来[M].北京:文史资料出版社,1982:161.

名。当时正值十九路军在前线取得抗战胜利,黄炎培高唱:"留取精忠好模范,嘉名十九锡出生",当即为长孙取名为"黄十九"。这既是为了纪念十九路军在前线杀敌的光辉事迹,更深刻表达了爷爷黄炎培对长孙的殷切期许,盼望孙儿日后长大能够成为像十九路军一般的血性男儿、民族英雄,为祖国的发展做出自己的贡献。

　　黄炎培为他的几个孩子都写了座右铭,以此教育、勉励、警示孩子们不断前行。其中最令人称颂的是他写给第五个儿子黄大能的《给儿子的座右铭》,可谓较为具体地阐述了黄炎培的家庭教育理念:

　　　　理必求真,事必求是。言必求信,行必踏实。
　　　　事闲勿荒,事繁勿慌。有言必信,无欲则刚。
　　　　和若春风,肃若秋霜。取象于钱,外圆内方。①

　　其中,座右铭中的前十六字是黄炎培早年就已经拟好的,并终生为之努力践行。后三十二字是在1943年黄大能即将赴英国留学,为送别儿子所写的。

　　此处的前十六个字表达了黄炎培坚持真理,实事求是,言而有信,踏实办事的做人准则,这既是黄炎培做人的准则,也是黄炎培教育和要求自己的子女必须做到的。黄炎培的第六个儿子出生后,他便为儿子取名为"黄必信",寓意做人做事要言而有信。黄炎培为第四个儿子取名为黄万里,寓意为鹏程万里、直冲云霄。后来事实证明黄万里一生不畏强权、一生直谏,生动清楚地诠释了父亲赠予的这十六个字。中间的十六个字则是黄炎培对儿女们日常生活和学习的要求。黄炎培要求子女们在闲暇之时要珍惜每一寸光阴,切勿懒散度日,以致荒废学业。事情忙碌之时也要保持冷静和理智,要合理安排事务,尽量把事情做到最好。另外教育子女还要重视承诺,言而有信,做到无欲无求,刚正不阿。而最后十六个字是黄炎培教给子女们的处世之道和待人之法。他教育子女们对待同志和朋友要像春风般温婉谦和,而对待坏人坏事要像秋霜一般凌厉。做人要像古铜钱一样,做到"内方外

_____
① 黄炎培.八十年来:黄炎培自述[M].上海:文汇出版社,2000:230.

圆","内方"意即对待原则性的问题必须做到严肃、刚直,不能有丝毫妥协让步;"外圆"意即要养成谦虚谨慎的良好作风,而不要骄傲自大。据黄炎培的儿子黄大能回忆说:

> 这副父亲送给我的座右铭,我从1939年重庆北碚复旦大学毕业,到历时三年的川、滇、黔跋涉,再到留学英国,直至1946年回到上海,我竟带了它在地球上绕了一圈,今天还挂在我的书房里,始终都没离开过我。可以说,我的大半人生都是在这个座右铭的监督下度过的。①

黄大能动情地说:"吾父教育了我做一个正直的人,勤恳的人。"②

在黄炎培的教育和影响下,黄炎培的几个有国外留学经历的子女,虽然都取得了优异的成绩,但最终都无一例外地选择了回到祖国怀抱、报效国家。特别是黄炎培的长子黄方刚虽然已经有了美国的妻子,但他们都毅然放弃了国外优越的生活条件,选择了集体性回国,并为国家做出了自己应有的贡献,这不能不说是受到黄炎培家庭教育影响的结果。

(三)注重"身教"

黄炎培从小受到母亲的教育,受益良多。黄炎培受其母亲的教育和影响,也非常注重在家庭中对子女们进行言传身教。黄炎培认为:"做父母的(应)十分检束自己的行为,凡不许儿女做的,父母不做,且禁止家庭中任何人做,具体的如赌博,如吸纸烟——乃至亲友到我家中,恕不敬烟——苟为权力所及,总不能让这些在我家庭里发见出来。"③

在黄炎培家里的旧宅常年挂着这样一副对联,时时警醒子女和家人:

> 毋忘孤苦出身,看诸儿绕膝相依,已较我少年有福。

---

① 俞月亭.华堂映日——黄炎培、黄万里父子纪事[J].炎黄纵横,2006(2).

② 黄炎培.八十年来[M].北京:文史资料出版社,1982:168.

③ 黄炎培.空江集[M].上海:上海生活书店,1937:163.

第三章　民国教育家群体的家庭教育生活

切莫奢华过甚,听到处向隅而泣,试问你独乐何心。①

黄炎培要求自己和子女要做到戒奢从简,这成为黄炎培的家风得以世代传承。黄炎培少年时期便不幸失去双亲,稚嫩的肩膀除了养活自己还需要照顾两个年幼的妹妹,艰辛的生活使得黄炎培从小养成了勤俭节约的良好生活作风,也使他更加牢记母亲"待人好些,自己省俭些"的谆谆教导。作为父亲的黄炎培,坚持以身作则,为他的孩子们树立了一个勤俭节约的好榜样。

黄炎培长期奉行素食主义,也很少为自己置办新衣服,即使后来他跻身社会名流仍坚持不置买汽车。据他的儿子黄万里回忆说:"父亲早年上班总是步行。甚至回川沙老家,坐了小船后还要走一大段路才到故居。抗战前在上海的最后几年,老友穆藕实在看不过去,送给他一部坐旧了的汽车,父亲才算有车坐了。"②直至后来黄炎培出任中华人民共和国副总理兼任轻工业部部长时,他仍然住在一座破旧的四合院中,家中仅有一个旧式书架用来摆放物品,另有一张大木书桌用来办公,此外还有几张大木床。黄炎培在《家箴》中写道:"勤于职务,则事业蒸蒸日上,俭于用度,则出入绪绪有余。"黄炎培要求子女要节约每一滴水、每一度电,甚至每一个信封和每一张草纸。

或许是受到黄炎培的影响,妻子王纠思的生活更为勤俭,她在多年之后还穿着结婚时的衣物。在黄炎培的家里,弟弟穿哥哥的衣服、吃粗茶淡饭是生活的常态,有时候几个孩子只能分吃一个苹果。遇到家里经济困难之时,家里难以购买到新鲜蔬菜,只能每日以豆芽下饭,家里常常是"上顿豆芽,下顿豆芽,天天豆芽,日日豆芽"。黄炎培年长一些的子女后来到晚年回忆时,对这一段时间的清苦生活仍然记忆犹新:"在中学时代,身边有一整个的银元,便快活得了不得。"③黄炎培小时候,有时实在忍不住了,兄妹几个偶尔会

---

① 朱鸿伯、杨正德.黄炎培在浦东[M].北京:红旗出版社,1995:171.

② 赵诚.长河孤旅:黄万里九十年人生沧桑[M].武汉:长江文艺出版社,2004:12.

③ 黄炎培.空江集[M].上海:上海生活书店,1937:161.

偷偷地出去打个牙祭,如果被母亲发现了免不了要遭受一番严厉的训斥。

黄炎培还教育子女,在任何时候、任何场合都不能说谎。为了教育好子女,黄炎培主张做父母的要"十分检束自己的行为,凡不许儿女做的,父母不做,并禁止家庭任何人做"。黄炎培认为,父母和家庭成员都要以身作则,这样不仅能对子女产生良好的影响,而且也可以对儿女予以鼓励,有利于形成密切的父母子女关系。他希望父母既成为子女的"严师",又能成为子女亲密的"朋友"。

此外,黄炎培还用自身的行动教育孩子们要"做人民的官",为社会主义国家和人民服务。据黄大能回忆说:"我们做子女的,从小都有一个深刻印象:父亲一向拒绝做官。然而1949年中华人民共和国成立了,我在大连工作时,从报上竟然看到吾父出任中央人民政府政务院副总理兼轻工业部部长的职务,异常纳闷。"1950年,黄大能到北京公干,一见到父亲就问他:"一生拒不做官,怎地年过七十而做起官来了?"黄炎培详细地告诉儿子,周恩来向他动员的经过,最后严肃地对儿子说:"以往坚拒做官是不愿入污泥,今天是中国共产党领导下的人民政府,我做的是人民的官啊!"①黄大能自幼多次听说,民国初年,袁世凯和以后的北洋政府曾两次电招黄炎培去北京担任教育总长,黄炎培都坚辞不就。后来张謇告诉黄炎培,袁世凯曾无可奈何地说:"江苏人最不好搞,就是八个字:与官不做,遇事生风。"②这八个字也完全适用于黄炎培对待蒋介石的态度上。1927年蒋介石一登台,先是通缉黄炎培,称其为"学阀",逼得黄炎培又一次外出流亡。年后黄炎培悄悄回来,卖文为生,闭门读书三年。然而以后蒋介石对黄炎培的态度忽变,改迫害为拉拢,或封官许愿,许以特权,或提携后代,予以优待,前后有过多次,但都被黄炎培一一拒绝。

1946年7月,李公朴、闻一多遇害后,国内形势一度非常紧张。蒋介石威胁利诱,一再通过他人企图拉拢黄炎培"下海"参加伪国大,脱离民盟。黄炎培坚决表示:"(1)不能同意于不统一、不团结之下通过宪法,此是不通之路;

---

① 江明武.周恩来生平全纪录 1898–1976[M].北京:中央文献出版社,200:469.

② 黄炎培.八十年来[M].北京:文史资料出版社,1982:71.

(2)我不能与人共走不通之路;(3)欲我脱离民盟,不能自毁人格。"①为了表明心迹,曾在上海赴南京请愿代表聚会上出示题为《吾心》的近作一首:

> 老叩吾心矩或违,十年回首只无衣。
>
> 立身不管人推挽,铄口宁愁众是非。
>
> 渊静被驱鱼忍逝,巢空犹恋燕知归。
>
> 谁仁谁暴终须问,那许西山托采薇。②

随着1947年国共和谈全面破裂,蒋介石宣布民盟为非法团体,在全国范围内大肆逮捕民盟会员。11月初,黄炎培在沪奉民盟中央之派与叶笃义同志到南京交涉。当时,黄大能在南京资源委员会工作,盟务活动已转入地下。黄炎培住在儿子黄大能家,父子二人彻夜谈心。翌日父子同游玄武湖。黄炎培即日写下一首诗,明确表明了他当时的心情:

> 黄花心事有谁知,傲尽风霜两鬓丝。
>
> 争美湖园秋色好,万千凉叶正辞枝。
>
> 红黄设色补寒苔,点缀秋光枉费才。
>
> 毕竟冰霜谁耐得,青松园角后凋材。
>
> 那有秋纨怨弃遗,金风尽尔鼓寒漪。
>
> 谁从草际怜生意,百万虫儿绝命时。③

黄炎培宁愿冒着生命危险,也不愿意与袁世凯、蒋介石等人同流合污,坚决辞官不做,但年过七旬,却在周恩来的动员下加入了中国共产党领导下的人民政府,他用自身高尚的人格情操为子女们树立了良好的榜样。在父

---

① 黄炎培.八十年来[M].北京:文史资料出版社,1982:111.

② 黄炎培.八十年来[M].北京:文史资料出版社,1982:110.

③ 黄大能.傲尽风霜两鬓丝——我的八十年[M].北京:中国建材工业出版社,2003:157.

亲黄炎培的影响下,其子黄竞武、黄大能都加入了民盟,不幸的是黄竞武在上海解放前夕被蒋介石逮捕,惨遭杀害。

黄炎培在《八十年来》中说:"我常想:做人必须自己立定脚跟,切不可依墙傍壁,人家说好,就是好,说坏,就是坏。且必须服从真理,也许好之中有坏,坏之中有好,不宜有成见,必须真真切切地查明它的实在。可是,不要单听人家怎样说,还得看人家怎样做。"①从中可以看出黄炎培在家庭教育中对"身教"的重视。

(四)慈严相济

我国作为延续数千年的父系社会,父亲在家庭中享有绝对权威。《仪礼》云:"父者,子之天也",许慎《说文解字》又曰:"父,矩也。家长率教者,从又举杖"。在中国"三纲五常"的伦理道德观念中,儿子必须以父亲为纲,无条件顺从父亲,父亲对于孩子的打骂和责罚都是顺理成章、合情合理的,父亲在家庭中即使不使用体罚的手段,但依然能达到不怒自威的效果。正如黄炎培所说:"我用扑责时较少,但他们对我多畏惧。"②

黄炎培坚持认为,在家庭教育中树立父亲的威严和对子女进行合理的责罚是非常有必要的,这对于年幼的孩子是一种天然的约束力,黄炎培说:"我以为从幼年到青年,至少在某时期、某场合,实需要这多少有所畏惧的心理,使精神上有所约束,影响到他们行为上,使有所不敢为。"③

相对于黄炎培的"身教"来说,妻子王纠思更善于用"言传"来教育孩子,她平日对子女的言语督促相对更多一些,黄炎培回忆说:"他们的母亲,对于整洁,对于节俭,每次归家,不断的训话,积极的勉励,消极的责罚,旁边听惯了,旁人听惯了,真所谓'耳熟能详'。"④相对于黄炎培作为父亲的严厉,母亲则在家庭教育中表现得更为温和亲近。迫于生计的压力,父亲黄炎培常常需要外出奔波劳作,养家糊口,与孩子接触的机会较少。而母亲则有更多的

---

① 黄炎培.八十年来[M].北京:文史资料出版社,1982:150.

② 黄炎培.空江集[M].上海:上海生活书店,1937:162.

③ 黄炎培.空江集[M].上海:上海生活书店,1937:162.

④ 黄炎培.空江集[M].上海:上海生活书店,1937:161.

时间照顾孩子的饮食起居,与孩子们朝夕相处,体贴入微地陪伴孩子,黄炎培的妻子就是这样的一个"慈母"。当黄炎培每次严厉训斥教育孩子时,夫人王纠思往往会保持沉默,不干涉丈夫对儿子的教育。但私下里她其实并不赞同丈夫的严苛教育方式,她经常提醒黄炎培对待孩子要多一些温和和理解,要注意教育孩子的态度和方法。而黄炎培当然也不赞成妻子"只教育,不责罚"的做法。

随着当时西方先进思想的传入,自由、平等的观念越来越被人所认可。作为开明的知识分子家庭,黄炎培的子女开始要求与父亲平等对话,反对"一家之人,听命于家长"的模式。黄炎培的长子黄方刚最早成年,他就曾向父亲提出如果家庭教育中没有"扑责"岂不是更好吗? 黄炎培也努力地适应这种变化,开始采用相对温和的方法教育子女,黄炎培中年以后家庭氛围逐渐变得十分融洽,"吾们很热闹,很快乐,很可爱,家人相处,感情浓厚到了极度。踮稳了脚跟做人,拿很好的心肠待人,大家力争上游,一个个携着手向着共同的大道上走"①。

后来,黄炎培夫妇经过商量讨论,黄炎培逐渐转变了家庭教育的方法和方式,对于家庭教育达成了相对明确的分工。黄炎培对待子女较为严厉,母亲则扮演慈母的角色。

黄炎培后来接受了妻子的建议,遇到事情时不再不论分说地训斥孩子,而是先听孩子的解释,同时也尽量抽出时间与孩子们交流,父亲与孩子们之间的关系也得到了很大的缓和。如黄炎培要求子女要养成写日记的习惯,他说:"大概他们(孩子们)的日记,是我负责检阅的。用款检查,是他们的母亲负责的。"②成年以后,黄炎培和儿子们之间更如亲密的朋友一般。"我和方刚是一个很好的谈谈学问的朋友。那年住大连,三儿万里教我英文,讲文法讲得很清澈。大概他们学成以后,一部分知识上都合做我的先生"③。黄炎培也抽空给孩子们讲《论语》,不仅帮助孩子们学习了中国传统文化,还加深

---

① 黄炎培. 空江集[M]. 上海:上海生活书店,1937:163.

② 黄炎培. 空江集[M]. 上海:上海生活书店,1937:161.

③ 黄炎培. 空江集[M]. 上海:上海生活书店,1937:163.

了父亲与子女之间的感情,"讲毕,在座十几人,从十一岁到三十多岁,十之六七都在中学,问他们听得有兴,愿下星期继续的,举手。全体举手"[①]。

黄炎培注重营造教育的"情境",创造教育子女的机会。有一次,黄炎培故意将一只鸡毛掸子放在他二楼书房的门口,然后将三个儿女一个个叫上来。他先叫最大的女儿,说有事,大女儿到门口只看了那鸡毛掸子一眼,就绕了过去;又叫儿子上楼,儿子就当没看见,从鸡毛掸子上边跳了过去;最后叫小女儿,小女儿虽看到鸡毛掸子,她却一脚把鸡毛掸子踢到一边去了。看到儿女们这种表现,黄炎培很不满意,刚要批评他们。说来也巧,正在这时,黄夫人听黄先生一个个叫孩子们上楼,就想看究竟有什么事,也上楼来。刚到门口,发现门口有一只鸡毛掸子,一弯腰,顺手就把鸡毛掸子捡了起来,放在原处。黄炎培见此情景,心里一乐:夫人来得可真是时候。他不失时机地对儿女们说:"你们一点儿眼力劲儿都没有,太不像话了!明明看到东西乱扔,却都是视而不见,无动于衷。你看你们的母亲,都养成了习惯了,你们要好好想一想。"

这次教育,是黄炎培有意营造和布置了一个教育的"情景",创造了极好的教育机会,也起到了良好的教育效果。事情过去了几十年后,黄炎培的几个子女对这件事情依然记忆犹新。

第四节　鲁迅的家庭教育生活

鲁迅(1881—1936),原名周树人,字豫才,浙江绍兴人,是我国著名的文学家、思想家、教育家、革命家。鲁迅先生出生于没落的封建家庭,小时候在私塾求学。1898年,他求学于江南水师学堂,后来改到江南陆师学堂附设的矿务铁路学堂读书。1902年赴日留学,在日本仙台医学专门学校学习医学。1906年,受国内外形势和先进思想的影响,弃医从文,走上了救国道路。1909年回国,鲁迅在浙江杭州两级师范学堂任教员。1910年,在绍兴府中学

① 黄炎培.空江集[M].上海:上海生活书店,1937:165.

堂任监学,并兼任生物学老师。辛亥革命爆发后,鲁迅任绍兴师范学校校长。1912年中华民国临时政府成立后,受教育总长蔡元培先生的聘请,任教育部部员。同年5月随迁北海,任社会教育司第一科科长,后又任金事。

图4　鲁迅像

　　1918年5月,他第一次以"鲁迅"的笔名,在《新青年》发表了中国现代文学史上第一篇白话小说——《狂人日记》,痛斥吃人的封建制度。五四运动前后,鲁迅参加了《新青年》杂志的编辑工作,与李大钊等共产主义先驱一道,站在反帝反封建的新文化运动前列,成为新文化运动的旗手和领袖。1920年8月至1926年8月,鲁迅先后在北京大学、北京师范大学、北京女子师范大学等校兼任教员,讲授中国小说史等课程,后来因支持学生的爱国运动,受到北洋军阀通缉,被迫南下。1926年9月到厦门大学国文系任教,1927年1月又到广州中山大学任文学系主任兼教务主任。后来,因国民党发动反革命政变,为营救被捕的进步学生,鲁迅愤然辞职。同年10月到上海,先后参加中国自由运动大同盟、中国左翼作家联盟和中国民权保障同盟等进步组织,积极投入到革命文艺运动,用各种方式向广大青年学生进行革命思想教育。1936年,鲁迅先生积劳成疾,病逝于上海。

鲁迅先生对教育非常重视,其中对儿童教育尤为重视。鲁迅对儿童教育的关注,起初起源于他在教育部任职时曾草拟过几个关于童话和艺术教育的草案。此外,鲁迅还为弟弟周作人做过收集童话和童谣的工作。鲁迅的儿童教育和家庭教育思想大多反映和体现在他的许多文学作品中。新文化运动发起之时,鲁迅受到西方进化论的影响,逐渐确立其启蒙主义思想,发表了《我们现在怎样做父亲》(1919年),试图将儿童拯救于封建传统的压迫之下,树立一个新时代崭新的儿童形象。晚年的鲁迅相继写出了《上海儿童》(1933年)、《我们怎样教育儿童的》(1933年)、《从孩子的照相说起》(1934年)等关于儿童的作品。此外,鲁迅还将西方的儿童文学作品引入国内,如《小彼得》译本序(1929年)、《勇敢的约翰》校后记(1929年)、《俄罗斯的童话》小引(1935年)、《坏孩子和别的奇文》前记(1935年)等。其中,鲁迅在1933年所写的《我们怎样教育儿童的》一文中,曾经这样说过:"中国要作家,要'文豪',但也要真正的学究。倘有人作一部历史,将中国历来教育儿童的方法,用书,作一个明确的记录,给人明白我们的古人以至我们,是怎样的被熏陶下来的,则其功德,当不在禹下。"[①]从中可以看出鲁迅对儿童教育的重视。

后来,随着1929年鲁迅的儿子周海婴的出生,鲁迅从理想中的"人之父"正式转变成为现实中的"人之父",儿童教育观中也多出了几分"爱意",后人可以从鲁迅的家信如《致母亲》《致许广平》等书信中,看到鲁迅对儿子海婴无限深沉的爱。可以说,鲁迅对儿童的认识和家庭教育,是建立在他对自己切身的生命体验的基础之上的理解。

一、鲁迅家庭教育的背景

(一)家庭成长环境的影响

鲁迅出身于破落的封建官僚家庭,其祖父周介孚,名福清,字介孚。于1891年考中进士,授翰林院编修,于1874年外放至江西金溪任知县。后来因为顶撞巡抚,被贬为县教谕(学官),后来又进京考取内阁中书。1893年初回

---

① 鲁迅.准风月谈·我们怎样教育儿童的,鲁迅全集(第5卷)[M].北京:人民文学出版社,1981:261-262.

籍,同年秋参加浙江乡试,因亲戚子弟向主考官嘱买关节,事涉投案,被革职,判斩监候,羁押于杭州府,于1901年获释。

周介孚非常重视子孙后代的教育,1899年春他在狱中撰写出《恒训》一文,这是他为周氏家族所撰写的"家训",目的在于教育子孙后代,实现家族兴盛。《恒训》总结了周介孚持家教子的经验和教训,告诫家族后代应该如何修身、处世、做人。内容共分为"历戒昏惰""力戒烟酒""力戒损友""养生法""经验方""家鉴""纵容孩儿(以下败家之鉴)""信妇言""要好看""有良心(以下成家之鉴)""有恒心""有积蓄"十二部分。具体来说,主要包括教育儿孙要读书学习;做人、做事要认真,不要懒惰,所谓"昏者必惰,惰者必昏";不要养成抽烟、喝酒、赌博、嫖娼等恶习,尤其不能吸食鸦片;在与人交往上,要结交益友,不要结交损友,尤其不要与人换帖订盟,认为"结会聚党,必构大狱";要注意养生,做好身体保健,出门旅行要做好自我保护和保健;要借鉴周氏家族荣辱兴衰的经验教训,为避免败家,要求后人一定要好好教育好子女,千万不要娇惯溺爱;生活上要做到节俭,不要贪图虚荣、追求奢侈、赶时髦;为使家族兴旺发达,要做好人,要好好做人,要有良心,"良心一失,虽大富贵,立见消亡";不要结交骄淫刻薄之友,要孝悌诚实;做事要有恒心,掌握自立的本领,"学一事业,到处可吃饭安身,家亦可保";事业有成时,切记不要自大自恃,要继续努力进取;要有积蓄,但有钱不能乱花乱用;家业既成,要赡养前后、赈济穷人,办义学,修路造桥,多做善事;不要施僧尼、修寺院、造花园、购买古玩书画等。可以看出,《恒训》涉及家庭教育的方方面面,对周氏家庭教育起到了重要的引领和指导作用。

鲁迅的童年是在一个宽裕富足的封建末期官僚家庭度过的,从鲁迅作品《朝花夕拾》中回忆其童年的故事和杂文中可以看出,鲁迅的童年是无忧无虑、多姿多彩的。在《社戏》中,鲁迅生动描绘了和母亲一起去鲁镇看望外祖母,所发生的各种有趣的故事,如在野外看戏时,光着脚丫挖蚯蚓、用挖到的蚯蚓在河岸上钓小虾,看戏烦腻了,和小伙伴偷偷地在船上煮豆子,这是小鲁迅感觉最为快乐的童年时光。又比如鲁迅在《故乡》中对那个勇敢无畏可爱的小英雄闰土的描写:"有一个十一二岁的少年,项带银圈,手捏一柄钢叉,向着一匹猹尽力的刺去,那猹却将身一扭,反从他的胯下逃走了。"文中还展现了闰土教少年鲁迅如何在大雪天捕鸟,如何在沙地里用短棒支起一个大竹匾,捕捉像稻鸡、鹁鸪、蓝背等各种鸟类,字里行间充满了童趣童心。实践证明,正是鲁迅在童年时期所感受到的对儿童真挚的童趣和童心的认识,深深影响了其成年后的家庭教育观和家庭教育实践。

(二)社会政治环境的影响

鲁迅生活在一个政局动荡不安的时代,清王朝面临着内忧外患的境遇,传统文化受到外来思潮的冲击摇摇欲坠,随着清政府的覆灭,辛亥革命、五四运动、北洋政府、国民大革命等接连发生,家道随之中落,鲁迅从小时候的富家公子沦落为落魄子弟。他从小受到传统私塾教育的熏陶,后来考进南京的江南陆师学堂新附设的矿物路学堂,之后东渡日本学习医学。海外的留学经历使得鲁迅接受了大量西方思想的洗礼,国内新文化运动革命的经历使得鲁迅受到诸多开明之士的启蒙,鲁迅的儿童教育观得以逐步形成。尊重儿童、理解儿童、崇拜敬服儿童等观念革新了鲁迅对家庭教育的传统看法,他充分认识到,儿童是祖国的未来和希望,正是当时的封建社会造成了中国的贫穷落后、儿童备受压迫和摧残。面对儿童所面临的水深火热的困境和家庭教育的落后,鲁迅奋笔疾书鞭挞封建旧社会的丑恶,以及封建社会和封建家庭教育的落后和弊端,发出了"救救孩子"的呼声。鲁迅的回忆性文章《少年闰土》深刻揭示了封建社会对儿童的摧残,对儿童的深度认识和理解深刻影响了鲁迅的家庭教育理念和实践。

二、鲁迅对家庭教育的认识

鲁迅的家庭教育思想主要体现和反映在儿童教育和父母教育两个方面。鲁迅在一·二八淞沪会战后,他通过对中外儿童的对比,深刻认识到了中国儿童所面临的恶劣局面,以及由此而造成的儿童精神上的可怕的萎靡状态。1933年,鲁迅撰写了《上海的儿童》一文,深刻剖析了中国当时家庭教育中两种流行的不正确的家庭教育方法:

其一,是任其跋扈,一点也不管,骂人固可,打人亦无不可,在门内或门外是暴主,是霸王,但到外面,便如失了网的蜘蛛一般,立刻毫无能力。其二,是终日给以冷遇或呵斥,甚而至于打扑,使他畏葸退缩,仿佛一个奴才,一个傀儡,然而父母却美其名曰'听话',自以为是教育的成功,待到放他到外面来,则如暂出樊笼的小禽,他决不会飞鸣,也决不会跳跃。①

基于此,鲁迅进一步指出当时家庭教育中父母教育子女出现的错误和误区,认为:

顽劣,迟钝,都足以使人没落,灭亡。童年的情形,便是将来的命运。我们的新人物,讲恋爱,讲小家庭,讲自立,讲享乐,但很少有人为儿女提出家庭教育的问题,学校教育的问题,社会改革的问题。先前的人,知道"为儿孙作马牛",固然是错误的,但只顾现在,不想将来,"任儿女作马牛",却不能不说是一个更大的错误。②

1919年9月15日,鲁迅在北京《新青年》第五卷第三号发表了《随感录二十五》一文,该文对当时中国儿童及未来的命运表达了深深的忧虑:

穷人的孩子蓬头垢面地在街上转,阔人的孩子妖形妖势娇声娇气地在家里转。转得大了,都昏天黑地地在社会上转,同他们的父亲一样,或者还不如。③

鲁迅进而联想到了中国未来的命运和前途:

① 鲁迅.上海儿童,董曹等编.鲁迅论儿童教育[M].济南:山东教育出版社,1985:85.
② 鲁迅.鲁迅全集(第4卷)[M].北京:人民文学出版社,2005:580-581.
③ 刘成信.中国杂文·鲁迅集(现代部分 卷7)[M].长春:吉林出版集团股份有限公司,2016:1.

　　所以看十来岁的孩子,便可以预料二十年后中国的情形;看二十多岁的青年,——他们大抵有了孩子,尊为爹爹了,便可以推测他儿子孙子,晓得五十年后七十年后中国的情形。①

因此,鲁迅这样批评当时中国的家庭教育说:

　　生了孩子,只要生,不管他好不好,只要多,不管他才不才。生他的人,不负教他的责任。虽然"人口众多"这一句话,很可以闭了眼睛自负,然而这许多人口,便只在尘土中辗转,小的时候,不把他当人,大了以后,也做不了人。②

鲁迅在《我们现在怎样做父亲》一文中指出,父母生育子女,只是遵循了自然规律,并不是"恩";父母养育孩子,则是"爱",这种"爱"就是对孩子尽力的教育和关心。他告诫做父母的家长说:

　　"生了孩子,还要想怎样教育,才能使这生下来的孩子,将来成一个完全的人。""父母对于子女,应该健全的产生,尽力的教育,完全的解放",对于孩子,"开宗第一,便是理解;第二,便是指导;第三,便是解放"。③

基于此,鲁迅郑重提出要在中国开办"父范学堂",认为:"能生这件事,自然便会,何须受教呢。却不知中国现在,正须父范学堂。"④从中可见鲁迅对家庭教育重要性的清醒认识和远见卓识。

---

① 张宝明.新青年(10 随感卷)[M].郑州:河南文艺出版社,2016:46.
② 张宝明.新青年(10 随感卷)[M].郑州:河南文艺出版社,2016:46.
③ 鲁迅.鲁迅全集(第1卷)[M].北京:人民文学出版社,2005:140.
④ 鲁迅.鲁迅全集(第1卷)[M].北京:人民文学出版社,2005:311-312.

三、鲁迅的家庭教育生活

(一)鲁迅所受的家庭教育

鲁迅生出在一个破落的封建官僚家庭,从小在私塾里接受教育,同时也在家庭接受长辈对其进行的家庭教育。鲁迅从六岁开始进入私塾读书,接受儒家的传统教育。鲁迅在《从百草园到三味书屋》中回忆了自己接受私塾教育的情形:

我不知道为什么家里的人要将我送进书塾(就是私塾),旧时家庭、宗族或教师自己设立的教学处所里去了,而且还是全城中称为最严厉的书塾。[①]

幼年的鲁迅陶醉于百草园中的奇幻乐趣,而烦腻于私塾的学习生活,他经常在私塾先生摇头晃脑讲课的时候,偷偷地在课桌下玩弄指头小游戏。之后鲁迅在三味书屋跟随寿镜吾先生进行了一段长时间的正统传统教育的学习,熟读四书五经,学做八股文、试帖诗,并于1898年12月在绍兴参加了县试,取得了不错的成绩。鲁迅后来对自己所受的家庭教育进行了深刻的反思,其中在回忆录《五猖会》一文中(最初发表于1926年6月10日《莽原》半月刊第一卷第十一期)记录了父亲从小对他的教育。五猖会是鲁迅小时候家乡每年都要举行的盛大庙会,吸引了很多人前来参加,孩子们每年都企盼着这一天的来临。据鲁迅回忆,在举办五猖会的前一天晚上,鲁迅一家人就开始准备乘船参加五猖会的东西。第二天一大早,就在鲁迅兴致勃勃地与家人准备去参加五猖会的时候,父亲突然命令小鲁迅拿出《鉴略》一书来,要他熟读,并要求他:"背不出,就不准去看会。"《鉴略》对于小孩子来说,是很难读、难记、难背的书:"粤自盘古,生于太荒,首出御世,肇开混茫……"鲁迅那时候心里觉得:"我(鲁迅,下同)似乎从头上浇了一盆冷水。但是,有什么法子呢?""我似乎头里要伸出许多铁钳,将什么'生于太荒'之流夹住。"鲁迅没办法只好遵照父亲的命令把书给背完了,然而,鲁迅此时的心情却是:"工人将我高高地抱起,仿佛在祝贺我的成功一般,快步走在最前头。""我却并没有他们那么高兴。开船以后,水路中的风景,盒子里的点心,以及到了东

[①] 鲁迅.朝花夕拾[M].沈阳:万卷出版公司,2020:38.

关会的五猖会的热闹，对于我似乎都没有什么大意思。"鲁迅在《五猖会》中感慨地回忆说："直到现在，别的完全忘却，不留一点痕迹了，只有背诵《鉴略》这一段，却还分明如昨日事。我至今一想起，还诧异我的父亲何以要在那时候叫我来背书。"①可以看出，鲁迅对于父亲对自己这件事的教育是难以理解的。鲁迅的夫人许广平在《少儿版〈鲁迅作品〉序言》中说："从《五猖会》中可以看到旧社会的儿童，怎样接受着封建教育的摧残。"鲁迅早年的家庭教育经历，让他对儿童教育有了更为深刻的认识和理解，直接影响了他对自己孩子海婴的家庭教育。

（二）鲁迅的家庭教育生活

1.鲁迅的家庭教育观

鲁迅在做了父亲之后，对家庭教育有了更深刻的体会。为了更好地引导家庭教育向正确的方向发展，1919年11月，鲁迅在《新青年》第六期第六号发表了《我们现在怎样做父亲》，对封建家庭教育尤其是封建亲权、父权思想进行了批判，他说："中国亲权重，父权更重，所以尤想对于从来认为神圣不可侵犯的父子问题，发表一点意见。总而言之：只是革命要革老子身上罢了。""他们以为父对于子，有绝对的权利和尊严；若是老子说话，当然无所不可，儿子有话，却在未说之前早已错了。"②鲁迅指出，父母生育孩子，只是延续了生命，"分不出谁受谁的恩典"。"后起的生命，总比以前的更有意义，更近完全，因此也更有价值，更可宝贵；后者的生命，应该牺牲于他。"然而非常可惜的是，中国的做法恰恰于此相反："本位应在幼者，却反在长者；置重应在将来，却反在过去。"③鲁迅认为这是非常不合理的。因此，中国的父母"对于子女，义务思想须加多，而权利思想却大可切实核减，以准备改作幼者本位的道德"。鲁迅希望中国的父母应该树立"幼者本位"的家庭教育观念，应更多地考虑家长的义务而非所谓的权利。因此，鲁迅希望中国的父母要做到以下几点：第一，要理解孩子，了解孩子的世界。第二，要指导孩子，"长者

---

① 鲁迅.鲁迅全集(第2卷)[M].北京:人民文学出版社,2005:271–273.

② 鲁迅.彷徨[M].太原:山西人民出版社,2020:151–162.

③ 鲁迅.我们现在怎样做父亲,孤独者[M].南京:江苏凤凰文艺出版社,2019:311.

须是指导者协商者,却不该是命令者。"第三,要解放孩子,父母要尽教育的义务,教给他们自立的能力,使之成为一个独立的人。鲁迅要求觉醒的父母,要"自己本着因袭的重担,肩住了黑暗的闸门,放他们到宽阔光明的地方去;伺候幸福的度日,合理的做人"①。

那么家庭教育应该培养孩子成为什么样的人呢?1934年8月20日,鲁迅陆续在《新语林》半月刊第四期发表了《从孩子的照相说起》一文,从同一个孩子在不同国度的摄影师的镜头下照相,所呈现出的迥然不同的两种神态,联想到孩子父母对孩子的"审美情趣"的不同直接决定了把孩子培养成为什么样人的问题。鲁迅指出:"驯良之类并不是恶德。但发展开去,对一切事无不驯良,却决不是没得,也许简直倒是没有出息。爸爸和前辈的话,固然也要听的,但必须说得有道理",不能盲从。鲁迅认为:"但中国一般的趋势,却只在向驯良之类——'静'的一方面发展,低眉顺眼,唯唯诺诺,才算一个好孩子,名之曰'有趣'。活泼,健康,顽强,挺胸仰面……凡是属于'动'的,那就未免有人摇头了,甚至于称之为'洋气'。"②鲁迅认为,应该将孩子培养成为活泼、健康、顽强的孩子,为此,应当借鉴国外的儿童教育观念。

鲁迅认为,教育孩子是一项非常复杂的事业,是个大问题,需要父母运用恰当的方法和具有足够的精力,考虑到孩子们的未来成长和发展,鲁迅曾提倡节育。1931年4月15日,鲁迅在给李秉中的信中说:

生今之世,而多孩子,诚为累坠之事,然生产之费,问题尚轻,大者乃在将来之教育,国无常经,个人更无所措手,我本以绝后顾之忧为目的,而偶失注意,遂有婴儿,念其将来,亦常惆怅,然而事已如此,亦无奈何。长吉诗云:己生须己养,荷担出门去,值得加倍服劳,为孺子牛耳,尚何言哉。兄之孩子,虽倍于我,但倘不更有增益,似尚力有可为,所必要者,此后当行节育法也。惟须不懈,乃有成效,因此事繁琐,易致疏失,一不注意,便又往往怀孕矣。求子者日夜祝祷而无功,不欲者稍不

① 鲁迅.鲁迅全集(第2卷)[M].北京:人民文学出版社,2005:134-145.

② 鲁迅.朝花夕拾[M].北京:中国言实出版社,2016:141.

经意而辄妊,此人间之所以多苦恼欤。①

从中可以看出,鲁迅在家庭教育方面有着超前的判断和独到的见识,在今天看来仍然不过时。

2.倡导以爱为基础的自然家庭教育

鲁迅不仅有着丰富的家庭教育理论,在家庭教育实践方面,鲁迅同样做出了非常好的表率。鲁迅从小生活在一个传统的封建大家庭,诸如家中的小孩子必须遵守家庭里各种规矩、从小读的第一本书是《鉴略》等经历,使鲁迅切身感受到封建旧教育对儿童的残害,他当然不希望这些不合理的情况再发生在儿子海婴的身上。因此,对于儿子海婴的家庭教育,鲁迅一直是抱着理解、解放和指导的态度进行的。鲁迅认为,父母对于孩子,应有一种无私的、天性的爱,为了孩子就是为了将来,父母应该甘当孺子牛。鲁迅将这一理念贯穿于培养和教育儿子海婴的全过程之中。鲁迅先生在四十八岁才得到一个儿子,取名为周海婴,他和夫人自然十分疼爱儿子,海婴出生后体弱多病,因此鲁迅坚持由自己亲自照料孩子,鲁迅夫妇照着"育儿法之类的书籍"悉心照料孩子。鲁迅非常喜欢儿子海婴,只要一有空就会逗孩子玩。

等到儿子海婴长到五六岁的时候,鲁迅就开始与儿子谈话,海婴经常会提出一些稀奇古怪的、难以回答的问题,诸如"人是谁养出来的""人为什么会死"之类的问题。尽管儿子的问题提得古怪,难以回答,但鲁迅从来都会耐心地回答儿子提出的每一个问题,给予孩子耐心的解释,从小就注重保护孩子的好奇心不受伤害。因此,鲁迅与海婴的关系非常融洽,他允许孩子发表自己的意见。孩子做了错事,只要不涉及原则性的问题,鲁迅总会原谅他,他时刻注意"珍惜儿童时代求得的心情"。鲁迅"对海婴真是'象忧亦忧,象喜亦喜',把人家兄弟之爱易作父子之爱的"②。在儿子海婴稍微长大一些,鲁迅经常带儿子外出散步、洗澡、理发等,从小让儿子养成良好的卫生习惯。要知道,在海婴没有出生之前,鲁迅除了在外面逛书店之外是哪儿也不

① 鲁迅.鲁迅全集(第12卷)[M].北京:人民文学出版社,2005:261-262.
② 许广平.我与鲁迅[M].南京:江苏凤凰文艺出版社,2019:60.

肯去的,但是为了海婴的教育和成长,鲁迅经常到百货公司去给海婴挑选适合且开发儿子智力的玩具。为了海婴能够更好地玩耍,鲁迅专门搬家到宽敞的大房子里,坚持给儿子每晚讲故事。为了给儿子挑选一个合适的幼儿园,鲁迅可谓煞费苦心。

鲁迅还努力从小培养海婴高尚的品德、独立思考问题和独立生活的能力,以及热爱劳动的习惯,等等。鲁迅强调父母应做孩子的榜样和第一任老师。因为"儿童的行为,出于天性,也因环境而改变"[①],儿童的模仿能力是非常强的,父母必须在家庭中为子女做出表率,孩子才能够得到健康的成长和发展,鲁迅不希望父母把自己所接受的封建落后思想传给自己的下一代,而是希望父母能教给子女们正确的观念,最终使孩子们获得幸福的未来。

鲁迅的夫人许广平在《鲁迅先生与海婴》一文中这样评价鲁迅对海婴的自然家庭教育,她说:

> 鲁迅先生活的时候,给予他的教育是:顺其自然,极力不多地给他打击,甚或不愿多拂逆他的喜爱,除非在极不能容忍,极不合理的某一程度之内。他自己生长于大家庭中,一切戕贼儿童天正的待遇,受得最深,记得最深,记得最真,绝对不肯让第二代的孩子再尝到他所受的一切。尤其是普通所谓礼仪,把小孩子教成木头人一样,见了人都不敢声响的拘拘为仁,他是绝不肯令海婴如此。要他"敢说、敢笑、敢骂、敢打"。如果我们错了,海婴来反驳,他是笑笑地领受的。因此,海婴直到如今,和普通小孩在一起,总觉得他太好动,太好研究一切,太不像守规矩的样子,就这样罢,我们的孩子。[②]

3.坚持民主平等的家庭教育

鲁迅在家庭教育中一直坚持民主平等的家庭教育观。他主张要尊重孩子的每一个想法和建议,认为家长要站在儿童的立场和角度,去理解和看待

---

① 鲁迅.鲁迅全集(第2卷)[M].北京:人民文学出版社,2005:451.
② 许广平.我与鲁迅[M].南京:江苏凤凰文艺出版社,2019:92.

民国教育家群体家庭教育生活研究

教育孩子过程中所遇到的问题。鲁迅非常爱护自己的儿子海婴,他对海婴的教育是非常民主的。有一次,鲁迅先生在家请客招待客人,从外面叫的菜,其中有一碗鱼肉丸子。海婴一吃就说不新鲜,许寿裳先生不信,别人也都不信。许先生又给海婴一个,海婴一吃,又说不新鲜。鲁迅没有生气,更没有责怪孩子,而是把海婴碟子里的丸子拿来尝了一尝,果然丸子是不新鲜的。后来证明,的确那一碗丸子有的新鲜,有的不新鲜,别人吃的恰恰都是没有变味的。事后,鲁迅先生说:"他(海婴)说不新鲜,一定也有他的道理,不加以查看就抹杀是不对的。"①

从上述这件小事中,我们可以看出鲁迅先生非常注意顾及孩子的意见,并且愿意耐心去了解孩子。鲁迅绝不会因为孩子幼稚、弱小,就忽视孩子的意见。这件小事给许寿裳、萧红两位先生以深刻的印象,许寿裳对萧红说:"周先生的做人,真是我们学不了的。哪怕一点点小事。"②有人不理解鲁迅先生这种做法,认为这与鲁迅大无畏的战斗精神和英雄气概是相矛盾的。为此,鲁迅写下了非常著名的《答客诮》:"无情未必真豪杰,怜子如何不丈夫。知否兴风狂啸者,回眸时看小於菟。"③从中可以看出鲁迅爱子之情之深,对孩子的爱与尊重可谓溢于言表。

1936年9月5日,鲁迅先生病重住院期间,写了一篇名为《死》的文章。文章中写下了留给子女和亲属的遗嘱:

> 一,不得因为丧事,收受任何人的一文钱。——但老朋友的,不在此例。
>
> 二,赶快收殓,埋掉,拉倒。
>
> 三,不要做任何关于纪念的事情。
>
> 四,忘记我,管自己的生活。——倘不,那就真是糊涂虫。
>
> 五,孩子长大,倘无才能,可寻点小事情过活,万不可去做空头文学

① 萧红.回忆鲁迅先生,矛盾,巴金等.忆鲁迅[M].北京:人民文学出版社,1956:163.
② 萧红.回忘萧红 萧红笔下的鲁迅 亦师亦友亦如父[M].扬州:广陵书社,2020:12.
③ 鲁迅.朝花夕拾 鲁迅散文全集[M].沈阳:万卷出版公司,2019:221.

家或美术家。

六,别人应许给你的事物,不可当真。

七,损着别人的牙眼,却反对报复,主张宽容的人,万勿和他接近。

此外自然还有,现在忘记了。只还记得在发热时,又曾想到欧洲人临死时,往往有一种仪式,是请别人宽恕,自己也宽恕了别人。我的怨敌可谓多矣,倘有新式的人问起我来,怎么回答呢? 我想了一想,决定的是:让他们怨恨去,我也一个都不宽恕。①

鲁迅先生以他独到、超前的家庭教育思想和身体力行的家庭教育实践,为后世家长教育子女树立了良好的榜样。

第五节　陶行知的家庭教育生活

陶行知(1891—1946),原名文濬,后来改名为知行,后又改为行知,1891年10月18日出生于安徽省歙县黄潭源村。陶行知是我国近现代著名的教育家、思想家和社会活动家,伟大的民主主义战士,爱国者,中国人民救国会和中国民主同盟的主要领导人之一,是20世纪中国综合性文化巨人。陶行知六岁进入家乡蒙童馆开蒙,十五岁时就读于歙县崇一学堂,开始接触近代西方科学文化,并在此时萌发了爱国主义意识。1908年陶行知十七岁时,他考入了杭州广济医学堂。1914年金陵大学毕业后,后赴美留学于美国哥伦比亚大学师范学院,师从美国著名教育家杜威先生,受到杜威实用主义思想的深刻影响。1917年求学回国,先后担任南京高等师范学校、东南大学教授、教务主任等职。陶行知在国内较早注意到中国的平民教育,1926年起草发表了《中华教育改进社改造全国乡村教育宣言》。1927年创办了晓庄师范。1929年圣约翰大学授予陶行知荣誉科学博士学位,表彰他为中国教育改造事业做出的贡献。1931年,陶行知主编《儿童科学丛书》。在爱国主义

---

① 鲁迅.鲁迅全集(第6卷)[M].北京:人民文学出版社,2005:635.

的影响下,陶行知和国内众多的仁人志士共同支持民主革命,积极组织各种救国活动、宣传民主思想,领导并组织了各种运动。1935年,陶行知在中国共产党"八一宣言"的感召下积极投身抗日救亡运动。陶行知组织师生宣传革命思想,呼吁停止内战,一致抗日救国。1945年,陶行知当选为中国民主同盟中央常委兼教育委员会主任委员。1946年7月25日上午,陶行知因长期劳累过度,不幸逝世于上海,享年五十五岁。毛泽东痛悼陶行知为"伟大的人民教育家",宋庆龄称其为"万世师表"。

图5　陶行知像

陶行知一生以教育为志业,将从事教育革新与政治革命有机结合,为争取民族解放和人民民主矢志努力奋斗;他坚持教育改革与实验,勇于批判、改革旧教育,探索新教育改革之路,创立了博大精深、适合国情的生活教育学说,为我国的教育事业做出了卓越的贡献。

一、家庭教育的理论基础

陶行知在长期的教育实践中,批判地吸收了我国传统教育和西方教育的精华,创立了符合中国实际国情的生活教育理论,即"生活即教育、社会即学校、教学做合一"。其中,"生活即教育"是陶行知生活教育理论的核心观念,"从定义上说,生活教育是给生活以教育,用生活来教育,为生活向前向上的需要而教育"①。"生活无时不含有教育的意义",所以要"用生活来教育"。而在陶行知看来,生活是有先进与落后之分的,故必须"拿好的生活来改造坏的生活,拿前进的生活来引导落后的生活",也就是"给生活以教育"。同时,"教育的根本意义是生活之变化",是"为生活向前向上的需要"而办的。陶行知关于生活教育的定义,使我们认识到:生活离不开教育,教育同时也离不开生活。陶行知认为,生活与教育的关系是"生活决定教育""生活是教育的中心""没有生活做中心的教育是死教育"。陶行知的生活教育学说,摆脱了传统教育理念中的"书本中心""文化中心"的束缚,为教育开辟了一片崭新的天地,也是陶行知开展家庭教育的理论基础。总的来看,陶行知的生活教育具有如下三个特点:

第一,生活教育理论的开放性。生活教育理论具有明显的开放性特征。在"社会即学校"的命题下,"教育的材料,教育的方法,教育的工具,教育的环境,都可以大大增加"②。从内容上来看,哪里有生活哪里就有教育,"整个社会的活动,就是我们的教育的范围";从场所看,家庭、学校、社会都是课堂;从施教和受教的对象来看,"不论校内校外的人,都可以做师生的",即无论男女老幼都可以教人,人人都可以接受教育。因此,陶行知生活教育理论的开放性决定了家庭教育可以随时、随地进行。

第二,生活教育理论的终身性。生活教育理论提倡对人的终生教育,陶行知认为:"生活教育与生俱来,与生同去。出世便是破蒙,进棺材才算毕业。"③"教育最重要的成就在于使众人养成一种继续不断的共同求进的决心。我们要对众人养成的态度是活到老,做到老,学到老。"④陶行知的上述这些观点已涉及"终生教育"的概念,即主张教育必须与人生相始终。事实

---

① 陶行知.中国教育的觉醒[M].北京:群言出版社,2013:341.
② 陶行知.陶行知全集(第2卷)[M].长沙:湖南教育出版社,1985:201.
③ 陶行知.陶行知自述[M].合肥:安徽文艺出版社,2013:194.
④ 吕志江.教育散论 寻找开启教育之门的"密码"[M].杭州:浙江大学出版社,2009:40.

证明,只有终身教育才能够保证人的可持续发展。因此,陶行知认为家庭教育在时间上的长期性,决定了家庭教育的影响会使孩子终生受益。

第三,生活教育理论的实践性。陶行知从教育实践中归纳教育理论并用于指导教育实践。他反对教育与生活、教育与学校脱节、隔离。实际上,家庭教育贯穿于家庭生活的方方面面,从人的基本生存能力的培养、再到为人处世的能力培养,都是在家庭生活中的一点一滴的过程中实现的。生活教育理论强调"做"。"行是知之始,知是行之成。行动是老子,知识是儿子,创造是孙子。有行动之勇敢,才有真知的收获。"①陶行知将自己的名字从"知行"改为"行知",反映了他对知行关系认识的深化,"行"即"做",即实践,行不但是获得真知的前提,还是创造的基础。所以,如果不做、不实践的话,就不可能获得真正的知识,更不要谈创造了。所以,家庭教育是一门实践性很强的教育活动,陶行知生活教育的实践性为家庭教育的生活化提供了重要的指导。

陶行知的生活教育理论,产生于生活而又服务于生活。该理论最大的特点就是贴近生活、强调行动。按照陶行知的生活教育理论的认识,家庭教育的场所就是生活的场所,生活教育是家庭教育的重要组成部分,这正是家庭教育所最需要的。

陶行知的生活教育理论与家庭教育有着密切的联系。家庭教育的产生离不开生活,它的首要行动就是家庭中父母的言传身教,也就是"做"。在家庭中,人人既是教育者,也是受教者。家庭中的任何一件事情,都可以作为教育的对象,这都符合生活教育的理论。

可以说,陶行知的生活教育理论是大众的理论,通俗易懂。生活教育的方法可操作性很强,每一位家长都可以在自己的家庭中施行生活教育。在生活教育理论看来,人人都是先生,人人皆是学生,这有利于家庭教育中家长与子女的互动和交往,在家庭教育领域中具有广阔的应用前景。用陶行知的"生活即教育"的教育观指导家庭教育,不仅可以用来教育子女,还可以用来教育家长,提升家长的素质。按照陶行知的说法,过什么样的生活,就是接受什么样的教育。要子女接受好的家庭教育,家长就必须注重营造良

---

① 董宝良.陶行知教育论著选[M].北京:人民教育出版社,2015:382.

好的家庭生活,在健康的、文明的、和气的、具有创造意味的家庭生活环境下开展家庭教育,这样子女就会成长为健康的、文明的、和气的、具有创造性的人。用陶行知生活教育理论中的"在劳力上劳心"的方法教育训练子女,子女就能够成为生活技能强、善于手脑并用、富有创造性思维的人。同时,陶行知所提倡的终身教育思想对构建学习型家庭、促进家庭成员的长远发展,以及改进家庭教育实践等方面,都具有重要的指导作用。

在谈到如何办战时儿童教育时,陶行知指出,要以"三民主义、抗战纲领、教育会议训词为最高原则——造梯子,民主的集团","引导小孩过战时生活——在生活中认识,在行动中去寻找真理","帮助小孩子组织起来,小孩的集团生活,检讨过去,把握现在,创造将来"①。

1939年6月27日,陶行知在为妇女干部训练班演讲时,讲到了对于教育的认识,他认为:"教育是战斗的;教育是大众的,教育是生活的;教育是科学的;教育是集体的;教育是行动的;教育是计划的过程;教育是力的培养;教育是觉的启发动员;教育是教学做合一;教育为社会服务是在大社会里干的;教育是'五马'②小孩的乌托院(邦)。"③上述认识为陶行知开展家庭教育奠定了基础,也指明了发展的方向。

二、家庭教育的意义和任务

陶行知认为,家庭是培养青少年成长的摇篮,父母对于子女的教育是责无旁贷的。陶行知指出,在婴儿出生后,"仅仅取了一个名字是不够的。要想婴儿成家立业,必定要用尽心血去教他,养他才行"④。

陶行知高度重视家庭教育,在陶行知看来,孩子不是父母的私有财产,家庭教育也不是私事,而是事关民族、国家、人类社会的大事,家庭教育应当迎合社会和时代发展的需要,培养未来有知识、有实力、富有责任心的国民。

---

① 陶行知.陶行知全集(第12卷)[M].成都:四川教育出版社,2009:379.
② 文中的"五马"是"看""想""玩""谈""干"五字注音符号之韵母。
③ 陶行知.陶行知全集(第12卷)[M].成都:四川教育出版社,2009:378.
④ 陶行知.陶行知全集(第1卷)[M].长沙:湖南教育出版社,1985:442.

他认为:"教育要在儿童自身的基础上,过滤并运用环境的影响,以培养加强发挥这创造力,使他长得更有力量,以贡献于民族与人类。"①陶行知对孩子们的学业给予了大力支持。1940年,陶行知在给儿子陶晓光的信中说:

> 从吴先生(吴树琴,陶行知的妻子)信中得知你的工作与学习情形。你所需要的经济上的帮助,我可以胜任。为了你的学习,我总愿意负经济上的责任。你下次写信可以拟一个小小预算。倘使得不到充分的学习,要换地方亦可。②

陶行知对家庭教育的重视和关心还体现在他于1925年给陈鹤琴的《家庭教育》一书所写的书评——《评陈著之〈家庭教育〉》一文中。他指出:"这本书是儿童幸福的源泉,也是父母幸福的源泉。""愿与天下父母共读之。"因为"在这书里,小孩子从醒到睡,从笑到哭,从吃到撒,从健康到生病,从待人到接物的种种问题,都得了很充分讨论。这些讨论对于负家庭教育责任的,都有很具体的指导。"陶行知称赞此书"系近今中国出版专书中最有价值之著作,它是中国做父母的必读之书"③。

陶行知反对传统封建专制主义的家风,批判传统家庭的错误做法。一方面,家长一味将孩子看作是自己家庭传宗接代的"私有财产",封建家长在家庭中占有支配地位,子女对父母必须言听计从、俯首听命,不能稍有异议或违反;另一方面,家长对子女过分溺爱、迁就和放纵,娇生惯养,将子女搞得像"小皇帝"似的。陶行知反对这种陈腐的传统家庭教育观念。在陶行知看来,家庭教育的目的和任务应当服从时代和社会的需要,从孩子的幼小时代起,"不应当专读书,他的责任是学习人生之道",要孩子们"做有知识、有实力、有责任心的国民","要学做事,学做人,不要做书呆子"④。据与陶行知

---

① 陶行知.陶行知全集(第3卷)[M].成都:湖南教育出版社,1985:522.

② 陶行知.陶行知全集(第9卷)[M].成都:四川教育出版社,2005:50.

③ 陶行知.陶行知全集(第1卷)[M].长沙:湖南教育出版社,1985:579-582.

④ 陶行知.陶行知全集(第4卷)[M].长沙:湖南教育出版社,1984:533-534.

共事多年的戴白韬回忆说："他对于自己的妻子儿女和对待一般同志没有什么差别。陶氏不溺爱他的子女,也不像庸俗的父母把子女当私有品过分照顾他们。但他对母亲的爱和对子女的感情和关心他们的教育,则并不弱于人。"[1]

为了提高家庭教育的效果,陶行知曾郑重提议成立新的父母学校和新的师范学校来培养"新父母""新教师","以培养更幸福的后一代"[2]。陶行知认为,做新时代的父母和新时代的教师,要改变旧的教育观念。他认为新父母、新教师和旧父母、旧教师之间的主要区别在于:"旧父母和旧教师,凭主观以责儿童之服从;新父母和新教师,客观地根据他们的需要能力,以宣导他们的欲望而启发他们的自觉的活动。新父母与新教师,要跟儿童学,教儿童启示自己如何把儿童教得更合理。"[3]为此,陶行知告诫父母,必须力戒有害于儿童成长和发展的两种极端错误心理:"一是忽视;二是期望太切。忽视则任其像茅草样自生自灭,期望太切不免揠苗助长,反而促其夭折。所以合理的教导是解除儿童痛苦增进儿童幸福之正确路线。"[4]

为了开发儿童的智力,陶行知提出了儿童教育著名的"六大解放"[5]:第一,解放儿童的眼睛,使其能看事物;第二,解放儿童的大脑,让其用大脑思考问题、分析问题;第三,解放儿童的双手,使其在动作中发展创造力;第四,解放儿童的嘴,让儿童对事情有疑问;第五,解放儿童的空间,给儿童提供广阔的舞台,为他们开展创造活动打下基础;第六,解放儿童的时间,让儿童有时间消化、思考所学的知识,接受自然和社会的宝贵知识。

1946年6月9日,陶行知在上海位育中学会议室成立"中国儿童读物作者联谊会筹备会"上应邀发表了演讲,对于儿童教育提出了自己的看法,为儿童教育和家庭教育的开展指明了方向:

---

① 白韬.陶行知的生平及其学说》[M].北京:生活·读书·新知三联书店,1950:197.

② 陶行知.陶行知全集(第4卷)[M].长沙:湖南教育出版社,1984:533-534.

③ 陶行知.陶行知全集(第4卷)[M].成都:四川教育出版社,2005:467.

④ 陶行知.陶行知全集(第3卷)[M].长沙:湖南教育出版社,1984:534-535.

⑤ 陶行知.陶行知文集[M].南京:江苏人民出版社,1981:792-793.

一、要为新时代的儿童而写作，给孩子们丰富的有益的养料。

二、要通过作品，让孩子们接受民主教育，增强民主观念。抗战胜利后，最重要的是争取民主，反对独裁，争取和平，反对内战。

三、要认识和尊重儿童的力量，鼓舞儿童到大自然和大社会里去翻滚。

四、要向儿童学习，学习他们的思想、行动。儿童园里无老翁，老翁个个变儿童。还要学习儿童的语言文字，便于写作。

五、希望儿童文学工作者，要学一点教育学，还要学一点心理学。这两门学科会帮助作者认识儿童的心理和生理上的发展；同时，了解如何教育儿童的方法与技巧。①

三、家庭教育的原则和方法

（一）及早施教

当时社会上对于儿童教育存在错误的认识，认为小孩子年龄太小不懂事，等孩子长大了再对他们进行教育也不迟。陶行知非常不赞同这种看法。陶行知1928年指出："教人要从小教起，幼儿比如幼苗，必须培养得宜，方能培养得宜，方能发容滋长。否则幼年受了损伤，即不夭折，也难成材。"②及至1944年，陶行知再次强调说："人才幼苗当从小培养，如果家庭里，学校里，铺子里的孩子，在小的时候，已被发现有特殊的才干，那么，就应该给他以适当肥料、水分、阳光，使他欣欣向荣。"③

陶行知还说："一般人的态度总以小孩子的教育不关重要，早学一两年，或迟学一两年，没有多大关系。"④他认为这是极端错误的。陶行知指出："我们很漠视小孩子的需要、能力、兴味、情感。因此，便不知不觉地漠视了他们的教育，把他们付托给老妈子，托付给街上的伙伴。在这种心理之下，必须

---

① 陶行知.陶行知全集(第12卷)[M].成都:四川教育出版社,2002:438-439.

② 陶行知.陶行知全集(第2卷)[M].长沙:湖南教育出版社,1984:81.

③ 陶行知.陶行知全集(第3卷)[M].长沙:湖南教育出版社,1984:532.

④ 陶行知.中国教育改造[M].合肥:安徽人民出版社,2019:91-93.

根除化除这种漠视小孩子的态度。我们必须唤醒国人明白幼年的生活是最重要的生活,幼年的教育是最重要的教育。"①

(二)建立民主平等的家庭关系

陶行知一生崇尚民主,追求民主。他认为,"民主教育是教人做主人,做自己的主人,做国家的主人,做世界的主人。民主教育应该是整个生活的教育"②。陶行知在家庭教育中积极推行民主教育、构建和谐民主的家庭关系。

1944年,陶行知在《敲碎儿童的地狱,创造儿童的乐园》一文中,指出给儿童除苦造福的首要任务是"应承认儿童的人权",儿童人权的先决条件"是政治经济的民主。倘使政治经济不民主,小孩子的幸福必然限于少数的少爷小姐。但是如果政治经济一民主,那自由神必定是立刻飞到他所关心的最不幸的小孩子当中,而把他们抱在温暖的怀抱里"③。陶行知认为儿童的幸福可以拿老百姓爱好的"福、禄、寿、喜"四个字来说明,"福"是指"有母爱,有书读,有东西玩,有六大解放。有学当其材之培养,有小小创造的机会,有广大的爱护后代的同情";"禄"是指"吃得饱,穿得暖";"寿"是指"不受恐怖,不被剥削,不受伤,不害病,不夭折";"喜"是指"过年过节,皆大欢喜"④。家庭应当为儿童的幸福着想,为儿童的幸福创造条件。

陶行知进一步指出:"在民主生活中学民主。专制生活可以培养奴才和奴隶,但不能培养人民做主人。"⑤因此,为了将儿童培养成为新时代、新社会未来的主人,在家庭教育中,要建立民主平等、互助合作的家庭关系。作为父母和成年人,要尊重儿童的人权和人格,关心和爱护儿童。

陶行知在家庭教育中,当发现孩子有缺点时,陶行知总能实事求是,指出其错误之处,又绝不伤害他们的自尊心和上进心,使孩子们能够健康成长。同时,陶行知教育孩子们学会关心、尊重家庭中的每一位成员,共同过民主、和谐的家庭生活,从而创造和形成民主的家庭氛围。

---

① 陶行知.陶行知全集(第1卷)[M].成都:四川教育出版社,2005:155.

② 陶行知.中国教育改造[M].合肥:安徽人民出版社,2019:224-225.

③ 陶行知.陶行知全集(第3卷)[M].长沙:湖南教育出版社,1984:536-537.

④ 陶行知.陶行知全集(第3卷)[M].长沙:湖南教育出版社,1984:536-537.

⑤ 陶行知.陶行知全集(第3卷)[M].长沙:湖南教育出版社,1984:529.

作为父亲,陶行知在与家人通信时,每封信的开头总是亲切地称呼孩子们为"桃红、晓光、三桃、蜜桃",称妻子吴树琴为"树琴同学、冰冰",让家人接到信后倍感亲切。

此外,陶行知还强调,作为母亲也应该采用民主平等的家庭教育方法,避免对儿童简单粗暴的教育。陶行知指出:"妇女工作不能脱离战时生活,……为小孩服务,能聚能散,在炮火中长大起来!"[1]同时,母亲要"避免认识的错误——病孩,丑孩,顽皮孩。"同时还要避免教育方法上的错误,陶行知认为:"打不出真理来,越打越笨;不要你哄,不要你捧,只要你懂。"[2]并指出:"小孩的先生——面前人,无常师;小孩的课本,活的书;小孩的学校——大社会;小孩的先生——前后左右都是。"[3]

儿童是学习和教育过程中的重要主体。陶行知强调在家庭中要尊重儿童的主体地位,主张采用启发诱导的教育方式以培养孩子的思维能力。可以说,陶晓光在无线电领域所取得的成功,与父亲陶行知从小对他进行的独立思考和逻辑思维能力的培养密不可分,其中启发诱导发挥了重要作用。陶行知在教育子女的过程中,坚持重点培养和全面教育相结合的方式。陶行知在儿子陶晓光上小学的时候,每次放学回家后都会对晓光进行教育,对中华民族传统文化方面的内容进行精挑细选,并亲自教育辅导晓光。每次教育儿子的时候,陶行知都要求陶晓光要事先做好准备,然后再进行讲解,每当陶晓光遇到不懂的地方,陶行知就会及时进行引导,使晓光自己分析,让他自己找到解决问题的方法。对于陶晓光在学习过程中遇到的错误,陶行知并不直接指出,而是通过向晓光提问,引导他通过分析,自己发现错误,找到解决问题的答案。

在谈到如何做小孩的母亲时,陶行知指出:"慈爱、怄气、引导,不要做后母,要做亲母,做爱迪生的母亲。"[4]要把孩子培养成为四种人:"手脑相长的

---

① 陶行知.陶行知全集(第12卷)[M].成都:四川教育出版社,2009:379–380.

② 陶行知.陶行知全集(第12卷)[M].成都:四川教育出版社,2009:379–380.

③ 陶行知.陶行知全集(第12卷)[M].成都:四川教育出版社,2009:379–380.

④ 陶行知.陶行知全集(第12卷)[M].成都:四川教育出版社,2009:379.

小工人;追求真理的小学生;即知即传的小先生;百折不回的小战士。"①"不要使小孩脱离小孩群,不要使小孩脱离社会的群众,不要使小孩脱离中国的小孩,脱离世界的小孩。"②

事实证明,在家庭中采用民主平等的教育方法能够营造和谐温馨的家庭氛围,有利于小孩子健康成长。

(三)了解并按照儿童的心理进行教育

基于对儿童教育和家庭教育重要作用的认识,陶行知认为,父母肩负着教育孩子的重任,但他并不认为父母可以随心所欲地使用各种方法随意管教孩子。而且即使父母已承担起教育孩子的责任,但如果"父母不会教养,小孩子不晓得要冤枉哭多少回。在这种家庭里面,小孩子早上醒了要哭,吃乳要哭,穿衣服要哭,换尿布要哭,洗脸要哭,拭鼻涕要哭,看见生人要哭,喊人抱要哭,讨糖吃要哭,跌了要哭,睡时脱衣服要哭,一天平均总得要哭十几回。估计起来全国六岁以下的小孩子每年流的眼泪该有两万万斤"③。为了实现家庭教育的良好效果,陶行知提醒家长说:"小孩子是要用各种各样的妙法来教。"为此他非常推崇陈鹤琴的"游戏式的教学法",并在陈鹤琴的《家庭教育》一书出版后,亲自作序推荐给天下的父母,并愿家长们"用科学的头脑和母亲的心肠去领会此书之意义"④。

陶行知主张遵循儿童身心发展的规律开展家庭教育,在家庭教育实践过程中,他遵循严格要求的原则,并从子女各自的天赋出发,对子女进行针对性的教育。当孩子们成年之后,则与孩子们保持平等对话、亦师亦友的和谐关系,将科学的方法融入子女们的教育过程中,将他独特的教育理念贯彻其中。

1922年,陶行知指出:"我们教育儿童,第一步就要承认儿童是活的,要按照儿童的心理进行。就要根据儿童的需要的力量为转移。有的儿童天资

---

① 陶行知.陶行知全集(第12卷)[M].成都:四川教育出版社,2009:379-380.

② 陶行知.陶行知全集(第12卷)[M].成都:四川教育出版社,2009:379-380.

③ 陶行知.陶行知全集(第1卷)[M].长沙:湖南教育出版社,1984:581.

④ 陶行知.陶行知全集(第1卷)[M].长沙:湖南教育出版社,1984:582.

很高,他们的需要力就大些,有的儿童天资很钝,他们的需要力就小些。我们教育儿童,就要按他们的需要的力量若何,不能拉得一样,他们的能力亦不能一样。"①"我们教育儿童,就要顺导其能力去做去。……我们要设法去辅助他,使他能力发展。"②1944年,陶行知进一步指出:"我们应该了解儿童的能力需要。儿童有许多痛苦是由于父兄师长之不了解。不了解则有力无处用,有苦无处说。我们要了解儿童的能力需要,必须走进小孩的队伍里去体验而后才能为小孩除苦造福。"③在陶行知先生逝世前不久,他还大力呼吁:"我们要跟小孩子学习,不愿向小孩子学习的人,不配做小孩的先生。一个人不懂小孩的心理,小孩的问题,小孩的困难,小孩的脾气,如何能教小孩? 如何能知道小孩的力量? 而让他们发挥出小小的创造力。"④

当时,由于家长、教师不了解儿童,不懂得儿童的心理、能力和需要,造成教育不当,甚至闹出笑话。陶行知针对这种情况,一针见血地指出:"中国从前有一个很不好观念,……把小孩子看成小大人,以为大人能做的事小孩也能做,所以五六岁的小孩,就要他读《大学》、《中庸》。"⑤他批评家长这是"恨铁不成钢"心理的一个表现,违背了儿童的天性,这样做不但对儿童没有任何好处,而且会严重损害儿童的健康。相反,家长只有真正深入地了解儿童的心理和特点,才能找到教育儿童的正确方法。

陶行知曾多次提到爱迪生和富兰克林成长的故事。"十二岁的爱迪生因为醉心于科技把戏,三个月便被先生开除了,那对于爱迪生的心灵是多么大的打击。爱迪生的母亲却了解他,给他地下室做实验,那对于爱迪生又是多么大的幸福啊。"⑥陶行知还称颂美国科学家富兰克林的父亲。小富兰克林年轻时入校读书不久,便去学手艺,他父亲任凭他东去看看,西去做做,随意去工作、参观。富兰克林愿做什么就做什么,使得他对工厂中的化学工作产

---

① 陶行知.陶行知全集(第1卷)[M].成都:四川教育出版社,2005:341.

② 陶行知.陶行知全集(第1卷)[M].长沙:湖南教育出版社,1984:176–178.

③ 陶行知.陶行知全集(第3卷)[M].长沙:湖南教育出版社,1984:530.

④ 陶行知.陶行知全集(第3卷)[M].长沙:湖南教育出版社,1984:606.

⑤ 陶行知.陶行知全集(第2卷)[M].长沙:湖南教育出版社,1984:184.

⑥ 陶行知.陶行知全集(第3卷)[M].长沙:湖南教育出版社,1984:532.

生了浓厚的兴趣。富兰克林在自传中将从事科学研究取得的成就归功于父亲对他的培养和教育。陶行知曾深有感慨地说："我希望中国的父亲,都学做富兰克林的父亲;中国的母亲,都学做爱迪生的母亲。"①

陶行知也非常善于了解自己孩子的需要、能力和个性,并能给予针对性的引导。②1939年,陶行知在写给晓光、陶城的信中指出:"晓光的才干,依我看来是专攻自然科学来得有成效。你的性情不适合复杂的环境,因此研究自然科学是对的。"③实践证明,正是陶行知充分了解孩子的心理和个性特征,并结合孩子的实际情况,才更好地促进了孩子们特长的发展。

（四）宽严相济

中国自古有母慈父严的家庭教育传统。1941年10月24日,陶行知在其中一首诗中写有"女淑因母教,儿佳系父严"④之句,表明父母对子女教育有着重大的意义。

陶行知于1925年在《陈著之〈家庭教育〉》书评中曾指出,中国传统的"家庭教育素主刚柔并济。父亲往往失之过严,母亲往往失之过宽。父母所用的方法是不一致的。虽然有时相成,但流弊未免太大"⑤。其流弊在于"因为父母所施法之宽严不同,子女竟无所适从,不能了解事例之当然。并且方法过严则失子女之爱心,过宽则易失去子女之敬意。这都是父母主张不一致的弊病"⑥。

为此,1919年,陶行知曾就教育儿童的宽严问题如何把握发表了独特的见解。陶行知指出:"教育儿童,应当严格的地方便须严格;应当放任的地方,便须放任。美国的教育偏重放任,中国的教育偏重严格。太放任了虽是富于自由,不免溢出范围;太严格了,虽是谨守规则,却有些枯干气味,都不

① 陶行知.陶行知全集(第3卷)[M].长沙:湖南教育出版社,1984:579.
② 何国华.陶行知教育学[M].广州:广东高等教育出版社,2002:306.
③ 陶行知.陶行知全集(第5卷)[M].长沙:湖南教育出版社,1984:405-406.
④ 陶行知.陶行知全集(第5卷)[M].长沙:湖南教育出版社,1984:405-406.
⑤ 陶行知.中国教育改造[M].合肥:安徽人民出版社,2019:35.
⑥ 陶行知.中国教育改造[M].合肥:安徽人民出版社,2019:35.

是应当有的现象。"①而正确的做法应当是："自由中有规则，规则中有自由。学生既有发言的机会，又能中绳准。"②

很显然，陶行知上述关于家庭教育的原则，为父母开展家庭教育提供了很好的借鉴和参考，值得每一位父母深思。

四、陶行知的家庭教育生活

陶行知一生提出了很多影响深远的教育理念，如"千教万教教人求真，千学万学学做真人""捧着一颗心来，不带半根草去""爱满天下"等，上述理念贯穿于陶行知的家庭教育之中。另外陶行知还有一个有名的家训："宁为真白丁，不做假秀才"③，这种家风影响了陶家几代人。

陶行知把他的生活教育思想中的"教学做合一"的生活教育观也深深地融入了他的家庭教育实践当中。陶行知说：

> 最近我和小孩们商议出一个自立立人自助助人的教学做过程，内分四个阶段：第一个阶段三餐喂得饱，个个喊宝宝；第二个阶段小事认真干，零用自己赚；第三个阶段全部衣食住，不靠别人助；第四个阶段自活有余力，帮助人自立。④

陶行知在写给子女的信中也深刻贯穿了"教学做合一"的思想精髓。如1927年，陶行知在晓庄学校写给女儿桃红的信中说："我很希望你和小桃多学做事。我的主张是：有书读的要做事，有事做的要读书。先生不应该专教书，他的责任是教人做人。学生不应当专读书，他的责任是学习人生之道。我要你们做有知识、有实力、有责任心的国民，不要你们做书呆子。"⑤陶行知在写给女儿小桃的信中也如此教导她："现在一般学校，只是把小学生一个

---

① 陶行知.陶行知全集(第1卷)[M].长沙:湖南教育出版社,1984:98.
② 陶行知.陶行知全集(第1卷)[M].成都:四川教育出版社,2005:252.
③ 陶行知.陶行知全集(第9卷)[M].成都:四川教育出版社,2005:124.
④ 陶行知.陶行知全集(第8卷)[M].成都:四川教育出版社,2005:97—98.
⑤ 陶行知.陶行知全集(第8卷)[M].成都:四川教育出版社,2005:124.

个的化成书呆子。你可要学做事,学做人,不要做书呆子。做事的时候,要做什么就读什么书。书只是工具,和锄头一样,都是为做事用的。"①

在陶行知的精心教育下,其家庭教育取得了非常好的教育效果。陶行知的四个孩子在父亲的教育引导下,从小发展各自的爱好,都具有良好的道德品质。陶行知的四个孩子也始终遵循他的教导,自觉践行父亲"爱满天下"的家风,在各自的岗位和领域做出了各自的贡献。陶宏成功研制出我国第一代彩色胶卷,成为中国感光化学学科的奠基人和开创者;陶晓光成为我国著名的无线电专家;陶刚成为真善美的农人;陶城则成为工程力学的教授。

(一)教育孩子树立正确的人生观,"投入到大的社会里去"

陶行知一生秉承"捧着一颗心来,不带半根草去"的人生理想,为中国的教育事业和革命事业服务终身,真正做到了鞠躬尽瘁、死而后已。陶行知在家庭教育中也注重加强对孩子们服务社会、服务他人的"爱"的教育。陶行知曾多次写信给夫人吴树琴,表达了自己视死如归、奉献社会的愿望。1945年12月9日,陶行知写信给妻子说:

> 我现在拿着昨晚编好的诗歌全集去交给冯亦代先生出版,然后再到长安庙去祭昆明反内战被害烈士,也许我们不能再见面。这样的去是不会有痛苦,望你不要悲伤。你有决心,有虚心,有热心,望你参加普及教育运动,完成四万万五千万人之启蒙大事,以奠定天下为公之基础,再给我一个报告。②

陶行知在信中表达了自己视死如归的革命豪情,也希望妻子能够为国家的普及教育事业做出自己应有的贡献。陶行知曾于1945年12月9日写了一封遗嘱给妻子吴树琴,表达了自己随时预备赴死的决心,他在写给妻子的信中说:

---

① 陶行知.陶行知全集(第8卷)[M].成都:四川教育出版社,2005:125.
② 陶行知:陶行知全集(第9卷)[M].成都:四川教育出版社,2005:436.

九日追悼昆明死难师生,到千余人,甚为悲壮。我于八日连夜将诗集九册整理完毕,交与冯亦代出版,深恐次日遇险,故于开会前交去,一月内可以出齐。……我曾于九日写一遗嘱与你,另一遗嘱与生活教育社通知,放在桌上给你们,今已顺利过去,原稿我自己带来。这次我预备死而不死,今后尚有为民族、人类服务之机会,而又能与你再见,真是幸福。我当加倍努力,以无负于此幸福也。①

陶行知家书中所表达的这种为国家、为民族服务和献身的大无畏精神,对陶行知的子女们起到了良好的教育效果。在他的影响下,陶行知全家都投入到了国家的教育和救亡大业中去了。

陶行知在他的孩子们年幼时,就帮助他们树立正确的世界观和人生观。1927年3月17日,陶行知分别致信给陶宏和晓光,严肃指出:"我要你们做有知识、有实力、有责任心的国民","要学做事,学做人,不要做书呆子","做人大道理要看得明白","人生志在创业",要"为国努力珍重","要根据自己信念和才干向前做"。而且还坚定地鼓励孩子们:"为着要达到你们的目的,只要于民族、人类有益,我总是支持的。"②

此外,陶行知还教育孩子们要树立正确的信念。有一次,陶行知在接到儿子陶晓光的信后,得知他要离开现有的地方到别的地方去,他及时对儿子进行教育和指导,鼓励晓光树立信念。他说:

根据你自己的信念和才干向前做。不要轻听别人的话。自己的信念未建立以前,则最重要的工作是虚心的热忱的把自己的信念树立起来。③

据陶晓光回忆说:"他(父亲)对我们世界观的形成都很重视,要求我们

① 陶行知:陶行知全集(第9卷)[M].成都:四川教育出版社,2005:437.
② 陶行知.陶行知全集(第5卷)[M].长沙:湖南教育出版社,1984:323-405.
③ 陶行知.陶行知全集(第8卷)[M].成都:四川教育出版社,2005:373.

逐渐树立起自己独立自主的信念。我从小就遭遇晓庄学校被封闭、父亲被通缉、家人流离失所的不幸,所以思想悲观和孤独。"①

晓光的这种悲观思想,难免在写给父亲的信中流露出来。针对陶晓光自身的实际情况,陶行知对他进行了有针对性的指导,在信中教育儿子陶晓光要改变自己悲观的倾向:

> 我对你的观察是你对于科学有自然的兴趣,也有一些才干。在这方面继续努力,是有贡献。你干别的事情是不自然。只要大目的不错,科学也是重要的工作。我不赞成你东跑西跑。张先生(张宗麟)的观察是不错的。乱跑的结果只是失望。在我未回来之前,你在上海暂时修养,把那悲观的倾向改正过来,才是正路。②

后来,陶行知又写信给陶晓光、陶城兄弟,让他们兄弟二人了解老百姓的痛苦,陶行知说:

> 我并不顾虑有代价的牺牲,只怕你们和同志们上船下船东挤西挤,扑通一声,把条性命冤枉的送掉。现在也好,得到了一些经验,知道了一些关于千千万万老百姓逃难的痛苦。③

陶行知又进一步指出:

> 教育要在儿童自身的基础上,过滤并运用环境的影响,以培养加强发挥这创造力,使他长得更有力量,以贡献于民族与人类。教育不能创造什么,但它能启发解放儿童创造力以从事创造之工作。④

---

① 江苏省陶行知教育思想研究会.纪念陶行知[M].长沙:湖南教育出版社,1984:359.
② 陶行知.陶行知全集(第8卷)[M].成都:四川教育出版社,2005:373.
③ 陶行知.陶行知全集(第8卷)[M].成都:四川教育出版社,2005:380.
④ 陶行知.陶行知全集(第3卷)[M].长沙:湖南教育出版社,1985:522.

在陶行知看来,孩子从幼小时代起,不应当只读书。如果只知读书不会做别的事,便是书呆子。书呆子和只会吃饭的饭桶一个样子。家长的责任是教育孩子学习人生之道,要他们做有知识、有实力、有责任心的国民。

陶行知强调,要把孩子道德品质的培养作为家庭教育的首要目标。首先,陶行知认为做人的根本是道德,人们服务于社会需要道德。道德包括公德与私德。公德是指个人对社会、国家的义务与责任;私德指的是人们的人生观、价值观等修养。公德是为国家、社会服务的根本,私德是立身的根本。陶行知教育孩子要把公德与私德结合起来,做到心中有大德,为了国家、民族、人民而努力奋斗,不计较自身得失,努力服务于社会。其次,陶行知要求孩子们要做"人中人",全心全意服务于人民大众。陶行知在1960年《晓庄三岁告周志书》中指出:"我们不但是一个人,并且是一个人中人。人与人的关系是建筑在互助的友谊上,凡是同志,都是朋友,便当互助。"①在陶行知看来,"人中人"和"人上人"以及"人下人"是不同的,"人上人"作威作福,剥削人民;而"人下人"则缺乏自信与自尊。陶行知所讲的"人中人"是指具有高尚的道德情操、能够为国家谋福利的人。最后,陶行知教育孩子要"学做真人",家长要"教人求真"。陶行知认为,"真"是"学做真人"和"教人求真"的关键,更是教育的本质,坚持求真教育能够为国家培养具有知识和道德、真正服务人民的人才。

陶行知认为,"人生以服务为目的"②。家长应从小在家中培养孩子在劳动或工作中学习服务。他主张"最重要的教育是'给的教育'"③,"教小孩拿出小小的力量为社会服务"④。据陶晓光在《回忆父亲给我的教育》中说:"他对我们的世界观的形成都很重视,要求我们逐渐树立起自己独立自主的信念。"⑤陶行知于1937年2月21日接到儿子陶晓光的来信后,教育儿子要树立正确的人生观,要将自己投入到大的社会里去,在信中注重培养儿子晓光的

---

① 陶行知. 陶行知全集(第8卷)[M]. 成都:四川教育出版社,2005:562.
② 陶行知. 中国教育改造[M]. 北京:商务印书馆,2014:279.
③ 陶行知. 中国教育改造[M]. 北京:商务印书馆,2014:279.
④ 陶行知. 陶行知全集(第3卷)[M]. 成都:四川教育出版社,2005:607.
⑤ 何国华. 陶行知教育学[M]. 广州:广东高等教育出版社,2002:309.

服务与奉献精神。

陶行知在给晓光的回信中鼓励他摒弃悲观心理、开阔胸襟、树立为社会服务的抱负,他说:

> 你的人生观太悲观,应当改正过来。世界上一切困难都要用冷静的计划去克服。忧愁伤心是双倍的牺牲,于事并无补。你们不是孤零零的孩子。在你们的周围有着几百、几千、无数的孩子,都是你们的朋友,你们的同伴,你们的服务的对象。从家庭的小世界里把自己拔出来,投入大的社会里去,你不久就会乐观、高兴,觉得生活有意义。大学不必赶,依着学力的长进自然升入,否则考不上,你又要悲观起来。……愿你听我的话,将胸襟扩大,生活将要自在得多。[①]

陶行知在推行平民教育时,让小孩子当"小先生",实行"即知即传人"。1923年,陶行知要求他的次子当时年仅六岁的儿子陶晓光充当"小先生",教五十七岁的祖母识字读书,大力支持与孩子一起在力所能及的基础上,做对国家和民族有益的事情,培养其为社会服务的意识。陶行知写信对陶宏说:

> 近来我们深刻的了解,人生最大目的还是博爱,一切学术也都是要更有效的达到这个目的。一天谈及你,冯先生说你曾为着要帮助一位苦学生,而节省吃鸡蛋的钱来完成这任务。这种行动是高贵的,所以冯先生至今还记得。以后我们仍当向这个方向努力。[②]

陶行知在信中对长子陶宏为了帮助一位穷苦学生,而节省自己吃鸡蛋的钱的做法表示赞赏,认为这种行为是"高贵"的,这对陶宏起到了很好的激励作用。

此外,陶行知还教育孩子要明白做人的大道理,他在写给陶城的信中教

---

① 陶行知.陶行知全集(第8卷)[M].成都:四川教育出版社,2005:357.

② 陶行知.陶行知全集(第9卷)[M].成都:四川教育出版社,2005:271.

育儿子说:

> 要知道三件事:第一,做人的大道理要明白。第二,遇患难要帮助人。肚子饿让人先吃。没饭吃时,要想法子找出饭来大家吃。第三,勇敢。勇敢的活才算是美的活。[①]

在中国遭受日本帝国主义侵略的国难之际,陶行知教育陶晓光、陶城要树立远大的理想、明白远大的道理,到祖国最需要自己的地方去发光、发热,甚至不惜献出自己的生命。陶行知教育他们说:

> 民族解放的大道理要彻底的明白。遇患难要帮助别人。勇敢的活才算是美的活,勇敢的死才是美的死。晓光应当根据自己的才干,参加在民族解放的大斗争中。

陶行知还写信勉励陶城说:

> 你在无线电已有了相当基础,希望你在这上面精益求精,到最需要的地方去,最有组织的地方,最信仰民为贵的地方去作最有效的贡献。把生命的火药装在大炮里,对准着日本帝国主义轰炸。倘若把生命的火药放在炮竹里玩掉或是放在盘里浪费掉,那是太可惜了。[②]

这封信寓意深刻、立意高远,表达了陶行知对解放区的信任和对人民深厚的感情,并暗示自己的孩子应当到解放区去服务人民、建功立业。

(二)教育孩子树立"健康第一"的家庭教育观念

英国教育家洛克指出,"若没有健康,就没有幸福"。陶行知认为,健康是有关生活的一切行动的出发点,也是教育的出发点。

---

① 陶行知.陶行知全集(第8卷)[M].成都:四川教育出版社,2005:373.
② 陶行知.陶行知全集(第5卷)[M].成都:四川教育出版社,1984:326.

陶行知在《敲碎儿童的地狱，创造儿童的乐园》一文中，提出了"提倡儿童卫生"的建议，他认为"儿童卫生是民族健康之基础，这基础必须用水泥钢骨打得稳固"。可惜"平常做父母的多不注意"。陶行知指出"儿童卫生有一百件具体的事要做"。诸如"……把食物嚼碎给小孩吃，是害了许多儿童，使家庭的肺病一代地地传下去。革除这一坏习惯，是使许多儿童得到终身的幸福。"他又强调指出："至于营养要充足，环境要卫生，那是不消说了"①。陶行知嘱咐陶宏、陶晓光，不要忘记"脸和手要洗得干干净净，衣服、帽、鞋、袜都要穿得整整齐齐"②。

在孩子的健康方面，陶行知重视对孩子们身体健康的指导，从孩子们身心发展的实际需要出发，扬长避短，促进孩子们身心健康成长。如陶行知面对体弱多病的陶刚，并没有坚持让他走读书求学之路，而是认为"他的长处是种园唱歌，而他的希望也只是如同一位墨西哥的农人所唱：'我只要一块地，种一粒种子唱一句歌。'"陶行知"认为他更适合去田间劳动，保持一个农夫的生活状态。日内当派他到郜爽秋同学办的农场去见习"③。最后，陶刚成了一个快乐的农人。

1941年2月5日，陶行知写信给儿子陶晓光，告诉他要树立"健康第一"的生活理念，注意劳逸结合，信中说：

> 你到金大听课，万望不要超过体力之限度。依我看来，还是集中精神，现在研究室及厂中充分学习，等到告一段落，再到大学上课，这样便不致把身体弄坏。健康第一！你的身体并不甚强壮。学校工厂两处奔跑，颇感体力不济，务必慎重考虑。④

1942年8月1日，陶行知写信劝告儿子陶宏要他注意身体，明确而具体

---

① 陶行知.陶行知全集(第3卷)[M].长沙:湖南教育出版社,1985:531.
② 陶行知.陶行知全集(第3卷)[M].长沙:湖南教育出版社,1985:112–113.
③ 陶行知.陶行知全集(第9卷)[M].成都:四川教育出版社,2005:303–304.
④ 陶行知.陶行知全集(第9卷)[M].成都:四川教育出版社,2005:130.

的指导他如何有效地保持身体健康。他写道:

> 你这样努力,怕是向"健康银行"透支了过分的法币。……为了要攀上真理的最高峰,为了要作最多数、最有效、最永久的服务,我向你提出如下的劝告:(一)健康第一。(二)从容工作、学习为原则;紧张突击为例外。(三)预防疲劳之休息。拿休息来预防疲劳,重于拿休息来治疗疲劳。我们肺弱,你必特别小心,对于元气宜多储蓄,对于健康切勿透支。①

据陶宏回忆说:

> "有一年夏天,我在晓庄,他(陶行知)去上海前特别关照医生要监视我每天吃两颗金鸡纳霜,预防疟疾。民国十九年(1930)我在南开念书时,因饮食不慎得了痢疾,偶尔写信告诉方先生。父亲知道这消息后,立即打了个电报给张伯苓校长,叫我赶快就医。校长把我找去,反而问得我莫名其妙,原来已经好了几天了。过二三天,又接到父亲来信评述痢疾的厉害,不可马马虎虎。"②

陶晓光在1944年8月飞抵印度加尔各答后,随即病倒,中国航空公司决定让他回国。陶晓光坚持在加尔各答为育才学校举行了绘画、木刻展览会,并到噶伦堡、大吉岭发动华侨为育才捐款。后来健康状况好转,公司收回了成命。陶行知得知消息后于9月21日写信给陶晓光,希望他注意身体,回国养病,陶行知在信中说:

> 你的努力,全校兴奋。养病事,此地已向李总经理进行,勿念。惟需要公司医生之决定,故须与医生商量,可留印即留印休养,如不可,则

---

① 陶行知.陶行知全集(第9卷)[M].成都:四川教育出版社,2005:212–213.
② 江苏省陶行知教育思想研究会.纪念陶行知[M].长沙:湖南教育出版社,1984:212.

难办到。我希望你回来养病,可往高原干燥之地带修养,印度不适。①

后来,陶行知在得知陶晓光身体恢复健康了,高兴万分,立即写信给陶晓光,表达内心的无比喜悦之情,他说:"……第一件高兴是你的健康恢复了,这比一万两黄金还重要。"②陶行知在信中告诫陶晓光、陶诚说:"有病即须快医。病后要养,不要爱惜钱。"③

笔者翻看陶行知的家书,发现他写给家人书信的结尾总是落款为"敬祝康健"等字样,这体现了陶行知对家人健康的高度关切和重视。

(三)教育孩子练就事业的基本功

陶行知非常关注孩子们的学业,他经常教育孩子们要把握并抓紧一切学习的机会,他在写给孩子们的家信中多次提到关于孩子们学业的事情,"如果可以有学习机会,则工作多吃些苦也有价值。"并表示"为了你的学习,我总是愿负经济上的责任"。他还要求孩子们要肯舍得花钱买好书,"好书买重复了也可以,因为朋友是借用,弄得自己反没得用。""见着好书,望暂借款,我见信即汇来。""王国维先生关于甲骨文研究最深,倘遇着他的全集,必须想法买得,我至今还没遇到。"1938年4月18日,陶行知写信给陶晓光、陶城说:"你要的书报,一到美国,即托专家选寄。短波可以接收全世界的新闻,不知你已研究否。这些由我带来怕是很迟,都预备先寄给你。"④

陶行知非常关心孩子们的成长,对几个孩子的学业都十分重视,他经常在学习方法上对孩子们进行科学的指导。陶行知认为文化钥匙有四把:国文、外国语、数学和治学治事的科学方法。其中,他特别关心孩子们学好国文和外国语两门功课。

陶行知在写给陶宏的信中指出:"接读你3月11日的信和《世界进化论》一篇,晓得你进步很多,我非常欢喜。国文长进全靠多做多读,你照这样去

---

① 陶行知.陶行知全集(第9卷)[M].成都:四川教育出版社,2005:379.

② 陶行知.陶行知全集(第9卷)[M].成都:四川教育出版社,2005:388.

③ 陶行知.陶行知全集(第8卷)[M].成都:四川教育出版社,2005:488.

④ 陶行知.行知书信集[M].合肥:安徽人民出版社,1981:194-195.

干，以后的进步必定格外迅速。"①据陶晓光回忆说："学国文，写文章，他给我们推荐了两位老师，第一位是自己的耳朵，第二位是大众的耳朵。""他几天回家一次的饭前、饭后常常就是给我当老师，看文章，改文章的时候，我写的和翻译的科普文章都要请他看一看，改一改，从对比中得到教益。他要求很严，要求写得短而有力，没有废话，做到多一个字，少一个字都不行。"②

　　陶行知经常教育儿子陶晓光要把字写好，认为把字写好不是小事。陶行知在陶宏、晓光童年时，就开始教他们学会写信，要求他们在信上必须写上自己的名字和日期，要求他们自己写，写在好纸上，写得干净。③陶行知进一步指出："书信写得短，不要紧，但是要写得活泼，有力量。我愿意下次看到更好的信。我愿意当你们写信给我的时候，是你们的灵魂对我谈心。"④陶行知1939年2月4日在写给晓光的信中，严肃指出：

　　　　现在有一件事要和你讨论。你的字是写得太野了，使人认不得，而且写信的纸张不规则，这是必须改正的。同志中的字，洞若的最令人头痛，其次是自俺的，再其次就是你的。你们的信总有一部分令人看不懂。就是看得懂也是叫看信人十分难过，甚至头痛。这点小事，如不通改，将来必有一天，要给人把信摔到纸篓里去。快点改吧！⑤

　　陶行知在美国留学获得博士学位，他深知学好外语的重要性。他教育孩子们一定要掌握一门外语。陶行知鼓励儿子陶晓光、陶城要学好外语。陶行知嘱咐陶城："……也要风雨无阻的把一种外国语学好，不可间断。"⑥

　　陶行知写信夸奖晓光的俄文取得了很大的进步，并在回信中强调指出了学好外语的重要性，他说：

---

① 陶行知.陶行知全集(第5卷)[M].长沙:湖南教育出版社,1985:174.

② 何国华.陶行知教育学[M].广州:广东高等教育出版社,2002:312.

③ 陶行知.陶行知全集(第5卷)[M].长沙:湖南教育出版社,1985:405.

④ 陶行知.陶行知全集(第5卷)[M].长沙:湖南教育出版社,1985:112.

⑤ 陶行知.陶行知全集(第8卷)[M].成都:四川教育出版社,2005:303.

⑥ 陶行知.陶行知全集(第5卷)[M].长沙:湖南教育出版社,1985:405.

第三章　民国教育家群体的家庭教育生活

每一个青年都得擅长一种外国语。晓光要精益求精的把俄文学到最高的境界。蜜桃也要风雨无阻的把一种外国语学好，不可间断。晓光的才干，依我看来是专供自然科学来得有成效。你的性情不适合复杂的环境，因此研究自然科学是对的。苏联的科学进步、发明介绍到中国来很少。你可以把这个岗位站稳。为着达到你要达的目的，只要于民族、人类有益，我总是支持的。①

据晓光回忆说：

对英文的学习，他要我借助好的英汉对照的书来学，这又好比请了两位老师。父亲给我了中英文本的鲁迅《阿Q正传》，既学习中文，又学了英文。虽然对我的年龄和理解力来是深了些，可我还是学得起劲，很认真，并且以后也多借助这种方法自修。抗战中我又在第一外语的基础上学了第二外国语俄文，比较快地达到了看俄文技术资料的程度，受到父亲的关怀和赞扬。②

此外，据陶宏回忆说，1929年冬，陶行知从上海买回原文的富兰克林自传，要他学着翻译这本书，并负责给他修改。有一天晚上，陶行知给陶宏修改这本书的中文翻译，同时非常详细地给儿子讲解了原文，一直到深更半夜方才睡觉。陶宏说："这就是父亲给我的一次耳提面命的英文教育。"③陶宏又回忆说：

二十年（1931）我在北平，他从日本回到上海，给我寄了一本爱迪生传，叫我翻译。他说他总想在学习上对我有什么帮助，可我总没找到适

---

① 陶行知.陶行知全集(第8卷)[M].成都:四川教育出版社,2005:487.
② 何国华.陶行知教育学,广州:广东高等教育出版社,2002:313.
③ 江苏省陶行知教育思想研究会.纪念陶行知[M].长沙:湖南教育出版社,1984:212-213.

当的机会,如今发现一个最好的办法,由我在北平把原文译好,寄到上海给他改(他另有一本原文),改好后才寄回我,将他修改和我的原译对照研究,一方面在英文上可以有进步,而另一方面又可学习爱迪生的求知精神,并可增加科学知识,实在是再好没有了。①

陶行知还非常重视孩子们自然科学知识的学习。陶行知经常告诫陶晓光、陶城要努力掌握知识,认为这样才能更好地为国家做贡献。

1926年10月,陶行知在上海,陶宏在北京。父子俩作科学学习比赛。陶行知给陶宏一本《电磁学》,并在书上写了一首《攀知识塔》诗:"一二三,三二一,一二三四五六七,看谁找得真知识。"诗后还附言:"与陶宏作科学忘年比赛。"②陶宏后来也自认为"我在科学方面一向的学习兴趣不能不归功于父亲种种的开导与启诱"③。

对于热衷于无线电专业的陶晓光,陶行知通过考察,认为晓光适合读自然科学。陶行知鼓励晓光要"积极学牛顿、伽利略、巴世德"。他曾这样鼓励晓光说:"我对你的观察是你对科学有自然的兴趣,也有一些才干。在这方面继续努力,是有贡献。"④陶行知写信给陶晓光对他的学习给予了针对性指导,他说:"无线电要弄得好,须打基础:数学、物理、化学等等,在'博中求约'和'自约返博'都是做学问必要的过程。"⑤又说:"你对无线电已有了相当基础,希望你在这方面精益求精。"⑥可见,陶行知不只是注重指导孩子选定专业,还要孩子们重视学习方法。

为了让陶晓光在无线电领域能取得更大的成就,陶行知为陶晓光出国深造多方努力,他在陶晓光去美国之前,专门写信对其学业进行指导和规划:

---

① 江苏省陶行知教育思想研究会.纪念陶行知[M].长沙:湖南教育出版社,1984:213.
② 陶行知.陶行知全集(第4卷)[M].长沙:湖南教育出版社,1984:54–55.
③ 江苏省陶行知教育思想研究会.纪念陶行知[M].长沙:湖南教育出版社,1984:216.
④ 陶行知.陶行知全集(第9卷)[M].成都:四川教育出版社,2005:252.
⑤ 陶行知.陶行知全集(第9卷)[M].成都:四川教育出版社,2005:252.
⑥ 陶行知.陶行知全集(第3卷)[M].长沙:湖南教育出版社,1984:607.

他(朱启贤)能帮助你取得美国大学许可证。你仍宜以研究无线电十年的姿态出去。这样,倪尚达和我都能证明你有大学毕业程度及研究深造之基础。到了美国有必要再换科,最好是以科学为主科,以艺术为副科,可以把你造成更有益的人才。再写信给朱先生时,你可用 Fellow of the Acading of National scienes,Research Fellow of the Radio Institute of 中央无线电修理厂。同时我将请陈国钧司长写信给中航总经理许允给你较轻之工作或许你半天服务。这样才于你适合。①

陶行知在1946年2月19日接到儿子陶宏的来信后,于3月14日回信对他工作上的疑惑给予了解答和指点:

……只要岗位不变,两条路线任何一条都可以走,让客观的机会来决定吧。暂时只可如此,将来稍微好转,是要用主观配合客观关系来争取。②

陶行知得知他两个孩子到广西去,认为他们到广西去是一个小错误,"那里是要知识、技术成熟的人去才有相当贡献,你们都是没有成熟的人,到了那里自然是很困难。"③勉励孩子们一定要打好事业的基础。

在陶行知的教育和指导下,除了陶刚之外,陶行知的另外三个孩子均学有所成,成为各自领域的专家和能手。

(四)教育孩子实事求是,"追求真理做真人"

陶行知提出了很多影响至深的教育理念,其中最有名的莫若"千教万教教人求真,千学万学学做真人"。可以说,"求真"一直贯穿于陶行知的家庭教育全过程之中,时至今日,陶行知的后代还一直传承他的家训:"宁为真白丁,不做假秀才。"陶行知坚持以身作则,做孩子的表率和榜样。陶行知教育

---

① 陶行知.陶行知全集(第5卷)[M].成都:四川教育出版社,2005:393.

② 陶行知.陶行知全集(第5卷)[M].成都:四川教育出版社,2005:456.

③ 陶行知.陶行知全集(第8卷)[M].成都:四川教育出版社,1991:468.

孩子要求真,而他的一生就是求真的典范,对孩子们产生了深远的影响。

陶行知经常教育孩子要"追求真理做真人",并为次子晓光和三子陶刚分别起了"问真""探真"的学名。①

1940年底,陶晓光到成都一家无线电厂工作,厂方向陶晓光催索学历证明书。由于陶晓光没有正规的学历,无奈之下陶晓光只好写信向时任育才学校的副校长马侣贤求助,很快要到了一张晓庄学校的毕业证明书。陶行知在重庆闻讯后,立即电告晓光将此证明书寄回,接着又寄出一封快信,同时又开了一张"宁为真白丁,不作假秀才"亲笔证明信,要求陶晓光"追求真理做真人"。陶行知在写给陶晓光的信中说:

> 晓光:最近听说马肖生寄了一张证明书给你。他擅自做主,没有经我看过,我不放心,故即于当晚电你将该件寄回,以便审核有无错误,深信你已经遵电照办。现恐你急需文件证明,特由我亲自写了一张,附于信内寄你。你可根据这样证明,找尚达(指倪尚达,当时在陶晓光工作的程度无线电厂任厂长)弟力保。我们必须坚持"宁为真白丁,不作假秀才"之主张进行。倘使这样真实的证明不合用,宁可自己出钱,不拿薪水,帮助国家工作,同时从尚达弟及各位学术专家学习。万一竟因证明不合传统,而连这样的工作学习亦被取消,那末,你还是回到重庆,这里有金大机电工程,也许可去,或与陈景唐兄商量,径考成都金大②。总之,"追求真理做真人",不可丝毫妥协。万一金大也不能进,我愿筹集专款,帮助你建立实验室,决不向虚伪的社会学习或妥协。你记得这七个字,终身受用无穷,望你必须努力朝这方面修养,方是真学问。③

陶行知写给陶晓光的证明书的原文为:

---

① 陶行知.陶行知全集(第5卷)[M].成都:四川教育出版社,1984:242.
② 金大,指抗战期间迁往成都的金陵大学。当时陈景唐(即陈裕光)任校长。
③ 陶行知.陶行知全集(第9卷)[M].成都:四川教育出版社,2005:124.

　　陶晓光,年二十三岁,男,安徽歙县人。于民国十九年冬季至民国十六年秋,在上海自然学园学习无线电,前后六年半,成绩尚佳。本园出版儿童科学丛书一百零五册,晓光担任无线电部门编辑,出书亦属合用。后于民国二十七年冬入本所担任研究工作亦甚称职。特此证明。务希查照。①

　　这封信对晓光产生了很大的震动,给他那种屈从于世俗的行为以当头一棒,使他觉醒过来。陶晓光在收到父亲的回信后,很快便要回了假的学历证明书,实事求是地向无线电厂说明了自己的情况。陶行知通过这件事给陶晓光上了一节生动的"求真"课,让晓光终生难忘、铭记于心,这件事对陶行知其他的孩子也起到了很好的教育作用。

　　总的来看,陶行知的家庭教育的核心主要体现在于一个"真"字,无论是他倡导的"千教万教教人求真,千学万学学做真人"的教风学风,还是他秉承的"宁为真白丁,不做假秀才"家风,都完美融入其家庭教育过程中,陶行知和夫人精心抚育四个儿子成人、成材。陶行知的四个儿子,除了最小的儿子获得国家正式文凭外,另外三个儿子都没有上过公办学校和获得文凭。陶行知告诫儿子,要永远记得"追求真理做真人",在任何时候都决不向虚伪的社会妥协和学习。实际上,以陶行知的关系和社会地位,完全有可能将自己的孩子送入好的学校接受更良好的教育,但是陶行知先生没有也不愿意这样做,在他看来,追求真理,是他做人做事的底线,也是他家庭教育坚守的底线。

　　(五)教育孩子迎难而上,做"欢迎困难的一个人"

　　陶行知一生坚持教育救国,历经磨难,深知苦难教育对孩子们成长和发展的重要性。陶行知经常教育孩子们要直面困难、迎难而上,做"欢迎困难的一个人"。陶行知在写给陶晓光的信中说:

　　学校经济自是非常困难。你知道我是欢迎困难的一个人。一切困

---

　　① 陶行知.陶行知全集(第12卷)[M].成都:四川教育出版社,2009:404.

难都一算学解决之。不但经济困难是如此解决，别的困难也如此解决。所以我没有忧愁，仍旧是吃得饱，睡得着。我的身体比你离碚时好了些。虽然没有从前胖，但瘦如梅花，骨子里有力量，有何不可？①

陶行知借用孔子的话教育晓光：

> 仁者不忧，知者不惑，勇者不惧。惟其不惑所以不忧、不惧。我们追求真理，抱着真理为民族人类服务，有什么疑惑呢？所以我无论处境如何困难，心里是泰然自在，这是可以告慰的。②

陶行知写信给陶晓光说：

> 我们有两位朋友，一是贫穷；二是患难。我们不但是在贫穷与患难中生活，而且整个教育理论都是它们抚养起来的。所以我有六个字供大家勉励：友穷，迎难，创造。一切为创造，创造为除苦。③

陶行知同时以自己的亲身经历勉励儿子在困苦中进行创造：

> 今年儿童节，我们是在这种精神中创造了儿童美术馆。在这一个月内，我立定决心要为学校筹足二十万基金，以备高中立案之用。今日每天拜访两人，从容进行，还没有失望过。只要我们说清楚，社会是会了解而给我们帮助。④

陶行知一生都在奋斗和创造，他经常写信鼓励自己的孩子把握创业的

---

① 陶行知.陶行知全集(第9卷)[M].成都:四川教育出版社,1991:316.
② 陶行知.陶行知全集(第9卷)[M].成都:四川教育出版社,1991:316-317.
③ 陶行知.陶行知全集(第9卷)[M].成都:四川教育出版社,2005:205.
④ 陶行知.陶行知全集(第9卷)[M].成都:四川教育出版社,2005:205.

时机,陶行知写信给陶宏说:

> ……我大概三星期内要到上海去。房子可能在上海租一座拥有八十间之洋楼,但必须我自己去才能确定。租金很少,地点亦适中。你是在我到沪后再去,比较稳当。但人生志在创业,等人也不见得十分对。①

在陶行知的教育和引导下,陶行知和他的几个孩子,在当时艰难苦困的年代,以苦为乐,为国家和民族的解放事业做出了自己应有的贡献。

(六)教育孩子学会做事,要"自助助人,自立立人"

陶行知指出当时中国教育的一个弊病。他说:"中国社会对于小孩的教育普遍只有两个阶段:一是全然依赖;二是忽然自立。这中间缺少渐进的桥梁。倘若承认突然变故,小孩失其所依,这是多么难受的痛苦啊!"②陶行知逐步使自己的孩子养成自立的习惯,凡是孩子们自己能做的事情,都要求他们自己去做,从简单到复杂,让他们自己动手,边学边做,逐步减少对大人的依赖,逐渐养成自立的习惯。

陶行知有个著名的理念和人生信条——"爱满天下",主张要心怀爱心,助人为乐。陶行知是这样做的,他也要求自己的孩子像他这样做。

据次子陶晓光在《回忆父亲给我教育》中回忆说:

> 父亲要求我们从小就自己动手干活、劳动,体验生活,不要做阔少爷娇小姐,长大后就要求我们向自助助人、自立立人的方向去做。他忙于事业,和我们孩子相处时间不多,但对我们世界观的形成都很重视,要求我们逐渐树立起独立自主的信念。③

---

① 陶行知.陶行知全集(第9卷)[M].成都:四川教育出版社,2005:456.
② 陶行知.陶行知全集(第2卷)[M].长沙:湖南教育出版社,1984:461.
③ 江苏省陶行知教育思想研究会.纪念陶行知[M].长沙:湖南教育出版社,1984:359.

为教育孩子们树立自立思想、养成自立的行为，1932年1月，陶行知和孩子们商议，制定出一个自立立人、自助助人的教学做过程，共分为四个阶段：

第一阶段：三餐喂得饱，个个喊宝宝；
第二阶段，小事认真做，零用自己赚；
第三阶段，全部衣食住，补考别人助；
第四阶段，自活有余力，帮助人自立。①

陶行知说：

我现在第四个孩子六岁，尚在第一个阶段。第三个孩子十岁，在乡下时已到第二个阶段，现在进城来又回到第一个阶段。第二个孩子十三岁，是在第二个阶段。第一个孩子十七岁，是上了三个阶段。同时大家还在求学，一起向了第四个阶段努力前进。②

可以看出，陶行知遵循了儿童成长的规律，在家庭教育中，他要求孩子们自己能干的事情，从小到大，从简单的事情到复杂的事情，放手让孩子们自己去干，在动手中自己进步，从而逐渐减少小孩子对大人的依靠，最后实现孩子的自主、自立、自强。

在战争年代，陶行知率领各个团体和自己的家人，为战争筹款和宣传，为此陶行知于1943年3月19日专门写信给自己的儿子陶宏、陶晓光，要求他们积极参加各项活动，让他们在参加活动中学会治事，陶行知在信中说：

我们现在同时筹备三个会，而画展一项又分作三处举行，其生活之丰富，治事、学习机会之充足，可想而知。我要大家分工合作，学习同时举办数事（多方应战）而有条不紊，并不觉得麻烦。我们在这方面确已

① 陶行知.陶行知全集(第7卷)[M].成都:四川教育出版社,2005:358.
② 陶行知.陶行知全集(第7卷)[M].成都:四川教育出版社,2005:358.

达到很高的境界。以我自己而论，身体不算怎么好，而同时指导数事，尚能措置裕如，今年还写诗贺鹿瑞伯，并饯别于去疾，丝毫不觉得紧张。你们也要学会治事。秘诀是要有目的、有计划、有组织、有决心，运用发挥每一个分子、每一位朋友之力量共同创造，使每人觉得是自己的事而甘心情愿向前进行，用不着督促。①

陶行知在写给陶晓光的信中，教导他要自立。陶行知说：

Friedman②先生刚才打电话来，说你的翻译要得，望你于今晚或明早到Hamilton House（在福州路江西路口）C1004房里去找他。我还没有说你是谁。你可以告诉他My father wants me to stand on my own feed。③

陶行知为了教育孩子们独立自强，专门写了一首《自立立人歌》勉励孩子们：

滴自己的汗，
吃自己的饭，
自己的事自己干，
靠人、靠天、靠祖上，
不算是好汉！④

一直到晚年，陶行知仍然念念不忘教育自己的孩子要自立。1946年7月15日，陶行知在写给晓光的信中，这也是最后一封教育孩子的家书，他在信

① 陶行知.陶行知全集(第9卷)[M].成都:四川教育出版社,2009:289.
② 即Julian R. Friedman，中译名为傅理曼，时为美国驻华大使馆劳工参赞。
③ 这句话的中文意思为:我父亲要我自立。
④ 陶行知.陶行知全集(第6卷)[M].成都:四川教育出版社,1985:659.

中还要求晓光毋忘"我父亲要我自立"[①]。

(七)强化孩子们的劳动教育,做"手脑结合"的人

陶行知认为,劳动的人应该有生活能力,不劳动就不能正常生活,因此,陶行知认为必须将劳动教育融入家庭教育之中。陶行知指出,人的全部知识都源于劳动,孩子们在劳动教育中不仅可以获取真知,还可以锻炼孩子的动手能力,增强孩子的自治能力,提高集体合作意识。劳动教育还有助于培养孩子良好的道德品质,劳动能磨炼孩子的道德品行,从而养成孩子服务于他人、服务于社会的良好道德品行。

陶行知的劳动教育致力于培养"手脑结合"的人。陶行知认为当时中国的教育严重脱离了劳动,使得知识分子脱离了劳动人民,这样做会导致严重的后果。他批判当时的学校教育一方面:"教学生读死书、死读书;不教学生动手,用脑……到了一个大学毕业出来,足也瘫了,手也瘫了,脑子也用坏了,身体健康也没有了……这叫做读书死。"[②]另一方面"教人劳心而不劳力,不教劳力者劳心"[③]。陶行知认为这样做的后果是人为地将脑力劳动和体力劳动相分离,这样的教育培养出来的只有两种人:一种是只进行动脑不动手的读书人,一种是只进行简单的体力劳动,缺乏大脑思考的工人农民。在陶行知看来,传统教育的目的教育人片面追求权利和金钱,它会让人看不起底层的劳动者,让"劳力者"长期被"劳心者"治理,这样会出现大批的不做实事的"官老爷",而当时的中国缺乏的正是大批能做实事的劳动者。陶行知认为"劳动教育的目的,在谋手脑相长,以增进自立之能力获得事物之真知,及了解劳动者之甘苦"[④]。所以陶行知认为劳动教育就在于要培养"手脑结合"的人,这样的人既不是只会进行简单劳动的莽夫,也非是只会读书的书呆子,而是能够在"劳力上劳心"的能人。陶行知认为通过劳动教育,可以让学生在"做中学",把手和脑结合起来。学生在劳动过程中,能够更加体会到劳

---

① 陶行知.陶行知全集(第5卷)[M].长沙:湖南教育出版社,1984:962.

② 徐莹辉,王文岭.陶行知论生活教育[M].成都:四川教育出版社,2010:166–167.

③ 徐莹辉,王文岭.陶行知论生活教育[M].成都:四川教育出版社,2010:167.

④ 陶行知.陶行知全集(第2卷)[M].成都:四川教育出版社,2005:331.

动者的不易和甘苦,更加懂得珍惜劳动成果,也能够使学生融入到劳动人民群众中去,体验劳动人民的艰辛,养成关怀同情劳苦大众的大爱之心,同时可以培养学生热爱劳动的好习惯。陶行知写道:"我看学生们在学校的各个地方做着搬石头和瓦片、给花园栽花除草等工作。此时学生与农夫之间没有了隔阂,可以说学生就是农夫,农夫就是学生了。大家功能做起来积极努力,丝毫没有偷懒的意图。"①

陶行知将自己的劳动教育思想全程贯穿于家庭教育之中。陶行知的劳动教育的内容涵盖生活知识技能教育、农业生产教育和社会公益劳动教育等方面。陶行知在《初学烧饭》中指出了当时学生生活技能缺失的现状:"书呆子烧饭,一锅烧四样:生、焦、硬、烂。"②学生由于终日苦读,两耳不闻窗外事,对于做饭这样普通的家务劳动竟然难以胜任。陶行知主张应大力加强生活技能教育,一方面能够增强学生的自理能力,一方面还能够培养学生的审美能力。陶行知说:"烧饭是一种美术的生活,做一桩事情,画幅图画,写一张字,如能自慰慰人,就叫做美。"③鉴于对劳动教育的重视,陶行知在晓庄师范里,将烹饪作为基本的生活知识技能教育内容,规定"不会烧饭,不得毕业"。在陶行知的倡导下,在晓庄师范学校,像打扫卫生、挑水等成为师生的日常活动。

陶行知教育孩子们要培养自我服务的劳动能力和习惯。陶行知在家书中写道:"试验乡村师范已经开学,学生虽然只有16名,但是精神真好。他们自己扫地、抹桌、弄饭、洗碗、打补丁。"④陶行知以晓庄学校学生的亲身经历现身说法,教育陶宏要养成自我服务和劳动的良好习惯。

民国时期,当时的中国正在经历由农业社会向工业社会转型的关键时期,需要大量掌握生产技术的劳动者。陶行知主张将农业生产劳动融入家庭教育中去。陶行知要求孩子们在家中养成热爱劳动的良好习惯,参加力

---

① 陶行知.陶行知全集(第2卷)[M].成都:四川教育出版社,2005:669.

② 陶行知.陶行知全集(第2卷)[M].成都:四川教育出版社,2005:52.

③ 陶行知.陶行知全集(第2卷)[M].成都:四川教育出版社,2005:15.

④ 陶行知.陶行知全集(第5卷)[M].成都:四川教育出版社,2005:174.

所能及的劳动,以培养孩子们为社会服务的思想。陶行知于1927年2月11日写的家信中,要求"桃红、小桃在家,自己的事要自己干。衣服要学洗,破了要学缝,烧饭弄菜都要学。还要扫地抹桌。有益的事都要做"①。陶行知大声呼吁:"少几个吃饭不做事的书呆子,多几个为国家做贡献的生产者、建设者、创造者、发明者。"②陶行知的儿子陶刚由于体弱多病,因此他并没有刻意让儿子走读书求学的道路,而是引导儿子热爱劳动,最终走上了农人的道路。

(八)坚持以身作则,言传身教

家庭是儿童成长和发展的摇篮,父母是孩子的第一任教师,也是终身教师。儿童的学习始于模仿,喜欢模仿是儿童的天性,易受暗示是儿童较为突出的心理特点。由于儿童生活阅历浅,判断能力差,往往容易受到外界因素的影响和干扰。父母与孩子朝夕相处,自然成为孩子最直接、最密切的模仿对象。因此,父母的一言一行、一举一动,都会对子女产生深刻而持久的影响。

陶行知深刻认识到家庭教育的重要性,并深谙家庭教育之道。1913年,陶行知写道:"孩童最易受影响人者也,父母之言行举动,子女多于不知不觉中被其激触,效而尤之。今日之学子,即他年之父母也。为学子而行欺,是不啻引将来子女之行欺矣。可不慎哉?"③

陶行知非常注重对孩子的言传身教,并处处以身作则,做孩子的表率和榜样,对孩子起到了极好的引领和示范作用。陶行知在1932年1月在《申报·自由谈》上发表了《儿子教学做之一课》一文,他在文中写道:

儿子要在做上学在做上教,这是没有疑义的。我希望每个儿子做成一个什么样的儿子,我得把自己先做成那样一个儿子,我要教儿子自立立人,我自己就得自立立人,我要教儿子自助助人,我自己就得自助

① 陶行知.陶行知全集(第5卷)[M].成都:四川教育出版社,1984:165.
② 陶行知.陶行知全集(第2卷)[M].成都:四川教育出版社,2005:78.
③ 陶行知.陶行知全集(第1卷)[M].长沙:湖南教育出版社,1984:21.

助人。①

陶行知是这样说的,他也是这样做的。他教育孩子们要"追求真理做真人",他自己的一生就是"追求真理做真人"的典范。他要求孩子们做事认真,他自己做事就坚持有条不紊、善于用科学方法处理各种事务,在孩子们心目中树立了严谨治事的良好形象。陶行知的长子陶宏回忆说:

> 父亲做事有条不紊,最善于"用算学方法处理事务",他确是一个有算学头脑的人,这点值得我们学习。②

陶行知一生好学,也用自己好学的精神去感染和影响孩子。陶行知的次子陶晓光这样评价父亲:

> 别看他担负育才学校三百多人的生活学习和民主运动的担子,但消磨不了他学习研究的精神,每晚很迟很迟才拖着一整天的沉重双腿,爬上坡到管家巷28号育才重庆办事处。无力以敲开门,拿着蓝布上衣和那顶经过风吹雨打早已软瘪的考克帽,一摇一晃的上楼去。稍休息一下,如没有什么紧急公事,就坐在椅上,拿着一本英文名著、诗集、政治历史,或艺术书籍阅读,或翻阅报章杂志,怎不令人肃然起敬。在父亲好学精神的感召下,你不能不振作,不进步,不能不加紧学习,而养成终身好学的习惯。③

在陶行知的言传身教下,他的几个孩子都养成了良好的生活习惯和品行,受益终生。

---

① 陶行知.陶行知全集(第2卷)[M].长沙:湖南教育出版社,1984:460.
② 江苏省陶行知教育思想研究会.纪念陶行知[M].长沙:湖南教育出版社,1984:222.
③ 何国华.陶行知教育学[M].广州:广东高等教育出版社,2002:307.

第六节　陈鹤琴的家庭教育生活

陈鹤琴(1892—1982),我国现代著名的教育家、儿童教育专家、儿童心理学家,现代幼儿教育的奠基人和开拓者。陈鹤琴一生热爱儿童、热爱教育事业,毕生献身于中国教育事业,积极探索适合中国国情、适合儿童身心发展的中国化、科学化、大众化的儿童教育道路。他在儿童心理、家庭教育、幼儿教育、小学教育、特殊儿童教育、师范教育等多个方面进行了长期的开拓和研究,创建了"活教育"的理论体系。陈鹤琴青年时期曾留学美国哥伦比亚大学,回国后积极投身于中国教育改革和儿童教育事业,被誉为"儿童教育之父"、东方的"福禄贝尔"。

图6　陈鹤琴像

陈鹤琴作为中国现代儿童心理学和幼儿教育学研究的开创者,在家庭教育领域开展了一系列卓有成效的教育研究与实验。陈鹤琴从1920年底儿子陈一鸣出生起,就以一鸣为研究对象,对其进行了为期八百零八天的家庭教育和幼儿教育跟踪观察,将西方心理学测验引入儿童教育,并利用摄影和文字记录等形式对儿童的身体、动作、模仿能力、情绪、知识、学习、言语、美感、思想、游戏等方面进行了系统研究,并对儿童的视觉、听觉、触觉、味觉、嗅觉、痛觉等都进行了观测记录。陈鹤琴经过长期的观察和研究,写成了著名的《家庭教育》一书,著名教育家陶行知专门为此书作序,序名为《评陈著之〈家庭教育〉——愿与天下父母共读之》,对此书给予了高度评价:"这本书出来以后,小孩子可以多发些笑声,父母也可以少受些烦恼了。这本书是儿童幸福的源泉,也是父母幸福的源泉。著者既以科学的头脑、母亲的心肠做成此书,我愿读此书者亦务需用科学的头脑和母亲的心肠去领会此书之意义。我深信此书能解决父母许多疑难问题,就说它是中国做父母的必读之书,也不为过。这本书虽有许多贡献,但还是初步试验的成绩。有志儿童幸福者,倘能拿此书来做个基础,再谋进一步的贡献,那就更是我们所希望的了。"①郑宗海也在序言中高度评价《家庭教育》,认为:"我阅过之后,但觉珠玑满幅,美不胜收,有数处神乎其技,已臻乎艺术的范域。"②

图7　陈鹤琴与孩子们

陈鹤琴在其所著的《家庭教育》一书中指出:"⋯⋯但是我们做父母的是

---

① 陈秀琴,陈一飞.陈鹤琴全集(第2卷)[M].南京:江苏教育出版社,2011:510.
② 陈秀琴,陈一飞.陈鹤琴全集(第2卷)[M].南京:江苏教育出版社,2011:511.

不是因小孩子难以教养就不去教养他吗？我们知道幼稚期(自生至七岁)是人生最重要的一个时期,什么习惯、言语、技能、思想、态度、情绪都要在此时期打了一个基础,若基础打得不稳固,那健全的人格就不容易建造了。"①他进一步指出:"儿童教育是一门科学。只有了解儿童,才能教好儿童。实践出真知。要从实践中摸索教育儿童的规律。"②黄书光指出:"陈鹤琴始终将健全人格的培养作为其家庭教育的主要目的,他所强调的健全人格不只是身心的协调发展,而且还是既有世界眼光,具备二十世纪科学和民主精神,又能体察民族危难,具备各种真实本领的弄潮儿。"③

中国自古以来就有重视家庭教育的良好传统,有大量的家庭教育文献问世。然而综观民国之前的家庭教育,大都局限于家庭教育传统经验的积累和感性认识的水平。而陈鹤琴则开创性地在中国将家庭教育建立在科学基础之上。正如陈鹤琴在《家庭教育》自序中所说的那样:"本书共分十三章。先略述儿童之心理与学习性质及原则,以为施行家庭教育之基础;次述普通教导法以作选择家庭教育原则之纲要;继述关于卫生教育、情绪教育、群育及专育各方面之原则计九十条,本书前后所有原则,共计一百零一条。"可以看出,陈鹤琴家庭教育理论是建立在对儿童心理实验研究的基础之上的,它不同于中国教育史上主观经验型的家庭教育,是我国家庭教育走上科学化道路的开端。

陈鹤琴和妻子俞雅琴共育有七个孩子,他们分别是长子陈一鸣、次子陈一飞、三子陈一心、长女陈秀霞、次女陈秀云、三女陈秀瑛、四女陈秀兰。在陈鹤琴的精心培育下,家庭教育取得了很大的成功,七个子女都成长为各个领域的精英。陈鹤琴先生的长子陈一鸣,先后就读于上海沪江大学、美国密歇根州立大学,取得美国哥伦比亚大学师范学院教育硕士学位,曾担任上海市宗教事务局副局长。二儿子陈一飞,光华大学毕业,历任复旦大学生物系

① 陈秀琴,陈一飞.陈鹤琴全集(第2卷)[M].南京:江苏教育出版社,2011:512.

② 陈秀琴,陈一飞.陈鹤琴全集(第2卷)[M].南京:江苏教育出版社,2011:515.

③ 黄书光.试论陈鹤琴在中国现代教育史上的地位[J].华东师范大学学报(教育科学版),1997(4).

党总支书记、中国科学研究院西亚非所副所长、副研究员。三儿子陈一心,曾担任上海市外办政治处主任、党组书记。长女陈秀霞,先后就读于上海圣约翰大学、重庆中央大学,取得美国哥伦比亚大学硕士学位,曾担任外交部新闻司副司级干部。二女儿陈秀瑛,先后就读于上海圣约翰大学、美国密歇根凯拉马助大学,取得哈佛大学博士学位,担任外交部中国国际问题研究所副研究员。三女儿陈秀云,中央大学毕业,历任中央大学团委书记、北京市第八中学党总支书记、北京市教育科学研究所副研究员。四女儿陈秀兰,中国人民解放军第五军医大学口腔系毕业,曾任原南京军区总医院副主任医师。

一、儿童教育的重要性

陈鹤琴对儿童教育的重视体现在两个方面:一是从国家和社会发展的角度来看待儿童教育,他说:"身心健康是一个人最大的资本,民族健康是一个国家最大的资本。"[①]"儿童是振兴中华的希望,儿童教育是整个教育的基础,关系到我们伟大祖国的命运。"[②]二是从儿童个体成长和发展完善的角度看待教育,陈鹤琴认为:"幼稚期是人生可塑性最大的时期,所以幼稚时期也是奠定人生健全发展的时期,故需有适当的环境与优良的养育,以促使民族的新生。"[③]陈鹤琴指出,一个人的幼稚期又被称为"可塑期"或"可教期",因为在这个时期,小孩子学东西是学得很快的,比如一个非常柔弱无能的婴儿,不到三岁就会跑会跳,弄棒舞棍,不到六岁就把一乡的方言学得极其娴熟。但儿童的这些知识和动作不会天生就具有,这和小孩子从小所受的教育有关,陈鹤琴以德国教师卡尔·威特(Karl Witte)为例,指出小威特之所以能取得良好的成绩,和其父亲从小对他的教育是分不开的。

陈鹤琴认为:"儿童教育是一种改进家庭、改进社会和促进文化的原动

---

① 陈鹤琴.怎样锻炼小孩,陈秀琴,陈一飞.陈鹤琴全集(第2卷)[M].南京:江苏教育出版社,1987:32.

② 陈鹤琴.《家庭教育》重版序,陈秀琴,陈一飞.陈鹤琴全集(第2卷)[M].南京:江苏教育出版社,1987:515.

③ 陈鹤琴.战后中国的幼稚教育,陈秀琴,陈一飞.陈鹤琴全集(第2卷)[M].南京:江苏教育出版社,1987:412.

力。"①因为"现在的儿童就是将来的国民,将来一个国家和社会能否繁荣,全靠这些儿童现在有无良好的教育和将来能否成为良好的国民。至于如何教育儿童,使他们成为良好的国民,这就是我们承认的唯一重任了。"②"现在的儿童,就是未来的主人。社会的进化,国家的繁荣,要看这些未来主人的品格才智如何而定。培养这些主人的品格才智,端赖优良的儿童教育,那么儿童教育的重要,自然不用再说了。"③此外,陈鹤琴还从国民教育的角度,阐述了儿童教育的重要性,他说:"如果说,国民教育是一切教育的基础教育,那么,幼稚教育更可以说是基础教育的基础。我们依据生理、心理的发展过程,可以证明幼稚时期是人生的最重要一个阶段,这一时期的教育也是最重要的教育。中国有句俗话说'3岁至9岁,9岁应80'。这是说幼稚时期所受教育的好坏,会影响到一个人终身性格、行为、事业的优劣成败。"④既然儿童教育如此重要,抓住儿童教育成长的关键期,必将影响到整个中华民族文化的传承和社会的发展。

陈鹤琴从儿童个体的成长和发展来看,认为儿童教育也是成就儿童健全人格的关键。陈鹤琴认为:"儿童时代是人生发展的黄金时代,这一时代充满了天真烂漫的生活,值得一生纪念。"⑤反之,如果儿童教育不慎,那么儿童个体今后的成长教育则需要费尽周折来更改儿时不良的习惯,"以儿童个人而论,这步教育不善,终身受影响,就是改正过来,也要费九牛二虎之力。我们大家都知道学习的开始是很重要的,正如同一出发点,可以向东,也可以向西,初时不注意,竟会闹成南辕北辙的,那岂不是比不学都坏吗?"⑥所以

---

① 陈秀琴,陈一飞.陈鹤琴全集(第1卷)[M].南京:江苏教育出版社,1987:60.

② 陈鹤琴.在儿童节告全国成人们,申报[N].1932-4-4.

③ 陈鹤琴.儿童教育的根本问题,陈秀琴,陈一飞.陈鹤琴全集(第2卷)[M].南京:江苏教育出版社,1987:645.

④ 陈鹤琴.中国儿童教育之路,陈秀琴,陈一飞.陈鹤琴全集(第4卷)[M].南京:江苏教育出版社,1987:311.

⑤ 陈鹤琴.儿童时代是一生的黄金时代,陈秀琴,陈一飞.陈鹤琴全集(第4卷)[M].南京:江苏教育出版社,1987:159.

⑥ 陈鹤琴.幼稚教育,陈秀琴,陈一飞.陈鹤琴全集(第2卷)[M].南京:江苏教育出版社,1987:15.

陈鹤琴在家庭教育实验的基础上,发出了"幼稚时期对于儿童一生非常重要"①的呐喊,他说:"所以幼稚教育是儿童的基本教育,亦即人群的基本教育。儿童在这个时期,关于习惯、知识、思想各个方面都打了很深的根基。倘使在这个时期,根基稍一不稳,将来要想建造健全的人格,也就不可能了。"②因此,陈鹤琴竭力呼吁和推动全社会注重儿童教育,希望能通过培养健全人格的个体,带动发展健全人格的社会群体。

陈鹤琴强调指出,做父母的一定要好好地教育自己的子女,若养而不教,不如不养好得多了。陈鹤琴举例说:"文德是一个独生子,他的父母非常宠爱他。在他刚出生的前两个月里,只要他一哭,他的母亲就抱起来喂他,若抱起来仍然还哭的话,就摇摇他。到了三四个月大的时候,他的母亲常常要半夜三更起来抱着文德在地板上走来走去摇他。等到文德年纪稍微大一点的时候,他要什么父母就给他什么。以吃饭为例,在文德和父亲吃饭时,他只要一看见桌上有好吃的饭菜,必定要把饭菜摆在他面前;如果不放在他面前,他就要撒娇。后来文德要什么,他母亲就给他什么,从此以后,文德就对此变得习以为常、桀骜难驯了。到了后来,文德就慢慢地养成了种种坏习惯,一发不可收拾了。"陈鹤琴认为这都是文德父母的溺爱所致。陈鹤琴认为,小孩子虽然生来有强弱智愚之别,然而大部分都是活泼可爱的,比如文德从小是一个很好的小孩子,如果没有他母亲对他的溺爱,或许文德会成为一个对社会有用的人。

陈鹤琴以墨子的"染丝说"为例,认为小孩子的教育也是如此,认为小孩子在未受教育之前,也好比是一索素丝;受了教育之后,好像一索素丝着了颜色。学得好就好,学得不好就不好。等到学得不好,以后做父母的即使要去教他好,也是很不容易的。所以父母对于小孩子的教育,尤其要特别谨慎。因为小孩子年龄幼稚,意志薄弱,很容易受教育的影响。对其施以良好

---

① 陈鹤琴.幼稚教育,陈秀琴,陈一飞.陈鹤琴全集(第2卷)[M].南京:江苏教育出版社,1987:73.

② 陈鹤琴.《幼稚教育》发刊词,陈秀琴,陈一飞.陈鹤琴全集(第2卷)[M].南京:江苏教育出版社,1987:73.

的教育,则将来会成为良好的国民,倘若施以恶劣的教育,那么将来则会成为恶劣的青年。

孔子云:"少年若天性,习惯成自然。"中国俗谚曰:"教子婴孩。"前者说明了习惯很能束缚人,后者说明小孩子要从小教育,也就是说,人的好习惯、好思想是从小养成的。陈鹤琴指出,教育在儿童期具有重大意义。一方面,儿童期是发展能力的重要时期;另一方面,儿童期具有可以发展的性质,即儿童具有可塑性或可教性。陈鹤琴说:

> 初生的婴儿不像小鱼小鸟,鱼、鸟的各种活动可以说是生来就能做的,我们人的活动大部分是生后学来的。儿童的身体脑筋都要渐渐地发展,儿童的道德要逐渐涵养,儿童的谋生能力也要渐渐地储蓄,人生一切的活动呢都是在儿童期内发展的。还有一个意思我们要明白的,就是儿童期是发展个人的最好的机会。什么言语,什么习惯,什么道德,什么能力,在儿童的时候学习最快,养成最易,发展最快。……环境愈复杂,儿童期愈长,学习的机会愈多;学习的机会愈多,天赋的智力发展愈快,然后才可以适应复杂的环境。所以人的儿童期实在是预备适应环境的重要时期。因此,儿童期的教育是重要的。①

陈鹤琴认为,小孩子如花含苞、如草初萌,应当从小用很好的教育方法去教育小孩子们,使他们德、智、体三方面都能够得到好的发展。这样我们可以通过改变小孩子,改变我们的少年中国,所以教育小孩子的责任事关我们国家的命运,每一个父母都要高度重视小孩子的早期教育。

二、家庭教育要把握儿童的心理规律

陈鹤琴将心理学理论引入到家庭教育之中。陈鹤琴在南京师范学院讲授心理学课程时,反复强调在中国科学地理解儿童、教导儿童的重要性。他

---

① 陈鹤琴.幼稚教育,陈秀琴,陈一飞.陈鹤琴全集(第2卷)[M].南京:江苏教育出版社,1987:15.

认为儿童教育的目标,是使之成为健康活泼、有丰富知识、有政治觉悟和良好体魄的现代中国儿童、现代中国人。他认为这项使命是父母和教师应尽的责任。那么如何来实践和履行教导儿童的责任呢? 陈鹤琴认为,可靠的途径之一,就是家长要了解儿童。儿童的喜怒哀乐、生长与成熟、学习与思想、儿童所处的环境以及从儿童新生到成长的整个过程当中所产生的一切变化与现象,都是家长们应当研究与认识的。只有在了解儿童之后,人们对儿童的教导才能切实有效。陈鹤琴对儿童的特点有着清醒的认识,他认为,普通的小孩子生来虽有种种不同之处,但大抵是相似的。陈鹤琴分析说:

> "饿则哭,喜则笑;见好吃好看的东西就伸手拿来,见好玩好弄的东西就伸手去玩。""然何以到后来有的(孩子)会怕狗怕猫,有的敢骑牛骑马;有的身体强健,有的身体孱弱;有的意志坚决,有的意志柔弱;有的知识丰富,有的知识缺乏;有的专顾自己,有的体恤别人;有的多愁病,有的多喜乐;有的成为优秀公民,有的变为社会败类? 推其原因,不外先天禀赋之优劣与后天环境及教育之好坏而已。"①

在陈鹤琴看来,儿童是难养并难教的,儿童自身未形成的天性使家庭教育面临诸多困难。陈鹤琴谈及自己育儿的切身体会时说:

> 有时候他非常来得倔强,你不晓得骂他好呢,还是打他好;让他去好呢,还是抑制他好;有时候他睡在床里哭喊,你不晓得去抱他起来摇摇好呢,还是让他大哭大喊的好;有时候他要出去玩玩,你不晓得让他去玩好呢,还是禁止他好;有时候他要东西吃,你不晓得给他吃好呢,还是不给他好;有时候他要唱歌、他要画画,你不晓得怎样教他唱、教他画。能了解儿童,这许多问题就容易解决,儿童也就不见得怎样的难教与难养了。②

---

① 陈秀琴,陈一飞.陈鹤琴全集(第2卷)[M].南京:江苏教育出版社,2011:522–523.
② 陈秀琴,陈一飞.陈鹤琴全集(第1卷)[M].南京:江苏教育出版社,1987:564.

因此，陈鹤琴认为，要了解儿童，就要借助于心理学的帮助，了解儿童的感觉发展情形、动作发展程序、情绪变化发展、记忆与遗忘、习惯与思想等。

陈鹤琴认为，儿童之间的差别主要取决于家庭教育的成效如何："若从小受了良好的家庭教育，虽生来怕狗猫，到大来也敢骑牛马的；虽生来不甚强壮，到大来也会健康的。若家庭教育不好，小孩子本来不怕动物，大来会怕的；本来身体强健的，大来会瘦弱的。至于知识之丰富与否，思想之发展与否，良好习惯之养成与否，家庭教育实应负完全的责任。"①家庭教育既然如此重要，当然不可草率行事。陈鹤琴指出："家庭教育必须根据儿童的心理始能行之得当。若不明儿童的心理而妄施以教育，那教育必定没有成效可言的。"②因此在陈鹤琴看来，家庭教育的成功与否，在很大程度上取决于对儿童心理的把握。

陈鹤琴认为，对儿童心理的研究不能仅仅依靠书本上间接的理论知识，更需要通过调查、观察和实验，才能探求和把握儿童心理发展的客观规律，才能取得家庭教育的良好效果。那么如何把握儿童的心理呢？陈鹤琴经过长期的观察和实验，归纳出儿童的心理特点，主要表现在七个方面：小孩子是喜好游戏的，小孩子是好模仿的，小孩子是好奇的，小孩子是喜欢成功的，小孩子是喜欢野外生活的，小孩子是喜欢合群的，小孩子是喜欢称赞的。

基于儿童的上述心理特点，陈鹤琴认为，在家庭教育过程中，家长必须首先要了解小孩子的心理，家长若能依据小孩子的心理特点而对其进行教育，家庭教育必定可以起到良好的教育效果。

三、家庭教育要把握儿童学习的性质与原则

陈鹤琴认为在教育儿童的过程中，"环境、教育(学习)是起主要作用的，但遗传也不可忽视。小孩子的天赋虽好，必藉后天的教育方能得着发展；反而言之，后天的教育任凭怎样优良，若无先天的遗传为之基础，也无所施其

---

① 陈鹤琴.家庭教育[M].北京:商务印书馆,2019:7.

② 陈秀琴,陈一飞.陈鹤琴全集(第2卷)[M].南京:江苏教育出版社,2011:522-523.

技的;所以天赋与教育都是很重要的"①。那么既然教育在儿童成长和发展过程中起着重要的作用,为了提高教育的效果,陈鹤琴认为必须要搞清楚两个问题:一是要知道小孩子究竟是如何学习的,是如何从无知无识到有知有识的? 二是要知道小孩子学习应遵循哪些原则?

（一）儿童学习的性质

陈鹤琴认为,小孩子生来就具有三种基本能力,即感觉、联念和动作。这三种能力在儿童初生时虽很薄弱,但到后来渐渐能发展起来,而且这三种能力愈联系愈强大。家庭教育中如果能够发展儿童的这三种能力,对儿童日后的发展将会起到巨大的推动作用。

1.感觉

陈鹤琴指出,初生的小孩子生下来有几种感觉。"他的眼睛虽瞎,但能感觉光线的。他的嘴巴虽哑,但能感觉食物的。他的耳朵虽聋,但三四天后就能听声音的。他的皮肤上的感觉虽不敏捷,然痛、触、冷、热都能稍微感觉到的。他的筋骨肌肉能感觉到在运动的。以上几种感觉,不到几个月工夫就发展很敏捷了。"②儿童的上述几种感觉为学习打下了基础。

2.联念

陈鹤琴认为,单有感觉而没有联念的能力,也是学不了什么东西的。陈鹤琴举例说:"他(儿童)现在看见了他母亲这个人,看了之后就忘记了。下次他再看见他母亲的时候,他只看见他母亲这个人而不记得这个人就是方才看见过的那个人。这样,这个小孩子断不会认识他母亲的。初生的小儿有了听觉视觉之后,还不能十分记得所看见的东西和所听见的声音,所以他不能认识人物,也不能辨别声音。等到小孩子年纪大一点的时候,他的记忆力稍微强一些了,他就能记得各种感觉了,认识人物了,辨别声音了。"③但是如果小孩子只能记忆感觉,而不能把所记忆之感觉联合起来,也是没有多大用处的。陈鹤琴举例说:"母亲呼唤儿童的时候他没有联念的能力,那么他

---

① 陈秀琴,陈一飞.陈鹤琴全集(第2卷)[M].南京:江苏教育出版社,2011:528.

② 陈秀琴,陈一飞.陈鹤琴全集(第2卷)[M].南京:江苏教育出版社,2011:529.

③ 陈鹤琴.家庭教育[M].北京:商务印书馆,2019:19-20.

只能认识呼唤的声音而不知道这个声音就是他母亲呼唤的声音。反而言之，若儿童只看见他母亲这个人而不听见他母亲的声音，他只认识这个母亲而不知道这个母亲就是呼唤他的那个人。但若有了联念的能力，他一听见他母亲的声音就知道他母亲在旁了。"

但这个联念是什么东西，陈鹤琴表示只晓得联念的作用而不晓得联念的特质。不过可以从联念的作用，推想出联念的特质。陈鹤琴举例说：

> 假定有两个小孩子同时被蜜蜂刺了一下；歇了一歇同时都在看见几个蜜蜂。一个小孩子这次看见蜜蜂时就缩手不敢再拿了。另一个小孩子还是要去拿。我们说第一个小孩子再看见蜜蜂的时候，就想到被刺的情形和痛苦；第二个小孩子就没有联念能力。我们也可以说第一个小孩子学得蜜蜂要刺人的，第二个小孩子没有学会；我们又可以说第一个小孩子比第二个小孩子聪明一些。①

所以陈鹤琴认为，联念能力在学习和教育过程中是非常重要的东西。

3.动作

陈鹤琴认为，如果小孩子只能感觉外界的刺激，只能联念感觉而没有反应动作，也是不够的。儿童一看见他母亲的人和一听见他母亲的声音的时候，他应有相当的反应以达到他所需要的目的，否则就是无补于事的。陈鹤琴举例证明了反应动作的必要性：

> 设有一个小孩子，他看见了地上的白雪而不能用手去玩弄，那他永不会知道白雪之性质。又假使他看见一辆车子后退过来而不能退缩，那他就要立刻被撞倒。前者是与事物相接触的经验为人生不可缺少的动作；后者是由经验而来的适当反应，也是人生不可缺少的动作。但前者是后者之母，没有与事物相接触的经验，临事哪有适当的反应。所以小孩子应有与事物相接触的机会。相接触的机会愈多则事物之性质愈

① 陈秀琴，陈一飞.陈鹤琴全集(第2卷)[M].南京:江苏教育出版社,2011:530–531.

容易明了，而适应事物之动作也愈容易发生。①

总的看来，陈鹤琴认为，学习就是先感觉外界的刺激，后把所感觉的事物与所有的感觉联合起来，再做出相当的动作去应对外界的刺激。相比较而言，刺激与反应是看得出来的，联念是看不出来的。所以在家庭教育过程当中，家长一方面需支配小孩子所接触的刺激，一方面需要指导小孩子所发出的反应，一方面还需巩固小孩子所有的联念。陈鹤琴对儿童学习的这种认识实际上已经上升到儿童学习心理学的层面了，是对儿童学习的科学认识。

（二）儿童学习的原则

陈鹤琴认为，家庭教育中儿童的学习要把刺激、反应和联念结合起来，应遵循如下学习原则：

1.适宜刺激的原则

陈鹤琴认为，小孩子所有的联念与反应可以说是受刺激支配的。刺激来得优良，联念与反应大概也是优良的；刺激来得卑劣，联念与反应大概也是卑劣的。小孩子初生时是无知无识的，他所看见的、听见的和接触的，都要刻印在他的脑海中间，并且他的反应动作也是以这种印象为基础的。倘若他所看见的言语都是文雅而不粗俗的，那他将来说的话也一定是文雅不粗俗的；倘若他所看见的东西都是齐整清洁的，那他定能爱护清洁整齐的东西。所以做父母的一方面必须事事以身作则，另一方面必须选择优良的环境使小孩子得到优良的刺激和印象。②

2.实地施教的原则

陈鹤琴认为，小孩子的脑筋很简单，起先不应用抽象的事体去教他。陈鹤琴打比方说，如果家长要教小孩子"顾恤他人"这一美德，不应单单地对小孩子说："做人不要专为自己，应当体贴别人，顾恤别人，假使别人生病的时

---

① 陈秀琴,陈一飞.陈鹤琴全集(第2卷)[M].南京:江苏教育出版社,2011:530-531.
② 陈秀琴,陈一飞.陈鹤琴全集(第2卷)[M].南京:江苏教育出版社,2011:530-531.

候,你应当轻轻地出入,不要乱吵使得病人烦恼不安。"①陈鹤琴认为这种抽象的教法小孩子是不会懂的。家长们应该当家中有人生病的时候,实地施教。那时候,做父母的一方面自己要示范给小孩子看,一方面要小孩子实行体恤病人的意思。比如小孩子的小妹妹生病,做父母的自己先做到讲话声必低,走路步必轻,然后教他也要低声轻步。这样一来,小孩子就了解了体恤的意思了。②

在陈鹤琴看来,不但道德之培养应当实地施教,知识之灌输也要按照从具体到抽象的顺序进行。

有一天,陈鹤琴问一个六岁的小孩子说:"你曾看见过松鼠吗?"他说:"看见过的。"陈鹤琴再问他说:"有多大呢?"他举起两手的食指来在空中摆着两指相距约两寸许的样子回答说:"这样大。"陈鹤琴说:"你在什么地方看见的?"他说:"在书上。"陈鹤琴说:"你把那本油印的读本拿来给我看。"他拿给陈鹤琴一看,图中那个松鼠画得"非驴非马",不像一个松鼠。可以看出,这个小孩子得到了一种完全错误的观念。他看到了这种书上"非驴非马"的死松鼠,就得到了这种谬误的印象。要知道,图是代表事物而不能当作事物的。以图画来教育小孩子,所画的图必须画得正确。

但在陈鹤琴看来,"画得正确的图画万万不及真的活的东西来得好。我们虽然不能事事以真的活的东西来教小孩子,但他小的时候,经验未丰富,想象力薄弱的时候,我们应当先给他看真的和活的东西才好"③。

3.联念的原则

陈鹤琴认为,关于刺激有两条主要原则:一是刺激必须优良;二是刺激必须正确。④那么怎样才能使得优良正确的刺激深刻印在小孩子的脑海里呢?陈鹤琴认为应把握两个联念的原则:

原则一:凡能使小孩子快乐的刺激容易印刻在小孩子的脑海里。陈鹤

---

① 陈鹤琴.家庭教育[M].北京:商务印书馆,2019:22.

② 陈秀琴,陈一飞.陈鹤琴全集(第2卷)[M].南京:江苏教育出版社,2011:53.

③ 陈秀琴,陈一飞.陈鹤琴全集(第2卷)[M].南京:江苏教育出版社,2011:532.

④ 陈秀琴,陈一飞.陈鹤琴全集(第2卷)[M].南京:江苏教育出版社,2011:531.

琴指出,小孩子是喜欢游戏的,家长们可以利用他的游戏心理去教育他。陈鹤琴举例说,如果我们要教小孩子红、黄、蓝、绿等几种颜色,我们不要呆板地对他说:"这是红的,那是绿的。"这样小孩子未必肯听,也未必能记得牢。若是我们叫他穿颜色的珠子,或是叫他画图画,那小孩子无形中就能把各种颜色学会。比如小孩子穿珠子的时候,家长们可以在旁称赞说:"这颗绿色的珠子多么好看,那颗红色的珠子多么光滑。"再比如小孩子画图画的时候,家长们也可以无意中说这个颜色那个颜色给他听。这样,那几种颜色小孩子就容易学会了。所以陈鹤琴强调,家长必须使小孩子对所学的东西产生乐趣才好。

原则二:凡刺激发生的时间愈长、次数愈多,联念也愈牢固。比如说,家长们教小孩子唱歌,应先把歌唱给小孩子听,把调弹给他听;唱弹之后,再叫小孩子唱;他唱得不对,又教他这样唱那样唱;今天唱得不够,明天再唱;明天唱得不够,后天再唱;务使他能唱为止。这种练习原则说起来很明了,但做起来却并不那么容易。由于小孩子缺乏自制力,做父母的对于这一个原则应当特别注意。

4.动作的原则

陈鹤琴认为,关于动作的原则应把握三个具体原则:

原则一:小孩子开始学习的时候,做父母的要格外留心以免错误。陈鹤琴指出,无论什么事,第一次做得好,第二次就容易做得好;第一次做错,第二次就容易做错。比如小孩子开始用蜡笔画图画的时候,他歪了头、错捻了笔,随便乱画,那以后若没有相当的矫正就要歪了头、错捻了笔画了。若当初小孩子学习的时候,家长先挺了胸、直了头,画给小孩子看,看后也叫小孩子挺胸直头地画;下次小孩子再画的时候,他未必一定挺胸直头的,也许驼背歪头的,但是挺胸直头的趋势比较驼背歪头的趋向来得强大。所以,对于小孩子第一次的动作,父母要格外留意教导,以免错误,从而影响小孩子良好习惯的养成。

原则二:不要有例外。陈鹤琴认为,小孩子养成好习惯难,养成坏习惯易。因此,做父母或做教师的要使小孩子养成良好的习惯,在好习惯未养成的时候,不准小孩子有例外的动作。陈鹤琴举例说,比方我们要小孩子养成每天早晨大便的习惯,家长第一天就叫小孩子坐在便桶上去解解看,坐了一歇,小孩子不肯坐了。家长用种种方法使小孩子坐这,后来歇了一歇,他果然解了。明天早晨又叫小孩子这样做。到了第四五天,这个好习惯几乎要养成功了。不料第六天早晨小孩子正要去大便的时候,忽然听见外边喧哗的声音,他要去看看,孩子的母亲则阻挠他不让他出去,后来因为小孩子哭了就让他到外边去了。他一到外边看见许多人正在那里看人打架,看了回家已经八点多钟了,赶快吃了一口早饭,就跑到学校里读书去了。到了下午三点多钟正在上课的时候,小孩子忽然要大便了。第二天早晨坐在便桶上坐了半晌仍旧解不出,但到了下午三点多钟时候又要解了。后来孩子的母亲差不多费了九牛二虎之力才使他养成早起大便的好习惯。倘若那天早晨这位孩子的母亲不准他出去看打架,孩子早晨大便的习惯早就养成了。

陈鹤琴强调指出,在小孩子养成习惯时,不宜有例外的举动。不但在习惯未养成之时不应有例外,就是在习惯已养成之后,也不应发生与习惯相冲突的事情。陈鹤琴举了自己小女儿的例子来说明这个道理。陈鹤琴的小女儿当时已经一岁零二个月了,她晚间睡后向来不再醒来吃奶的。这种好习惯是从小在医院里养成的,她的母亲因此省了无数精力,女儿也能够安安稳稳地睡眠,这样相处已非一日。不料到她一岁零三个月大的时候,女儿忽然生起寒热病来了,饮食起居也遂之颠倒,有一晚醒来要吃,她的母亲以为她睡前没有吃饱,就喂她了;岂知一直以来晚间睡后不吃奶的好习惯,竟因此被破坏。那天晚上喂奶后,女儿就再次进入梦乡,但第二天晚上醒来又要吃了,不给她吃她就大哭不止。孩子的母亲当然也无法安眠,别人也被小女儿哭得难以熟睡了。第三夜又要吃,如此反复五六夜。陈鹤琴感叹好好的一个孩子竟因此而吃了几夜苦,而别人也无辜地受了几夜罪。这些都是当初心太软而喂女儿吃奶的缘故。所以习惯养成以后,家长不应当有例外的动作,以免破坏已经形成的习惯。[①]

原则三:小孩子学习事物需自己学习。陈鹤琴认为,小孩子生来是好动

---

① 陈秀琴,陈一飞.陈鹤琴全集(第2卷)[M].南京:江苏教育出版社,2011:533.

的。因为好动，小孩子就能与事物相接触，与事物相接触，他就知道事物的性质，他的动作能力因此得到发展。若家长代替孩子做，孩子总是学不会的。比如在陆地上，家长教小孩子游泳，我们教小孩子这样做、那样做，费了很多心力；但小孩子学了很多游泳方法之后，一到水里还是要沉下去的。所以，家长要教小孩子自己游泳并且要求孩子在水里游泳，这样小孩子才会真正学会游泳。

这个原则说起来容易，做起来却极为困难。小孩子自己要做做，家长就代替他做；或者小孩子要动动，家长没有机会给他动。陈鹤琴举例说明了家长诸多错误的做法：比如小孩子要学走路了，家长一看见孩子跌了一跤，就赶快把他抱起来。又比如小孩子看见别人玩皮球他也要玩，但家长不买一个皮球给他玩。这样的事情可谓不胜枚举。

总而言之，学习一定要小孩子自己学，做父母的一方面不要替小孩子学，另一方面要给小孩子学的机会。

四、陈鹤琴的家庭教育生活

陈鹤琴的家庭教育经验和思想主要来源于他的儿子陈一鸣，陈鹤琴将他人的家庭教育理论在儿子一鸣身上做印证，同时将自己的家庭教育思想在一鸣身上进行归纳，最终形成了《家庭教育》一书，该书"从小孩子从醒到睡，从笑到哭，从吃到撒，从健康到生病，从待人到接物的种种问题，都得到了很充分的讨论。这些讨论对于负家庭教育责任的，都有很具体的指导"[①]。陈鹤琴主张用科学的方法教育小孩子。他经过长期的观察和实践，总结出一些行之有效的家庭教育的方法和原则，并将这些方法和原则应用在他的家庭教育实践当中，形成了在家庭教育方面不同于一般家庭教育的特色化的家庭教育方法，其中利用游戏教学法、倡导艺术化的家庭教育等，起到了良好的家庭教育的效果。

（一）要正确看待小孩子的"怕"

一般来说，小孩子都有"怕"的天性。对于小孩子的"怕"，陈鹤琴认为要

① 陈鹤琴.家庭教育[M].上海:华华书店,1949:序.

把握以下几个原则：

1.做父母的切不可暗示小孩子,使其产生惧怕

陈鹤琴认为,从遗传的角度上来看,有的小孩子生来怕雷电,有的小孩子生来就喜欢听雷鸣、看闪电,但不怕雷电的小孩子很少。陈鹤琴认为有些孩子惧怕雷电是由父母的原因造成的。陈鹤琴举例说,有一天,黑云密布、狂风骤起、雷电交加的时候,某个小孩子的母亲见之遂关闭窗户,惊慌失措,并且吓她的小孩说:"不可做声! 雷公要来了! 快到这里来躲着。"这个小孩子看见她母亲这样惶恐,也就惊慌起来,后来这个小孩子一听见雷声就惧怕异常。陈鹤琴分析说,倘使那位小孩子的母亲在打雷的时候一点儿也不害怕,并且显出快乐的样子,那么这个小孩子也就很有可能喜欢听打雷、看电闪了。所以做父母的对于雷电等天然现象不要显出惧怕的样子,以引起小孩子的惊慌。因此,陈鹤琴指出,乌云雷电本来是可爱的自然现象,为什么我们做父母的要用雷公要打人的迷信来恫吓小孩子,使小孩子不但不能欣赏到美丽的景象,而且一见到雷电就要惊慌失措呢?

陈鹤琴还常常看见一些做父母的禁止他们的孩子去玩弄动物,如田鸡、蚯蚓之类的。其实这些动物是不会伤人的,小孩子在同动物们玩耍的时候,也可以了解它们的生活状况,增加自己的知识面。所以陈鹤琴认为,做父母的不但不应该禁止小孩子去玩动物们,而且不要暗示小孩子,使其对于动物发生惧怕。

陈鹤琴举了他自己教育引导暗示小孩子不害怕动物的例子。有一天,乌云聚集雷电交加的时候,陈鹤琴的夫人抱着八十四个星期大的一鸣到露台上,陈鹤琴用手指着雷电对儿子说:"你看! 你看!"一鸣就开始看闪电,也用手指着显出很快乐的样子,一点也不惧怕。到了一鸣两岁多点的时候,只要一打雷,陈鹤琴就会带他出去,站在屋檐之下看看天上的云彩和美丽的闪电,并指着云对一鸣说:"这里像一座山,那里像一只狗,这是狗的尾巴,那是狗的耳朵。"又指着闪电对一鸣说:"这闪电像一条带,多么好看!"因为父亲经常这样对一鸣说,一鸣就很快乐地看电、看云,一点惧怕雷电的心理也没有了。[①]

---

① 陈秀琴,陈一飞.陈鹤琴全集(第2卷)[M].南京:江苏教育出版社,2011:589.

陈鹤琴很注意在平时生活中引导一鸣正确看待自然界的事物。陈鹤琴举例说：有一天，陈鹤琴同一岁零十个月的一鸣在草地上玩的时候，一鸣看见一只大蟾蜍就举起手来向后退，并且喊叫说："咬！咬！"陈鹤琴走过去，在地上拾了一根棒头，轻轻地去刺着那只蟾蜍说："蟾蜍你好吗？"后来一鸣拿了爸爸的棒头也去刺刺蟾蜍，但是一触就缩回，仍然显出怕的样子，但比当初好得多了。

所以陈鹤琴指出，小孩子的许多惧怕心理，大部分是由父母的暗示养成的。[1]如果做父母的怕这怕那，怎么能希望小孩子胆大呢？惧怕的暗示可以使小孩子产生惧怕。所以做父母的应当慎重自己的行为和言语，使小孩子不至于因为父母不正确的暗示而变得胆小害怕。

2.不要以父亲的名义来恐吓小孩子

陈鹤琴发现，有许多做母亲的因为要禁止小孩子不要做某一件事，就以父亲的名义来恐吓他，如小孩子玩弄碗碟杯盘等东西，做母亲的恐他弄破打碎，就吓他说："爸爸来了！快些放下来！"有时候因为小孩子不肯穿衣服、穿鞋子，有时候因为小孩子吃饭要吵，就对他说："爸爸来打了！"小孩子恐怕父亲来打骂他，只好惟母命是从了。还有许多做母亲的因为要强迫小孩子做这件事或那件事，也常常以父亲的名义来恐吓他。如叫小孩子拾一样东西，小孩子不高兴去拾，做母亲的就吓他说："你爸爸来了！"又如小孩子不肯到幼稚园里去读书，做母亲的因为要强迫他去，也常常以这种方法来对待他。这样的例子可谓不胜枚举。

陈鹤琴认为，以上述这样的方法对待小孩子是很不对的。小孩子虽然不敢做，或不得已去做，但是他心里是很不高兴的。所以做母亲的不能拿父亲来"恐吓"小孩子，最好使得小孩子高兴去做，而且要让小孩子明白做这件事的缘故。陈鹤琴举例说：

> 一鸣有一天因为天气很冷，不愿意穿大衣。我对他说："你要像你邻舍小朋友穿得一样好看。"他不肯。后来我对他说："我替你穿衣服，

---

[1] 陈秀琴，陈一飞.陈鹤琴全集(第2卷)[M].南京:江苏教育出版社,2011:589.

穿好了,你就像一个将军了。"他就穿了。他平日很喜欢看兵和学兵的,尤其喜欢学做将军的,所以今天我利用这种心理去达到帮他穿大衣的目的,否则他必定不肯穿了。如果你逼他穿,就违反的意愿了。又有一天,我们到外边去举行野外聚餐的时候,他要别人抱了去。后来他母亲对他说:"你是个勇敢的小孩子。"他听见这种话,就高兴地自己走了。我有一次给他一个泥塑的狮子,他拿了去就在石板上敲敲。我对他说:"这个狮子是泥做的,很容易弄破,你不要去敲它。"他就听我的话立刻不敲了。①

陈鹤琴指出,做母亲的以父亲的名义去吓小孩子的缘故,是因为小孩子一听见了父亲,恐怕父亲去打他或骂他,就不敢做这件事或不得不做这件事了;倘使去劝告小孩子,或以自己的名义去禁止小孩子,那小孩子未必肯听。做母亲的因为以恐慌而支配小孩子的动作来得容易,所以就经常用这种方法来对待小孩子。陈鹤琴认为这种方法其实是非常错误的。小孩子因为恐慌而不敢做或不得不做,但是他的心里是很不高兴的,而且以后小孩子对他的父亲真如小鬼对阎罗王一般,父子之间的感情可能就从此丧失了。所以以父亲的名义去吓小孩子,简直可以说是离间他们父子,这是很不应当的。做母亲的应当以劝告或鼓励的方法对待小孩子,使他高兴去做。

为了达到良好的教育效果,陈鹤琴建议用鼓励的方法教育小孩子。陈鹤琴举例说,一鸣有一天在吃饭的间隙画图画。画好了有许多碎纸丢在地上,陈鹤琴就让他捡起来,一鸣既不回答也不去捡。后来一鸣的母亲对他说:"一鸣,你捡起来,爸爸奖励给你一个金星。"一鸣于是就捡了,得到了爸爸奖励的一个金星。这是陈鹤琴夫妇鼓励儿子的一种方法,即一天之中,如果他做事做得好,就奖励给他一个金星;做得不好就没有。并且把儿子所得的金星,贴在一本簿子上,使他可以时常看看。陈鹤琴希望将来孩子年龄大的时候,可以当作日记簿以养成时间的观念,以鼓励他进一步把事情做好。所以陈鹤琴希望做母亲的也应当以这种方法来鼓励小孩子,而不要以父亲

---

① 陈秀琴,陈一飞.陈鹤琴全集(第2卷)[M].南京:江苏教育出版社,2011:591.

的名义来恐吓他。

(二)正确对待小孩子的"哭"

1.家长不应当让小孩子常常哭泣

"哭"对于小孩子来说是一种普遍的现象。陈鹤琴指出,哭是痛苦的一种表示。不论大人小孩决不会无缘无故而哭的。当小孩子哭的时候,做父母的就应该去推求他哭的原因和止哭的方法,饥则为之食,寒则为之衣,疲乏劳苦则使之愉快,总之小孩子哭的原因不一,父母的止哭的方法亦需随机而变。①倘能阻患于未然,弭哭于未形,那就好了。常有许多做父母的不知道推求小孩子哭的原因,一听见他哭就去抱他摇他。小孩子觉得抱摇的舒服,以后就常要人抱摇。那时候,做母亲的就要吃苦了。

有许多小孩子醒来的时候是不哭的,陈鹤琴的女儿秀霞有许多时候是要哭的,一鸣则偶尔会要哭的。陈鹤琴指出,小孩子一般不会随随便便哭的,做父母的要善于观察,搞清楚小孩子哭的原因,见机行事,根据具体情况进行处理。

陈鹤琴认为,小孩子哭的常见情况有以下九种:

第一,想要吃奶的时候。据陈鹤琴的观察,一鸣有一天早晨,醒来就大哭,陈鹤琴去抱他,他不要;他的祖母去抱他,他也不要;后来他母亲来了,一抱了他,他就不哭了,这种哭是因为醒来想要吃奶的缘故。所以他的母亲一去抱他,他就不哭了,至于普遍醒来哭的原因,大概是因为没有人在他旁边的缘故。做母亲的应当在小孩子将醒的时候,在旁边看着,等他一醒来就去招呼他,并且同他说几句亲爱的话,那他就不会哭了。

第二,下身湿的时候。小孩子下身湿的时候,通常是要哭的。做父母的看见他尿粪撒出了,应当立刻将他的尿布换去。所以当小孩子哭的时候,就应当察看他的下身湿不湿。

第三,换尿布的时候。大多数小孩子在换尿布的时候是要哭的。陈鹤琴建议,在未换尿布以前或正换的时候,应当把好看的玩物给他玩,使他忘记换尿布的事情,这样做可以避免小孩子哭。

---

① 陈鹤琴.家庭教育 怎样教小孩[M].北京:中国致公出版社,2001:126.

第四,冷热饥渴的时候。一般来说,小孩子冷热过度或饥渴的时候是要哭的。陈鹤琴举例说:一鸣小的时候,要吃就哭,倘使给他,他就不哭了。所以做母亲的需常常留心这种情况。冷则加衣,热则脱去,渴则饮之,饥则食之;这样一来,小孩子就不会哭了。不过家长们不要随便随时喂小孩子,容易使他饮食没有节制,没有定时。

第五,疲乏的时候。小孩子疲乏要睡觉的时候,也是要哭的。父母应当在小孩子哭的时候就唱催眠儿歌给他听,使他睡去,倘使他因为坐得疲倦,那么家长应抱他玩玩;倘若他睡得太久,那么就去扶他坐坐。陈鹤琴观察到,一鸣出生后,在摇篮里睡要人抱他的时候,他只能哭哭而且手足乱敲乱踢。到了第九个月的时候,若没有人去抱他,他仍旧在小床上哭;不过一看见人来,就伸手向他,表示要抱的意思;此处可以证明小孩子在床上睡得太多的时候是要哭的。总之,做父母的需要根据实际情况随机而行就是了。[①]

第六,在家沉闷的时候。小孩子在家里住得太气闷的时候也是要哭的。如果因为这个缘故,父母们就应该立刻抱小孩子到门外或旷野里去玩玩。如一鸣有一天在房间里不住地哭着,陈鹤琴夫妇感到莫名其妙,后来陈鹤琴不得已抱他到外面去,他就不哭了。

第七,受到惊吓的时候。小孩子若忽然受了惊慌一般是要哭的,如小孩子看见一匹很大的马或一只很凶猛的狗,就会大哭起来。做父母的最好预先将这种马或狗赶开,不要使他惊慌;如果他已经受惊而哭了,那应当去安慰他。也有许多小孩子看见陌生人是要哭的。一鸣有一天看见一位陌生的客人,就低着头偷看,看了一歇,于是放声大哭。陈鹤琴认为,做父母的在这个时候应当预先将这位陌生的客人介绍给他,并对他说:"诺!诺!某先生来了。"如果不是来客而是路人,也应当用种种方法使小孩子不要惊慌。

第八,疲倦的时候。当小孩子疲倦的时候,常常要吵的。一鸣有一天傍晚的时候,不停地吵和哭,陈鹤琴给他许多玩具,他不要,后来陈鹤琴去抱他,他就不哭了。后来发现,一鸣的这种吵和哭,是因为他疲倦的缘故。

第九,生病的时候。小孩子生病的时候,也是常常会哭的。一鸣自出生

---

① 陈秀云,陈一飞.陈鹤琴全集(第2卷)[M].南京:江苏教育出版社,2011:593.

后第四十一个星期的时候,有一天,他生病了,一直哭个不停,也不喜欢玩耍各种玩物。后来随着一鸣的病情减轻了,他很快就不哭了,也喜欢玩了。

在陈鹤琴看来,小孩子决不会无缘无故哭闹。一旦小孩子要哭要吵,而且不喜欢做事情,那么小孩子必定是有什么缘故了,做父母的遇到这个时候,应当很细心地去体察小孩子。看看他是身体疲倦呢,还是生病了? 如果孩子疲倦了,那么应当立刻去抱他;如果孩子身体生病了,则应当立刻去看医生。总而言之,陈鹤琴认为,做父母的应当用种种方法以消除小孩子不舒服的原因。

有许多做父母的,不明白小孩子哭的原因,一看见小孩子哭,不是去吓唬他,就是去骂他,甚至要去打他。在陈鹤琴看来,形同哑巴的小孩子,在不舒服的时候或受到惊吓的时候,除了以哭或吵来表达苦楚以外,就没有别的方法了。陈鹤琴指出,哭或吵是小孩子身体疲倦或有病的表示,做父母的看见小孩子这种情形应当要特别注意。

2.小孩子以哭来要挟的时候,做父母的应当坚决拒绝他

哭对于小孩子来说,是一种较为普遍的现象。陈鹤琴发现,有许多小孩子要东西的时候,常常以哭来要挟。做父母的因为小孩子哭,所以就去拿来给他。从此以后,他要东西,嘴里不说要,竟以哭来要挟了。又有许多小孩子因为"所求不遂"就以哭泣来要挟他的父母。陈鹤琴举例说:比如一个小孩子看见他母亲盛了一碗鸡蛋去请客,便要求他母亲给他。他母亲给他一个,他不肯,一定要完全给他。他母亲不答应,他就在客人面前大哭起来了。后来客人不好意思只好不吃。可以说,小孩子这种脾气在很大程度上是由其父母平时的纵容造成的。倘使小孩子平时以哭要挟的时候,他父母就去拒绝他,那他今日恐怕也不会有这种样子了。

陈一鸣有时候也是以哭来要挟的。有一天,陈鹤琴同他玩秋千。后来要吃饭了,陈鹤琴就对他说:"要吃饭了,饭吃了以后再玩。"一鸣坚决不肯,刚开始求爸爸,求之不得,开始哭起来,哭得不够就躺在秋千架上撒野了。又有一天,一鸣在吃饭以前,要吃糖,他的祖母去拿了一颗来给他。陈鹤琴不答应,不许他吃,他就躺在地上大哭。陈鹤琴和家人也不去睬他,任他去

哭去闹。后来一鸣无法可施，只得不哭了。①

陈鹤琴指出，小孩子对于环境的动作，常常有许多变化的。做父母的切不可一一去允许他。可以允许的，就允许他；如不可以允许的，那就应当毅然拒绝他。如果不论可否，听见小孩子哭就立刻去应许他，那他以后就要以哭为惯技了。做父母的未尝不恨小孩子以哭来要挟的行为，因为哭声刺耳，实在难过，所以不得已屈从他的要求。其实小孩子哭哭是不要紧的。他"一哭不遂"，以后就不会再哭了。以哭来要挟是小孩子的惯技，非但不雅观，而且是不好的习惯，所以做父母的应当毅然拒绝他。②

3.做父母的不应当去暗示小孩子哭

陈鹤琴发现，小孩子有时候是在父母的暗示下才哭泣的。有许多做父母的一看见小孩子轻轻地跌了一跤，就很慌忙地跑过去对他说："啊哟！我的团团可怜呀！跌死了！"小孩本来是不哭的，也没有什么痛的，因为他父母这样说，就引起他的悲感，放声大哭起来了。陈鹤琴对待一鸣不是这样的。一鸣有一天玩弄他的一辆小三轮车的时候，偶不经心，车子倒了，他就跌倒了。陈鹤琴和家人并没有对一鸣说什么，他也慢慢地爬起来说："汽车倒翻哉。"过了一天，他又连车跌倒了，他爬起来也一点不哭。③

在陈鹤琴看来，小孩子跌倒太普遍了，要让他自己爬起来，不要去引他哭。若是他跌得并不厉害，陈鹤琴就叫他自己起来，对他说："很好，很好。""起来不要紧，不要紧。"倘使他跌得厉害，陈鹤琴也只对他说："不要紧。"回去替他洗洗敷点药就完事了。何必大惊小怪，使他也恐慌起来呢？一鸣从小受了这种教育，所以他跌一跤，非但不哭，而且自己爬起来说许多发笑的话。至于小孩子打破东西的时候，做父母的也不应当去责骂他使他哭。因为小孩子在这种情况下，自己本来已经觉得不好意思要哭的。倘使做父母的因此而去骂他，那就会引起他的悲感，不哭也哭了。陈鹤琴常看见有许多小孩子本来是不时常哭的，因为父母常常去逼他哭或暗示他哭，以后就常常

① 陈秀云,陈一飞.陈鹤琴全集(第2卷)[M].南京:江苏教育出版社,2011:594–595.
② 陈秀云,陈一飞.陈鹤琴全集(第2卷)[M].南京:江苏教育出版社,2011:595.
③ 陈鹤琴.家庭教育 怎样教小孩[M].北京:中国致公出版社,2001:129.

要哭了。小孩子常哭,不但使闻者生厌,就是于小孩子的身心都有妨害的,那做父母的何苦常常去引诱他哭呢?[①]

陈鹤琴认为,小孩子忽而笑忽而哭,是很容易感受外界刺激的。做父母的需要支配他的环境,使他所接触的环境,都可以增加他的快乐,而减少他的痛苦。物质环境中除了饮食之外能够使他快乐的恐怕要算音乐了,音乐能陶冶性情,增进快乐,实在是家庭中最不可缺少之物。陈鹤琴说,至于小孩子的胆子大不大,勇敢不勇敢,大概要看做父母的是如何教的。如果做父母的自己怕这怕那,如何希望小孩子能勇敢呢!若要小孩子胆大,一方面做父母的要以身作则,另一方面要施行良好教育,以打消小孩子已有的惧怕和避免未来的惊吓。

(三)父母要用积极的暗示代替消极的暗示

家长正确的暗示会对小孩子习惯的养成起到很大的影响。陈鹤琴主张,父母要善于抓住小孩子喜欢鼓励的心理特点,要用积极的暗示代替消极的暗示,引导小孩子养成良好的习惯。

陈鹤琴举例说:民国十二年(1923)五月十日,陈鹤琴看见儿子一鸣拿了一块破烂的棉絮裹着身体当毡毯玩。那时候,陈鹤琴脑海里就起了许多感想:是立刻把儿子的破棉絮夺去呢,还是让他玩弄得着一种经验,还是叫他把棉絮丢掉,用别的东西去替代。陈鹤琴仔细一想,用积极的暗示去指导他好。陈鹤琴于是就对儿子说:"这是很脏的气味的,我想你一定不要的,你要一块干净的,你跑到房里去问妈妈拿一块干净的。"他听了,就跑到房里去换了一块清洁的毯子。[②]

陈鹤琴事后对此事进行了认真反思,他认为,一般人受激励而改过,是很容易的,受责骂而改过,是不大容易的,而小孩子尤其喜欢听好话,而不喜欢听恶言。陈鹤琴知道小孩子大概都有这种心理,所以用激励教育法去教育引导一鸣,一鸣一听见爸爸奖励他,就很高兴地去改正他自己的过失了。假使陈鹤琴一看见一鸣玩那块破烂棉絮的时候,就把那块棉絮夺来替他换

---

① 陈秀云,陈一飞.陈鹤琴全集(第2卷)[M].南京:江苏教育出版社,2011:595.
② 陈秀云,陈一飞.陈鹤琴全集(第2卷)[M].南京:江苏教育出版社,2011:535.

了一块新的,恐怕一鸣对于爸爸的动作会感到莫名其妙,而且容易产生怨恨,不但会拒绝爸爸的意思,而且还可能会哭泣。即使爸爸不去夺他的棉絮,而对他说"这东西是脏的,有气味的,赶快去丢掉"这种话,那么一鸣虽然知道这种东西是脏的、不应当玩的,但是由于他没有好的东西来代替,恐怕他仍旧不肯舍弃的。陈鹤琴认为,还有一种教育方法可以尝试,就是一方面说这东西是脏的,是不好的,一方面叫他去拿一块好的,那他就变成被动了,他自己会觉得不好意思。陈鹤琴通过反思,认为以上的第一种方法是绝对不能用的,而第二种方法也是不大好的。所以陈鹤琴就用言语来激励一鸣,使得他居于主动的地位,而且使得他很高兴地去做,收到了较好的教育效果。

陈鹤琴认为,在多数情况下,做父母的一看见小孩子玩肮脏的东西,就会去把它夺了过来,而且还要骂他,甚至打他,其结果是,小孩子改过的少而怨恨父母的多,即使不怨恨父母,至少也要有一点不喜欢父母了!还有许多小孩子因为他们父母常常去责备他,慢慢就不以父母之言为意,做父母的一面去夺他肮脏的东西,做小孩子的一面依旧去拿来,做父母的一面骂他而他依旧玩弄脏的东西。这种事实,在家庭中是常常见到的。陈鹤琴认为,做父母的以这样的方式去管教孩子,使得小孩子非但不能改过,而且会慢慢地养成顽皮的坏习惯。

(四)父母应当根据小孩子的年龄特点相机教育

陈鹤琴认为,父母教育小孩子要把握好其年龄特点,相机而教。陈鹤琴指出,小孩子年幼的时候,没有什么诸如"客人"的观念,也没有什么"羞耻"的思想,但是稍微有点肮脏与清洁的概念,所以家长们就可以利用小孩子的这点认识去教育他爱护清洁、憎恶脏乱。等到小孩子年纪稍大一点,知道羞耻的时候,家长们不但可以利用小孩子的清洁观念,也可以利用他的羞耻之心以养成小孩子的爱美习惯。若小孩子年纪再大一点,知识稍开一点,家长们不但可以教他肮脏的东西是肮脏的,是不好看的,也可以教他肮脏的东西是妨碍卫生的。总之,年纪愈大,知识愈开,所用的教法也应依年龄知识而变迁才好。[①]

---

① 陈秀云,陈一飞.陈鹤琴全集(第2卷)[M].南京:江苏教育出版社,2011:541–542.

陈鹤琴举例说：

一鸣小的时候，凡是他看见了肮脏的东西掉在地上，陈鹤琴总会对他说"脏得很"，有时陈鹤琴自己把脏物捡起来，有时叫一鸣拾掉。到了后来，凡一鸣看见地板上的脏物如纸片、细棒等，陈鹤琴总叫他捡起来说："客人看见不好看。"或一鸣有时候游戏之后把房间的椅凳弄得东倒西歪，把玩物满地乱掷，陈鹤琴就对他说："客人来了，不好看；若客人问起谁把东西弄得这样难看，说一鸣弄的，一鸣要倒霉得很。"一鸣听了之后就去把椅凳摆好，玩物藏好；有时一鸣玩得已经太疲倦了，陈鹤琴就帮助儿子把房间整理好。①

陈鹤琴指出了一种在教育孩子的过程中，作为父母应警惕的不恰当的做法。陈鹤琴举例说：一个叫知行的孩子，当他年纪小的时候，他母亲常常对他说："你不要把地板弄得这样脏，爸爸不喜欢的，爸爸要骂的。"等知行到了六七岁大的时候，他的母亲还是说"爸爸不喜欢的，爸爸要骂的"这类话，知行为了讨爸爸喜欢，避免受到爸爸的责骂，使得知行逐渐在心目中养成了一种逢迎之心和一种惧怕之念，这对小孩子的发展是非常不利的。

因此，陈鹤琴指出，当小孩子年幼的时候，家长们或者可以利用个人的感情来支配他的动作，不过家长们不应以个人的威严来恫吓他，使小孩子对于家长发生一种无谓的惧怕。若小孩子年纪大一点了，家长们就不应该以个人的感情去感化他的心肠去支配他的行动。若家长仍然用这种教法，那小孩子长大的时候，他的行动仍旧是要以做父母的个人之好恶为皈依，倘若家长死了，那小孩子就要失掉凭借而无所适从了。②

陈鹤琴认为，家长要教育引导孩子使其认识到肮脏是妨碍个人卫生的，也是妨碍公共卫生的；作恶是有损于己的，也是影响社会的。家长应当使小孩子的行为不是受支配于个人的感情，而是要建筑于公共幸福之上的。

---

① 陈秀云,陈一飞.陈鹤琴全集(第2卷)[M].南京:江苏教育出版社,2011:541–542.
② 陈秀云,陈一飞.陈鹤琴全集(第2卷)[M].南京:江苏教育出版社,2011:541–542.

总的来说，陈鹤琴认为，小孩子年纪小的时候，家长可以用个人的感情去刺激他做事的动机；待到小孩子年纪大的时候，家长需要教他明了做事是要顾及公共祸福的。这样才能教育孩子逐步养成服务的旨趣、牺牲的精神和救世济民的志愿。

（五）父亲应该同小孩子做伴侣

陈鹤琴指出，我国旧家庭里面的父亲，大多是不与小孩子做伴侣的，他对此深有体会。在陈鹤琴的记忆里，他的父亲从小对他非常严厉，从来没有和他做过伴。陈鹤琴回忆说，他在六岁之前未曾与父亲一同吃过饭，陈鹤琴独自吃饭或同别人一同吃饭的时候，倘若高兴起来说说笑笑、顽皮顽皮，别人就立刻对陈鹤琴说："我要喊了！"或吓他说："你爸爸来了！"用陈鹤琴的原话来讲，听到这种声音，如同听见轰雷一般吓得魂飞九天之外。陈鹤琴说，虽然父亲早在他六岁的时候就死了，不过那种可怕的景象，还时时印在他的脑海里，在心里留下了阴影，让他永远不能忘却。

受此影响，陈鹤琴深刻体会到父亲陪伴孩子的重要性，等到陈鹤琴有了自己的孩子一鸣以后，陈鹤琴非常注重对儿子的陪伴，他一般这样对待儿子一鸣：有时候带一鸣到旷野里散散步，有时候带他到街上去买东西，有时候同家人和一鸣举行野外聚餐等。总之，只要陈鹤琴有空闲的时候，总要与一鸣一起做伴。陈鹤琴觉得他和一鸣之间的天伦之乐，以及父子之间的感情，也因此来得格外深厚。

陈鹤琴主张父亲应与小孩子成为伴侣。陈鹤琴认为，父子之间做伴侣有以下三个好处：

第一，父子之间没有隔阂，会产生浓厚的亲情。父子一同做伴侣，常常在一起，父子之间就不会产生隔阂。做父亲的知道小孩子的性情，而小孩子也知道父亲的性情。双方彼此知道各自的性情，彼此就发生适当的反应，不会有什么恶感发生。[①]陈鹤琴时常和儿子一鸣做伴，所以儿子一鸣时常对父亲有亲爱的表示。有时候一鸣一看见陈鹤琴回家，就跑出来欢迎父亲，有时候还拉着陈鹤琴的手，嘴里"爸爸、爸爸"地叫着。有一天，一鸣的祖母把他

---

① 陈秀琴、陈一飞.陈鹤琴全集(第2卷)[M].南京:江苏教育出版社,2011:545.

抱在怀里,他一看见陈鹤琴走过来,就哭着要父亲抱,好像向父亲诉苦的样子。有时候一鸣穿着美丽的衣服,欢天喜地地走过来给父亲看,倘若父亲说一声"好",一鸣就更加喜欢了。有时候一鸣还会唱歌给父亲听,会拍球给父亲看,陈鹤琴深深感觉到儿子对自己的爱恋,这种爱父亲的样子真令无子者见而生羡。

第二,容易训育小孩子。陈鹤琴认为,父亲和小孩子常常做伴,如果小孩子有不好的行为,做父亲的就可以知道,就可以方便训育小孩子,而小孩子因为爱他父亲或怕他父亲的缘故,就能听父亲的话而改掉他不好的行为。有一天,一鸣用右手去拿墙上的一张挂图,陈鹤琴看见后就轻轻地把一鸣那只手打了一下,一鸣当时表现出痛苦的样子。又用左手来抚摸打的地方,并且嚷叫着"e——"的声音。后来一鸣又用右手去拿鸟笼,陈鹤琴又打他的右手,一鸣又表现出痛苦的样子,就又缩手。歇了一刻,一鸣又要去拿鸟笼,陈鹤琴又再次阻止了他。第四次一鸣又伸手去拿,但是才伸出去,立刻又缩回来,恐怕是因为怕爸爸打他的缘故。还有一天,一鸣把一只猫的耳朵拉得很重,而且显出很快活的样子。这是因为一鸣不明白他那样的动作对于猫来说是很痛苦的。后来陈鹤琴看到了,就立刻代猫表示出痛苦的模样,而且禁止他不要再做。又有一天,一鸣同他的母亲到野外去玩。在玩的时候一鸣要撒尿。那个地方离家很远,来不及回家,一鸣的母亲就叫他在草地上撒,一鸣对母亲说:"撒勿得格,爸爸看见要骂的。"一鸣之所以不肯在草地上撒尿,是因为陈鹤琴同一鸣在一起的时候,常常对他说不要随地大小便。①可见,父亲的陪伴对于小孩子养成良好的习惯和行为起到了非常重要的作用。所以陈鹤琴据此指出,做父亲的应当常常同小孩子做伴侣,以便改正他不好的行为。

第三,容易教育小孩子。陈鹤琴认为,小孩子的知识是很匮乏的,做父亲的应当常常同他做伴侣,在此过程中教给他一点知识。陈鹤琴有时候同一鸣看看图画,讲讲故事,有时候同一鸣到野外去走走,有时候同一鸣到街上去看看,随时随地多少使一鸣增加些知识。

---

① 陈秀琴,陈一飞.鹤琴全集(第2卷),南京:江苏教育出版社,2011:532.

陈鹤琴发现，当时有人不赞成父亲同小孩子为伴。有人认为，做父亲的同小孩子做伴，那么小孩子慢慢地就要轻视父亲了。认为父亲的斤两都被小孩子称过了，父亲的底细被小孩子摸清了，那么做父亲的以后就不能教训他了。还有人认为，假使做父亲的不同小孩子做伴，除了应当见面的时候，就不同小孩子说笑一句，那么小孩子就怕父亲了。这样小孩子骂也听了，打也不敢恨了，长大以后，就可以成为好人。陈鹤琴对这样的说法感到不以为然。陈鹤琴极为推崇颜之推所说的"父子之间不可以狎；骨肉之爱，不可以简。简则慈孝不接，狎则怠慢生焉"①。陈鹤琴认为，做父亲的同小孩子做伴，并不是同小孩子轻狎，因为轻狎容易使小孩子产生藐视的心理，而与小孩子做伴则是不要紧的，于父子之间是有很大好处的，可以加深父子之间的亲情和了解，这样更便于对小孩子进行教育和引导。

陈鹤琴也分析了父子之间不做伴侣的负面影响，认为这样做会导致父子之间容易发生隔膜。陈鹤琴认为：

> 父不十分爱其子，而子则竟不知爱其父，因此名虽父子，实同路人了。有时候做父亲偶然高兴起来，要和子女说笑说笑，但是他的子女一见了他的父亲，就一声不敢出声，父亲问他一句，他就说一句，不问则不说；叫他立则立，叫他坐则坐，叫他进则进，叫他退则退。天真烂漫的一个小孩子，此时竟同木鸡一般了。我想做小孩子固然乏味；但是做父亲的，在这个时候，也未见得有趣。在头脑顽固的人说起来，以为做父亲的应当不和小孩子做伴，使得小孩子怕；做小孩子的也不应当同他的父亲做伴，需要怕他的父亲。不知道怕到极顶，大家就要发生恶感，做父亲的打骂他的子女，做子女的就讥讪他的父亲，因此就父子相夷了。这样愈说敬而愈不敬，愈说孝而愈不孝，推其原因，一部分实由父子不做伴侣的缘故。父子不做伴侣，于感情上既然如此，于训育教育两方面也有很大的害处。②

① 颜之推.颜氏家训·教子篇[M].
② 陈鹤琴.家庭教育 怎样教小孩[M].北京:教育科学出版社,1994:47.

陈鹤琴常看见有许多小孩子喜欢吃烟、吃酒以及做种种不卫生、不道德的事情，而他们的父亲却是一个很有规矩、很有道德的人，那么做父亲的为什么不去教训他们的子女呢？他们并不是不喜欢去教训他们的子女，实在是因为没有时间和子女做伴，不晓得子女的种种情况。陈鹤琴还看见许多家庭的子女，知识缺少、人情不懂。他们的父亲并不是不愿意去教他们，而是因为不和他们做伴，不知道他们知识缺乏、人情不懂。即使知道了，去教训他们，但是因为父亲和孩子不相接近，往往产生隔膜。这都是由父子之间不做伴带来的负面影响，陈鹤琴认为这种情况是很值得每一位父亲警惕的。

（六）采用游戏式的教育方法

游戏教学法是陈鹤琴最为注重的家庭教育方法。陈鹤琴认为，小孩子天生是很喜欢游戏的。做父母的如果在家庭教育中能够利用孩子的这种心理，以游戏式的方法去教训他，小孩子几乎没有不喜欢听父母的话的，能够起到家庭教育的良好效果。

陈鹤琴举例说明了他自己运用游戏教学法所取得的良好经验和效果：

今天（民国十三年）下午我手里拿着一只照相机，叫我的妻子把我们的女儿秀霞放在摇椅里。预备要替她拍照的时候，一鸣就捷足先登，爬到椅子里去，也要我（陈鹤琴）替他拍照，陈鹤琴再三劝告他，他总是不肯。后来陈鹤琴笑嘻嘻地对他说："一鸣！你听着！我叫'一，二，三'。我叫'三'的时候，你就爬出来，爬得愈快愈好。"一鸣看见陈鹤琴同他玩，也很高兴地答应父亲。歇了一歇，陈鹤琴就"一，二，三"地叫起来，说到"二"的时候，一鸣一只脚踏在椅子的坐板上，两只手挨在椅子的边上，目光闪闪地朝陈鹤琴看着，等到陈鹤琴说到"三"的时候，他就一跃而出，以显出他敏捷的样子。又有一天，夜已深了，大家都要去睡了，而他竟然偏偏不要睡，一鸣的母亲就以游戏的方式去引诱他，一面背着他，一面嘴里"嗨哟，嗨哟"地叫着。一鸣听到他母亲这样叫起来，就很高兴地任他母亲背到房间里去睡觉了。[1]

① 陈秀琴，陈一飞.陈鹤琴全集(第2卷)[M].南京:江苏教育出版社,2011:547.

陈鹤琴事后分析,一鸣本来是要硬坐摇椅的,现在一听见陈鹤琴"一、二、三"叫着,就很高兴地爬起来了;他本来是不喜欢去睡觉的,现在听见他母亲"嗨嗬,嗨嗬"地叫着,就愿意去睡觉了。倘使他没爬出摇椅子的时候,陈鹤琴不以这种方法去引诱他,而是以强迫手段去对待他,陈鹤琴推想,一鸣固然不敢违背他,但是心里一定会很不高兴的。一鸣不肯去睡觉的时候,他的母亲不去引诱他而去骂他、打他,儿子固然没有能力抵抗,但是他这一夜,一定要做出许多噩梦来了。好好的一件事弄得小孩子很没趣,弄得做父母的也感到没有趣味,这样做岂不是很不上算吗?

陈鹤琴认为,做父母的要使得小孩子听话,要使得大家高兴,最好用游戏式的方法去教训他,引诱他。倘使小孩子不听父母的教训,不受父母的引诱,没有其他更好的教育办法,父母再用强迫手段去对待也未为晚,千万不要贸然常常去打骂小孩子,弄得大家都不高兴。实践证明,游戏教育法是符合小孩子身心发展规律的。陈鹤琴的游戏教育法在教育一鸣的过程中,收到了良好的教育效果。

在陈鹤琴看来,"游戏就是工作,工作就是游戏"①。陈鹤琴主张给小孩子动手做事和游戏的机会,让小孩子在实际做事和游戏的过程中受到锻炼。陈鹤琴指出,小孩子天生是好动的,倘若没有适当的东西让孩子们玩,孩子们就会又吵又闹,进而做出不正当的事体来;若小孩子不吵不闹,那就要萎靡不振,失去小孩子原本应有的一种活泼精神了。所以陈鹤琴主张给孩子们提供尽可能地动手做事和游戏的机会,如画图、看图、剪纸、着色、穿珠、锤击、浇花、塑泥、玩沙等,他认为这些对于小孩子的身心发展是有密切关系的,认为这是对小孩子进行家庭教育的良机,是不容忽视的。

1.给小孩子画图的机会

陈鹤琴认为,画图是一个很有教育价值的游戏。小孩子在画图过程中,既可以表达他的思想,又可以从中学到许多知识。

在一鸣还不到两岁的时候,陈鹤琴就给儿子提供画图的机会。陈鹤琴买了一盒蜡笔和纸给一鸣,叫他学画画。刚开始时,一鸣只能随便乱涂,虽

---

① 陈秀琴,陈一飞.陈鹤琴全集(第2卷)[M].南京:江苏教育出版社,2011:582.

然什么东西也涂不成,但是他非常喜欢涂鸦。在这个时候,陈鹤琴非常注意一鸣的坐姿和执笔的姿势,以免他养成坏习惯。到了一鸣两岁零几个月时,他就能画成东西了,到了三岁零九个月,一鸣能画得有点意思了,能够简单表达思想了,而且在不知不觉之中已学会许多颜色的名字:如(中文)红、黄、绿、蓝、白、黑;(英文)red,yellow,green,blue,white,black,purple,orange。

平时有空的时候,陈鹤琴会经常利用图画教一鸣识字。陈鹤琴会把一鸣画的图画写上相应的字来教他,通过这种方式让一鸣认识了好多常见字。

2.给小孩子看图画的机会

陈鹤琴认为,喜欢看画是小孩子的天性。陈鹤琴观察发现,小孩子看画的时候,他的联想是非常敏捷的。譬如小孩子看见了汽车的图画,就会"呼——呼"地叫,看见了马和马车的图画,就会"哎——哎"地喊。对于各种小孩子所晓得的东西,或是对于很令人发笑的动物的形状,如"沐猴而冠"之类及人类古怪的形状,如大头矮身各种滑稽的形态,小孩子一定是最喜欢看的。然而小孩子有许多图画是不太注意的。一般来说,凡是小孩子没有见过的及不容易推想的东西是不大习惯看的。陈鹤琴发现,一鸣小时候,是不大喜欢看未曾看见过的及不容易推想的东西的。例如一鸣小的时候,在未曾看见过船之前,不太注意关于船的图画,但是到了后来,他看见过船及坐船之后,就非常喜欢看船的图画了。

据陈鹤琴的观察,儿子一鸣自从能够翻阅书籍的时候,就喜欢看图画。一鸣常常从书架子上拿几本书,坐在地上独自翻阅,他最喜欢看马或人骑马的图画。大概是因为一鸣时常骑假马或骑过一次真马的缘故,一鸣能够了解了马的许多乐处,所以他也最喜欢看马的图画。其次,一鸣也习惯看汽车等会动的东西的图画。养成了习惯之后,一鸣有时在晚上睡以前,或下雨的时候,或无所事事的时候,一鸣都会独自翻翻图画书以资消遣。[①]

至于小孩子看画的好处,陈鹤琴认为主要有三个方面:一是可以提高小孩子鉴赏美术的能力,二是可以陶冶小孩子优美的情绪,三是可以养成小孩子独自消遣的习惯。

---

① 陈秀琴,陈一飞.陈鹤琴全集(第2卷)[M].南京:苏教育出版社,2011:583.

3.小孩子应有剪图、剪纸的机会

儿童天生是好动的,也是喜欢模仿的,所以陈鹤琴认为最好教小孩子以剪图、剪纸的游戏。陈鹤琴认为,给小孩子有剪图、剪纸的机会有如下好处:

首先,可以养成小孩子独自消遣的习惯。平常小孩子在家里没有事情做的时候,就会吵闹。做父母的如果不明白小孩子好动的心理,不想法子去利用他的时间以施行良好的教育,反而会消极地禁止他吵闹。陈鹤琴虽然觉得吵闹并不好,应该禁止,但小孩子之所以吵闹是因为他没有别的东西可以玩。做父母的不知道小孩子的这一个特点,而是一味地禁止小孩子喧哗吵闹,到了后来,小孩子就会慢慢地变得萎靡不振而没有活泼的气象了。倘若做父母的教小孩子以剪纸、剪图,小孩子就不会无谓地吵闹了,并且可以独自消遣了,便也不会再缠着父母玩了。

其次,剪图可以锻炼小孩子的手筋。陈鹤琴认为,小孩子的手筋是需要练习的,虽然大人不应该叫小孩子做很精细的工作,如写字缝纫之类的。但剪图并不是非常难做的事情,况且大人也并不需要小孩子剪得很好,他习惯怎么样剪就怎么样剪,他能够怎样剪就怎样剪,任小孩子随心所欲,毫不勉强他,这样在无形之中,小孩子的手筋就慢慢地好起来了。

再次,可以通过剪纸使小孩子模仿各式各样的人物,表达他的思想。

最后,可以利用剪纸的动作,让小孩子在无形中练习他的精细、忍耐、敏捷、沉静等美德。所以陈鹤琴认为这虽然是一种游戏,但对于教育小孩子确实是很有帮助的。

陈鹤琴鼓励儿子一鸣很小的时候就开始剪图,陈鹤琴记述说:

一鸣还不到两岁的时候,我就给他剪图的机会。我先剪给他看,他一看见我剪也就要剪剪看。我遂让他剪。那时他不能剪出什么东西来,不过把纸头剪开就是了。到了三岁光景,他很喜欢把书中的图画剪下来。剪下后,用糨糊把图画贴在簿子上。此时他的手筋还没有十分发展,所以不能把图画剪得很齐很好。不过到了三岁零九个月的时候,他就能剪得很齐整了。从前他总是剪不好,比方他要剪一个人图下来,常把人的头剪掉了一半,或者把人的脚剪去了一点。到了现在他居然能依图画一张一张地剪下来了。[①]

有一天,一鸣从幼稚园回来,在他的夹袋里拿出一张纸给陈鹤琴看,看起来很像一只初生的小羔羊,陈鹤琴就问他:"这个是什么?"一鸣笑嘻嘻地对爸爸说:"一只羊。"这应该和陈鹤琴平时鼓励一鸣剪纸有关。

4.小孩子应有着色的机会

陈鹤琴认为,着色和剪图有着同样的功用,不过着色比剪图稍微难一点。但是小孩子到了三岁半的时候,就可以开始做着色的游戏了。

在陈鹤琴的引导下,一鸣到了三岁零七个月的时候也能着色了,不过着得不太好。这时候陈鹤琴就坐在他的身边看他着色。他不会着色的时候,陈鹤琴就告诉他怎样着色;一鸣不知道颜色名字的时候,陈鹤琴就教他认识是什么颜色。有时候一鸣也会独自着色。这样,一鸣在无形中学习了许多颜色的名字,也慢慢能够着色了。

5.小孩子应有穿珠的机会

陈鹤琴认为,练习穿珠,虽是游戏的动作,却包含着教育的作用在内。一方面小孩子通过穿珠可以认识和辨别红、黄、蓝、白等各种颜色;另一方面可以使小孩子从中得到快乐。此外,穿珠还可以锻炼小孩子手筋的敏捷性。

6.小孩子应有锤击的机会

陈鹤琴认为,对于好动的小孩子,锤击是一种很好的运动。小孩子很喜欢把钉头一根一根地敲在木板上,敲好以后,再把钉头拔出来,然后再把钉头一根一根地敲进去。这样,小孩子可以玩弄很长时间。

一鸣两岁多一点的时候,陈鹤琴就给他一个小锤子、一块木板和许多大钉子,教他敲击钉头。一鸣居然能够把钉头敲得牢了,不过有时候因为一鸣的手筋尚未发展得很灵活,偶尔会敲到自己的手。陈鹤琴通常会采用种种方法鼓励一鸣,使他喜欢敲击,以发展他的手筋。

[①] 陈秀琴,陈一飞.陈鹤琴全集(第2卷)[M].南京:江苏教育出版社,2011:585.

7.小孩子应有浇花的机会

陈鹤琴认为,小孩子浇花有三个方面的好处:第一,小孩子如果没有受到教育,见到花卉就会任意乱采。父母若从小就教小孩子浇花使其爱护花卉,那么长大后他必然会爱护花卉。第二,小孩子原本对花卉是不了解的,通过让小孩子天天浇花,可以让小孩子晓得花木之所以能一天一天地能长大起来,是因为花木必须依赖水而生活。第三,小孩子浇花的时候,父母可以教他花卉的颜色和花卉的名字及花卉的结构,从而增长小孩子的知识。[①]

陈鹤琴在一鸣一岁零九个月的时候,就给一鸣买了一个小喷壶。一鸣起初看见别人浇花,他也要试试看,但是做得不甚好。到了他三岁的时候,一鸣就能够浇得很好了,他不但自己很爱护花卉,也不准别人随便采摘或摧残花卉,逐渐养成了爱护花木的好习惯。

8.小孩子应有玩泥的机会

陈鹤琴注意到,有许多做母亲的,对于小孩子玩泥的事情,是绝对禁止的。母亲们认为,小孩子玩弄污泥,一则会污及小孩身上的衣服,二则会荒废小孩子读书的时间,是很不相宜的事情。陈鹤琴认为上述这种观念是错误的。陈鹤琴认为,小孩子通过泥塑各种人物,可以养成自身的创造精神,有效激发学习的兴趣,忘却许多恶劣的感想。并且小孩子用泥塑做成一种人物,可以使小孩子应用色彩,结合人物的各种身份,加以点缀,从而大大增加小孩子的想象力。陈鹤琴认为,小孩子玩泥巴的游戏,父母非但不可以禁止他们玩,反而应该积极提倡和鼓励。

陈鹤琴记得,在他的村里有一个小孩子叫席珍,很喜欢把污泥取来,在大石上再三地摘揶,塑成数种人物的形态,而后再施以各种色彩,非常传神。陈鹤琴也很鼓励一鸣玩弄泥巴。据陈鹤琴的观察:一鸣有一天在厨房里拿一点粉团给陈鹤琴看,陈鹤琴就暗示他说:"你去做一只狗,做一只鸭,做一只鸡。"一鸣就把粉团拿来玩,一会儿就拿给爸爸看,并且对陈鹤琴说"人"。陈鹤琴看后非常欢喜,并经常给一鸣创造玩泥的机会。

---

① 陈秀琴,陈一飞.陈鹤琴全集(第2卷)[M].南京:江苏教育出版社,2011:586-587.

9.小孩子应有玩沙子的机会

陈鹤琴认为,玩沙子和玩泥一样,同样是小孩子喜欢做的游戏,同样具有教育孩子的作用,做父母的应当利用泥沙实地教授小孩子。

陈鹤琴指出,从前中国家长们给小孩子讲故事,往往没有各种实物的材料,用以加强小孩子的记忆。陈鹤琴以国外学者费烈斯(Zillie A. Faris)的观点为例,认为替小孩子讲解的时候,除应用黑板外,最好是利用沙台(sandta-ble)作讲解时的帮助。如果有了沙台,则教授小孩子功课或讲故事的时候,可以画成种种具体的形状,在小孩子的心里,可以留下更深刻的印象。费氏又认为沙台的主要用途,就是在教授地理的时候,做家长的可以把本地的山脉、河流、重要的城池,画在沙台上,实地给小孩子解说,这样一定可以引起小孩子们的注意。但是陈鹤琴指出,太细的沙子,是不适用的。陈鹤琴认为最好用黄沙,在台上做种种地图,或摆出种种历史上的古迹所在,以此加强小孩子的记忆。做家长的,要使小孩子明了沙台的作用,并不是玩弄的东西。小孩子要能自己摆出山脉河流的形势,而无须教师的指导玩沙。在玩沙子的游戏之中,实含有教育上的作用,做父母的千万不可忽视。

陈鹤琴举例说:

> 我今天在野外游玩,看见一群小孩子在沙滩上玩耍,大家都赤着脚,在沙上滑来滑去,或者互相拉倒在沙滩上,相互玩笑,其中比较智慧的孩子,更把泥沙堆积起来,做成小山的样子,或者在沙滩上用竹竿划成几条线痕,表示河流的状态。他们在沙滩上玩耍,非常高兴,简直连饭都不要吃了。[①]

为此,陈鹤琴常常带一鸣到乡下去散步,一鸣看见筑屋用的一堆泥沙,就去玩弄,经常玩了好久,还不肯回去。所以陈鹤琴断定,小孩子是喜欢玩沙子的。

事实证明,上面所说的几种活动和游戏,即画图、看图、剪图、剪纸、着

---

① 陈秀琴,陈一飞.陈鹤琴全集(第2卷)[M].南京:江苏教育出版社,2011:587.

色、穿珠、锤击、浇花、塑泥、玩沙等,与小孩子身心发展是有密切关系的,这些游戏小孩子大概都喜欢玩。做父母的正可以这些游戏去对小孩子施以正确的教育。陈鹤琴认为,对于好动的小孩子,倘若没有适当的东西可以玩,就会要吵要闹,要做出不正当的事体来,若不吵不闹,那就要萎靡不振,失却最可爱的一种活泼精神了。小孩子若有以上所说的游戏机会,一方面可以独自消遣,得到很好的经验;一方面可以不致缠绕别人。这对小孩子和父母来说都有莫大的好处,做父母的对这些游戏一定要多加注意。

（七）教育小孩子养成良好的生活习惯

良好生活习惯的养成是家庭教育的重要内容。陈鹤琴在家庭教育过程中,非常注重养成孩子良好的生活习惯,涉及穿衣、刷牙、洗脸等多个方面。陈鹤琴认为,良好生活习惯的养成也需要考虑到小孩子身心发展的特点,只有因势利导,才能起到良好的教育效果。

1.用诱导的方式叫小孩子穿衣服

在陈鹤琴看来,很多小孩子大概是不喜欢穿衣服的,尤其是在冬天天气寒冷的时候,更不喜欢穿衣服。穿衣服的时候,如果做父母的不和小孩子说说笑笑,或唱唱玩玩,小孩子就不愿意穿衣服了;如果父母以种种方法去引诱孩子,小孩子就不会顾到穿衣服这件事情了。在一鸣两岁零两个月时,他的母亲给他穿衣服的时候,就会给一鸣一本图画书让他看看,有时候同一鸣唱唱歌、讲讲故事。因此一鸣常常会忘记穿衣服这回事,安安稳稳地让他的母亲给他穿起来了。[①]

但是如果父母不用引诱的方法,而是采用强迫手段去压制儿童穿衣服,就会收到不良的结果。陈鹤琴举例说,有个叫宽仁的小孩子每天早晨起来总不愿意穿衣服,他的母亲因为他穿衣服的时候要哭要吵不肯穿,就去打他的屁股,有时候拧他的大腿,用种种高压手段去压服宽仁,最后他没有办法只得吞声饮泣地让母亲穿起来。[②]像宽仁的母亲采用强制的方式让孩子穿衣服,使小孩子不得不穿、不敢不穿,陈鹤琴认为这种做法是不可取的。他

---

① 陈秀琴,陈一飞.陈鹤琴全集(第2卷)[M].南京:江苏教育出版社,2011:548.

② 陈秀琴,陈一飞.陈鹤琴全集(第2卷)[M].南京:江苏教育出版社,2011:548.

认为教育小孩子应当循循善诱,而不应当威胁力迫。虽然引诱和威胁都能够使小孩子服从,但小孩子心理的愉快与不愉快区别就很大了,也会因此而影响到父母的喜怒心情。

陈鹤琴认为,父母以引诱的方法去引导小孩子穿衣服,不仅可以使小孩子心情高兴,做父母的也可以享受到快感。否则父母扮出一副鬼脸,伸出一只巴掌,以恶狠狠的样子去对待小孩子,小孩子固然会承受着无尽的痛苦,做父母的肯定也不会开心。所以做父母的何苦不用引诱的方法呢? 何苦去强迫小孩子穿衣服呢? 如果小孩子早晨起来很高兴,踢踢脚,摇摇手,爬来爬去不肯穿衣服,做母亲的就去骂他:"死东西! 你有什么高兴? 几天不打,骨头又要痒了,快来穿衣服!"①骂完就很快地把孩子拖来穿衣服。天真烂漫的一个小孩子,受了母亲一番责骂,竟形同木鸡一样了。做母亲的要使小孩子高兴尚恐不及,现在小孩子本来高兴竟然弄得他不高兴,陈鹤琴认为这样的母亲真是无知极了!

陈鹤琴还发现,一些母亲因为小孩子不肯穿衣服,于是就拿来糖、糕等食物给孩子吃,以食物来引诱小孩子穿衣服。陈鹤琴提醒家长引诱孩子穿衣服时,不可用食物来引诱孩子。陈鹤琴认为这种做法固然比强制孩子的方法好得多,但也不太可取。陈鹤琴认为小孩子在未洗脸、未刷牙之前,吃糖、糕是很不卫生的。这些母亲因为不懂其中的道理,以食物来引诱小孩子,使小孩子身体上受了伤害,实在是很不对的。②

2.教育小孩子养成良好的卫生习惯

众所周知,强健的身体是小孩子幸福的源泉,若身体不健康,小孩子会终身受其累,做父母的也要跟着遭受无穷的痛苦。卫生的习惯与身体的健康是有着密切关系的,但当时我国许多的父母对于小孩子种种卫生的习惯不但没有顾及,而且还存在着种种误会。陈鹤琴对于小孩子良好生活习惯的养成有着非常深刻的体会和见解,他建议父母要尽力帮助小孩子养成良好的卫生习惯,这样可以使小孩子受益终身。

---

① 陈秀琴,陈一飞.陈鹤琴全集(第2卷)[M].南京:江苏教育出版社,2011:548.

② 陈秀琴,陈一飞.陈鹤琴全集(第2卷)[M].南京:江苏教育出版社,2011:548–549.

（1）小孩子应当天天刷牙

陈鹤琴通过观察，发现有许多小孩子基本上是不刷牙的。早晨起床之后，随随便便地把脸一抹就去吃早饭了。有些孩子看见父母刷牙，也要刷，但他们的父母却不答应他们。他们的父母以为，小孩子年龄幼稚，牙齿上没有什么肮脏的，用不着去刷洗。陈鹤琴认为，其实小孩子既然能够吃东西，牙齿上和牙床上，必定会粘着许多肮脏东西，倘使不去刷洗，不仅口里发出一种难闻的口气，对于牙齿也有许多害处。陈鹤琴举例说，有许多孩子，不到六七岁，他们的牙齿不是掉下，就是烂去半截，虽其大半原因是由于多吃糖食，但是和小孩子从小不刷牙也有着很大关系。因此，出于小孩子的健康考虑，父母非得叫小孩子每天刷牙不可。

但是很多小孩子都是不喜欢刷牙齿的，怎么办呢？陈鹤琴认为，如果小孩子不喜欢刷牙，可以用种种方法暗示他。例如家长可以用彩色图画去暗示小孩子，在这张图画上，画上几个儿童在一间美丽的洗面室内，很起劲地都在那里刷牙齿；站在他们的旁边，又有一位笑嘻嘻的母亲看着他们刷，儿童看了这种图画，大概就要模仿他们去刷牙齿了。不但图画是一种很好的暗示品，就是家庭中的人也可以做一个样子给小孩子看的。小孩子看见家里的人都刷牙齿，恐怕他也要模仿刷了。

总之，陈鹤琴认为，小孩子的牙齿是一定要刷的，但是如果他不肯刷，做父母的要用种种方法去暗示他。在陈鹤琴的引导下，一鸣从小就养成了爱刷牙的好习惯。

（2）小孩子应当注重洗面卫生

关于小孩子洗脸，很多家长很容易忽视，有的家长随便应付了事。陈鹤琴认为，小孩子洗脸应当在洗面室，如果在别处洗刷，就会弄得秽水遍地，有碍观瞻，有妨卫生。

另外，陈鹤琴强调指出，小孩子洗面的手巾，应当独自一条，这样有助于保护小孩子免遭传染病。在当时，很多家庭的手巾，基本上都是公用的，小孩子独自用一条手巾的，实在是不大有。父母洗了也用，兄弟洗了也用，手巾上所粘的眼屎和鼻涕自然很多。如果小孩子用这种手巾洗面，非但不清洁,而且还会传染许多疾病,家里有一个人患肺疾,小孩子也会患肺疾;有一人患眼疾,小孩子也会患眼疾;有一人生癞疥疮或各种皮肤病,小孩子也会患同样的病,其害处之大,简直不堪设想。

还有许多做母亲的不但与小孩子共用一条手巾洗面,而且与小孩子同一盆水洗面,问其原因,有的说省水,有的说省得麻烦。其结果是,小孩子的面孔,不但没有洗干净,而且会沾染上许多肮脏的东西。陈鹤琴认为,小孩子这样洗面,还不如不洗好,免得儿童传染很多疾病。[①]

陈鹤琴举了一个典型的例子:文焕的手巾是与大家共用的。实际上,他的家里只有一条肮脏的手巾。患目疾的老祖宗洗洗,生癞疥疮的小姑娘也洗洗。他每天早上起来,他母亲就会用这条手巾替他洗面。没过几天,文焕的手上生了一颗颗的疮,但是他的母亲,不说是疮,说是疹子。再过几天,文焕的眼睛也红起来了,他母亲不说他是眼睛痛而说他是醒夜的缘故。后来文焕的疮一天一天地多起来了,眼睛一天一天地红起来了,他母亲方才知道是从他的老祖宗和小姑娘那里传染过来的。他的母亲后来花了很多钱才把文焕的眼疾和疥疮医治好。

因此,陈鹤琴在家里专门为一鸣准备了一条手巾,让一鸣独自一个人使用,一鸣的毛巾比家里其他人所用的手巾稍微小一些,一鸣洗面的时候,就用这条手巾,洗好之后爸爸教他把这条手巾挂好。

另外,陈鹤琴还强调指出,给小孩子洗面的时候,一定要注意小孩子的耳鼻和眼睛。俗语说:"扫地扫壁角,洗面洗眼角。"陈鹤琴说:

眼角不过是面孔的一部分,言眼角,则鼻子和耳朵俱概括其中了。照这样说来洗面不仅仅在两颊上揩揩罢了,也应当在眼角上好好儿洗洗揩揩的;不仅在眼角上洗洗,也应当在鼻子上、耳朵里好好儿洗洗的。做父母的大概都知道这两句话,但是他们替小孩子洗面的时候,有许多人没有注意到小孩子的眼角、鼻子和耳朵的。他们不过在小孩子的颊上轻轻地揩一揩,敷衍了事罢了。这种情形,好像一班善男信女替土地

[①] 陈秀琴,陈一飞.陈鹤琴全集(第2卷)[M].南京:江苏教育出版社,2011:551.

庙里的土地公公土地婆婆开光一样,洗与不洗没什么两样,所不同者不过两边颊上多两块水迹罢了。这种样子,非但使小孩子容易惹人讨厌,而且小孩子的身体也受着很大影响的。[①]

如果小孩子的眼睛不洗干净,则眼屎会留在眼上,久而久之,容易导致眼疾。再则,鼻子管不洗干净,则鼻管会塞住,呼吸不灵,势必导致以口呼吸,以口呼吸时,必张开其口,灰尘和各种有害的微生物容易进入肺里。另外,用口呼吸在雾露天气容易受寒,还会在睡眠时发出打鼾的声音,使同居者不得安睡,长时间会导致喉鼻发生毛病。再者,还会影响唱歌、说话等。

陈鹤琴指出,做父母的应当注重小孩子的面部卫生,应当很仔细地替小孩子洗面,不应当因为想要省去一些麻烦,就随便洗一洗罢了。至于洗脸所用的东西,父母更要认真选择,不得敷衍。洗鼻子最好用药棉,洗眼睛最好用硼酸,如果硼酸不容易得到,那么可以用浓茶汁代替;至于耳朵,除用手巾揩耳轮之外,需再用凡士林洗洗孩子的耳朵洞。

总之,做父母的替小孩子洗面,应当以清洁为主,不应当敷衍了事,如果贪图片刻的安逸,就会给孩子遗留很大的安全隐患,影响小孩子的身体健康。

(3)小孩子在未穿衣洗面刷牙以前,不宜吃东西

陈鹤琴认为,小孩子未穿衣洗面刷牙以前,吃东西是不好的。这样做主要有三个害处:第一,不穿衣而吃东西,容易受寒;第二,隔一夜牙床上有秽污的东西,倘使不去刷它而马上吃东西很不卫生;第三,不洗面而吃东西,不雅观。[②]所以做父母的是不应当让小孩子先吃而后穿衣洗面刷牙的。但是有许多做父母的,不计利害,小孩子一醒来,就把东西给他吃,有时候,小孩子不要东西吃而硬给他吃,以为要小孩子身体强壮非此不可,以后小孩子就养成了习惯,一起来就要吃东西了。

不过陈鹤琴所说的小孩子未穿衣洗面刷牙以前不宜吃东西,是对较大

---

① 陈秀琴,陈一飞.陈鹤琴全集(第2卷)[M].南京:江苏教育出版社,2011:551.

② 陈秀琴,陈一飞.陈鹤琴全集(第2卷)[M].南京:江苏教育出版社,2011:553.

的小孩子说的,如果很小的小孩子恐当作别论了。陈鹤琴的儿子一鸣在一岁零两个月的时候,早晨起来,陈鹤琴夫妇就会先给他吃牛乳,吃牛乳以后,就给他几块糕饼以充饥;因为在一岁以内的时候,他早晨醒来,他的母亲立即喂他牛乳,然后再穿衣服洗面刷牙。到了小孩子断乳的时候,他醒来就给他吃牛乳、糕饼以当早餐,至于甜食如糖类大概是没有给他吃的。等到孩子大约到了一岁半的时候,除了牛乳和糕饼以外又给他吃早餐。在这时候,一鸣醒来就不应当给他吃牛乳和糕饼了,因为他年龄已经大了,需要另吃早餐,家长应当把牛乳移到吃早餐的时候;至于糕饼则应当取消了。陈鹤琴举例说:

> 一鸣在两岁零七个月的时候,有一天早晨醒来就向他母亲要糖吃,他母亲给他葡萄糕,他不要,就一直哭,一直哭了八分钟的样子。二十分钟以后,一鸣就向他母亲要那以前不要的糕了。假使他要糖的时候,他母亲没有给糕吃,那他哭了八分钟就完事了。一鸣在两岁零九个月的时候,陈鹤琴要求一鸣醒来先穿衣洗面刷牙后才吃早餐。有一天,一鸣醒来后不愿意穿衣服,陈鹤琴和夫人就用种种方法引诱他穿,他总是不肯;后来无可奈何,陈鹤琴只得把他打一顿,强迫他穿了。第二天他就很愿意地先穿后吃了。以后也就没有发生先吃后穿的问题了。[①]

总之,陈鹤琴认为,对于年龄较大的孩子,在他没有穿衣洗脸刷牙之前,是不宜吃东西的,而对于年龄较小的,做父母的应该随地观察,相机行事。

(4)小孩子吃东西前后需洗手

陈鹤琴认为,因为手拿食物以后,大都要肮脏的,倘使拿了食物后,而不去洗手,那么小孩子不是把这肮脏东西沾在自己身上,就要沾到别人身上了。沾在自己身上不清洁,沾在别人身上不道德,都是不行的。但是有许多小孩子吃东西以后,总是不洗手的,做父母的也没有叫他去洗手,到了后来,小孩子这种行为慢慢成了习惯,其中的害处自然不用多言。陈鹤琴建议,做

---

① 陈秀琴,陈一飞.陈鹤琴全集(第2卷)[M].南京:江苏教育出版社,2011:552.

父母的,当小孩子吃东西以后,一定要让他洗手。这种事情对于父母来说是很容易做到的,陈鹤琴劝做父母的一定要做到,让小孩子养成吃食物之前洗手的良好习惯。

按照陈鹤琴的观察显示:

> 小孩子平时是很好动的,东拿拿西抓抓,手上不知沾了多少尘埃,倘使小孩子不洗手就去拿东西吃,那么尘埃与食物要一同到肚子里去了。许多小孩子在夏天的时候,常常去捉苍蝇扑蝴蝶,手上的微生虫不知沾了多少。他们也不管什么,一看见东西就去拿了吃,做父母的也不去禁止他们,以为小孩子一天到晚总不会清洁的,何必去洗手多麻烦呢?做父母的如此,做小孩子的也如此,到了后来,小孩子就沾染了疾病,有许多小孩子竟因此而死的,你看可怜可怜呢?所以我说小孩子吃东西以前,一定要洗手的。至于吃东西以后也要揩揩手的。①

因此,陈鹤琴很注重培养一鸣良好的洗手习惯。在陈鹤琴夫妇的教育引导下,一鸣自两岁零十个月以来,每天早晨吃点心以前,他的幼稚园教师总叫他先洗手,到他吃点心以前,就自己去洗手。不但如此,后来吃饭以前他也一定要洗手了。有时候忘记去洗,他正在吃的时候,忽然想到就去洗手了。陈鹤琴举例说明了吃东西不洗手的坏处:

> 东生吃东西以前,从不洗手的,吃后也永不洗手的。有一次他在外面挖石头、拔青草的时候,忽然听见他的父母和兄弟姊妹们大家吃鸡蛋糕,他就立刻跑回来抢鸡蛋糕吃了。他母亲对他说:"你的手是很脏的,到面盆里去洗一洗,再来吃。"他哪里肯依,他恐怕鸡蛋糕被他们吃光,所以也不管手脏不脏,就马上来吃了。吃了以后,也不去揩手,将手上的油向他自己的襟上一揩。还没有干净,忽然看见他的娘舅来了,他显出很快活的样子,将很肮脏的手去拉他娘舅的衣襟,他娘舅也没有顾到

---

① 陈秀琴,陈一飞.陈鹤琴全集(第2卷)[M].南京:江苏教育出版社,2011:553.

他的手,很高兴地去摸摸他的头,抱起来了亲亲他的嘴;后来看见他的手就想到他的衣襟,低头一看,啊哟不好了,崭新的一件夹衫已经有十来个手指印了。他也不好意思去说他,只得自认晦气罢了。[1]

陈鹤琴认为,本来一件看似非常小的事情,由于小孩子吃食物没有养成良好的洗手习惯,造成了令人不愿意看到的不良结果,这是值得每一个做父母的家长深思的。

(5)小孩子吃饭应当有适当的盘匙

陈鹤琴认为,小孩子手筋未发达的时候,使用普通碗箸是很不方便的。陈鹤琴常常看见许多小孩子用尽许多气力,不但不能够取到一点菜、一粒饭,而且弄得饭粒狼藉、菜蔬满桌。这样既浪费食物,又惹人讨厌,对于父母与孩子两方面都是不好的。

陈鹤琴认为,倘使做父母的给小孩子适当的盘匙,那么以上各种弊病大概都可以免掉。因为汤匙容易取食物,而大的盘子因为面积较大不容易浪费食物,所以小孩子不能使用碗箸的时候,做父母的应当给他适当的盘匙。等到小孩子手筋发达能够使用碗箸的时候,家长就可以叫孩子慢慢用普通的饭碗和普通的筷子吃饭。

按照陈鹤琴的要求,一鸣一岁半以前吃饭,由他母亲喂他吃;一岁半以后,陈鹤琴夫妇就常常让一鸣自己吃。刚开始吃的时候,给一鸣一个大的盘子和弯柄的匙,到了两岁半时,教他慢慢用筷子来吃,这样一鸣慢慢养成了用盘匙吃饭的习惯。

(6)小孩子吃饭应当有适当的桌椅

陈鹤琴发现,中国当时的普通家庭,小孩子吃饭的时候,大都缺少适当的桌椅。小孩子两岁以内,父母常常一只手抱小孩子,一只手喂他,小孩子感觉不舒服,做父母的也觉得不方便。"不是碗瓢坠地,就是食物污襟。"[2]等到小孩子能够自己吃饭的时候,做父母的就叫小孩子到饭桌上同成人一同

---

① 陈秀琴,陈一飞.陈鹤琴全集(第2卷)[M].南京:江苏教育出版社,2011:553.
② 陈秀琴,陈一飞.陈鹤琴全集(第2卷)[M].南京:江苏教育出版社,2011:555.

吃饭了。但是成人吃饭的桌子是很高的,而小孩子的上身短,所以小孩子吃饭的时候,是很不方便、很不舒服的。况且,成人坐的凳子也是很高的,小孩子坐着这种凳子,荡着两只腿去吃饭,也是很不方便的。做父母的因为小孩子种种的不方便,就叫小孩子站在凳子上面吃饭,这样做不但会把凳子弄得肮脏,有时候不小心还会从凳子上跌下来,弄得皮破出血,发生意外伤害。

陈鹤琴总结了小孩子有适当的吃饭桌椅的诸多好处:一是父母去喂食小孩子,可避免伛偻驼背之劳;二是小孩子吃饭无局促不安之苦;三是小孩子吃饭时可以随便移动;四是小孩子不但吃饭的时候用得着,平时也可以叫小孩子坐坐,靠着板上玩耍;五是小孩子吃饭的时候,无太高太低之苦;六是小孩子吃饭的时候,不会跌下来,无皮破出血之虞;七是不但吃饭的时候可以用得着,就是小孩子坐着玩的时候也用得着。①

所以陈鹤琴在一鸣两岁以前,替他特制了一张高脚座椅桌;两岁以后,又替他做了一把小椅子和一张小桌子。这样小一鸣吃饭时就方便、舒服得多了,逐渐养成了使用自己桌椅吃饭的习惯。

(7)小孩子吃饭时需要有围巾

陈鹤琴指出,小孩子吃饭的时候,很容易把菜饭沾在衣襟上面。加之小孩子手筋不发达,捏筷子不稳,更加容易洒落饭菜。倘使小孩子没有系上围巾,衣襟上就会肮脏不堪。这种样子,非但不雅观、不卫生,也使得小孩子养成不爱整洁的习惯,影响小孩子良好生活习惯的养成。

但是有许多小孩子的父母没有想到这种弊病,没有替小孩子做一条围巾,以致小孩子食物常常沾染胸襟,养成不厌肮脏的劣性,且有时会把衣襟拿来揩揩嘴巴和手指头。倘若有了围巾,就可以让小孩子避免掉以上种种弊病,并且可以养成爱清洁的习惯。有一些母亲,也知道小孩子吃饭的时候,有围巾的好处,但是她们因为怕麻烦,不愿意替小孩子去做,即使做起来,也不愿意给小孩子用。陈鹤琴举例说明了小孩子吃饭没有围巾的害处:

小香吃饭的时候没有围巾,饭粒满襟,菜茎满肩,一件布衣服,弄得

---

① 陈秀琴,陈一飞.陈鹤琴全集(第2卷)[M].南京:江苏教育出版社,2011:555.

亮皎皎的好像缎子一样。他吃饭以后,也不洗手面,他的嘴用两只袖子左右一揩,他的手指头,向他自己的襟上,上下一抹,而他的母亲也不大替他洗衣服,所以,他的衣服的肮脏,真不堪问闻了。夏天的时候,许多苍蝇都飞到他的衣襟上去,吃他的饭粒菜茎,有时候这种苍蝇趁他睡熟的时候,飞到他的鼻头上、嘴唇上、眼睛旁边去吃他的肮脏东西。[1]

因此,在一鸣小时候的每餐饭之前,陈鹤琴夫妇总会替儿子系一条围巾。每天如此,当一鸣养成习惯之后,每次吃饭之前,一鸣自己都要围围巾后才开始吃饭。

3.小孩子小食要定时定量

陈鹤琴认为,给小孩子吃小食的目的是要使他充饥,不是要使他吃得很饱。小孩子饥饿的时候,上午大约总在十点钟左右,下午总在四点钟左右,所以给孩子吃小食的时候,以这两个时间为最适宜,而给他所吃的东西,也应能够满足小孩子的饥饿为宜。

但是有许多父母不懂这种道理,以为小孩子多吃东西则容易长大,多吃东西则容易强壮,所以不论什么东西,不论什么时候,有则给他吃,吃则尽他量。小孩子因为多吃东西就不要吃饭了,不吃饭,身体上就要受很大的影响了。甚至因为多吃闲食,常常弄得食积成病,小则犹可,大则殒身,做父母的到了这个时候,真正要百悔莫及了。所以做父母的不爱小孩子则已,如果要爱小孩子,不宜多给他小食吃,而且吃的时候要有一定时间规定。[2]

陈鹤琴举例说明了滥吃小食的危害:

> 青儿的家里是很有钱的,所以各种茶食也是很多的。什么鸡蛋糕呀,杏仁酥呀,茶糕呀,饼干呀,各种小食都应有尽有。他的父母因为爱他的缘故,所以常常把这种小食给他吃,吃的分量是很多的,而吃的时候也永没有一定的,什么时候要吃,就什么时候给他吃;要吃多少,就给

---

① 陈秀琴,陈一飞.陈鹤琴全集(第2卷)[M].南京:江苏教育出版社,2011:556-557.

② 陈秀琴,陈一飞.陈鹤琴全集(第2卷)[M].南京:江苏教育出版社,2011:556-557.

他多少。他因为多吃小食，就不要吃饭，到了后来，常常害便秘的病，慢慢儿现出瘦弱的样子。①

因此，陈鹤琴夫妇每天给一鸣吃小食的时候，规定吃小食的时间上午总在十点钟左右，下午总在四点钟左右，而且给一鸣吃的东西也不太多，仅仅够他充饥罢了。

4.应当叫小孩子独自吃饭

陈鹤琴观察到，当时有许多家庭，小孩子自己不能够拿筷子的时候，由母亲喂他，等到小孩子自己能够拿筷子，就让他自己爬上桌子，同大家一同吃。这种情形在社会上是常常见到的。

陈鹤琴列举了不让小孩子独自吃饭的种种弊病：

> 第一，做母亲的一面既然要喂小孩子吃饭，一面要自己吃，使她食不舒服。第二，有时候，因为要喂小孩子，小孩子的母亲自己吃得太迟的缘故，弄得不但没有菜蔬，而且饭又冰冷，当然不宜。第三，小孩子既然和大家同吃，看见桌上好吃的东西，就要来抓来拿，这种样子极不雅观。第四，拿抓不得就号啕大哭，鼻涕与饭齐嚼，眼泪和汤同饮，使小孩子食不卫生。第五，做母亲的因为小孩子要吵要哭，有妨害大众的安宁，为委屈求安起见，不得不拿来给他吃，久而久之，渐成食积，使小孩子小则生病，大则殒身。第六，吃是每个人喜欢的，小孩子一看见有美的食品，就鹰眈虎视，目不他瞬；有时候竟把这样食品移来，摆在自己的面前，养成孩子强霸的行为。②

从以上六种情形看起来，小孩子和大家同吃，于母子两方面都是有害的，但是有许多做母亲的，以为爱护小孩子非此不可，陈鹤琴认为这真的是弄错了。推想做母亲牺牲自己的权利去喂小孩子的缘故，大多是因为溺爱

---

① 陈秀琴,陈一飞.陈鹤琴全集(第2卷)[M].南京:江苏教育出版社,2011:556-557.
② 陈秀琴,陈一飞.陈鹤琴全集(第2卷)[M].南京:江苏教育出版社,2011:557.

小孩子,但是大多数情况下,要么是因为小孩子独自吃饭,盘碗等物容易弄破,要么是因为小孩子容易把饭粒狼藉,所以母亲大都自已去喂孩子的。而陈鹤琴认为,小孩子弄破几个碗,是没有什么要紧的。孩子头几次弄破,以后不见得常常会弄破的,小孩子狼藉几颗饭粒,也不打紧的,五谷固需珍惜,但是狼藉几颗,拾起来喂鸡狗吃了就是了,不用太在意。

但是陈鹤琴也并不是一直反对小孩子同成人共食,陈鹤琴认为,等到小孩子到了年纪稍大一些,知识稍多一点,自制能力稍强一点,就应该可以同家中的成人同食,以享受团聚之乐,那时候就另当别论了。

陈鹤琴记录了一鸣在家吃饭的做法:近来我们吃饭的时候,一鸣(时二岁零九个月)也吃饭。他母亲因为要喂他吃,所以不能够和我们同吃。等喂好了,她方才独自个吃,而所吃的都是"残羹剩肴"了,后来我们搬到新房子里以后,就先给他吃饭,使得一鸣的母亲可以同我们一同吃。[①]

5.小孩子午饭后应午睡

午饭后午睡对小孩子的身心发展是有益的。陈鹤琴指出:"无论什么人,从生理上讲来,都应当睡一刻中觉的。自晨至午,做事半天,身体上必定觉得疲倦。午饭后,稍睡片刻,必使精神焕发,神志清爽了。况且吃饭以后,胃需静养,使之消化,否则,饭后运动,恐怕有损于胃的。小孩子身体尚未完全发达,饭后尤需睡觉,使有益于身心。"[②]

按照陈鹤琴的经验,小孩子午睡时间的长短,要以小孩子的年龄、个性、气候而变化。大的小孩子睡觉的时间当然比小的小孩子来得短。在夏天的时候,大小孩子都应当睡;在冬天的时候,因为日短夜长,未必一定要睡。还有小孩子个性一方面,家长们也应当顾及。有的小孩子一睡睡了三四个钟头方才醒来,以致晚间不愿照常睡眠,对于这种小孩子,可以设法使他早点醒来。也有许多小孩子,倘使不睡午觉,到了晚上,就疲倦不堪,反而不能安睡,这种小孩子睡了中觉,醒来觉得精神焕发,到了晚间,反能安然睡去,所以午饭后应当让他去睡中觉。至于睡的时候,不应当去打扰小孩子,使他不

---

① 陈秀琴,陈一飞.陈鹤琴全集(第2卷)[M].南京:江苏教育出版社,2011:556-557.

② 陈秀琴,陈一飞.陈鹤琴全集(第2卷)[M].南京:江苏教育出版社,2011:560-561.

得安睡,倘使外边不安静,那他不但不能睡,而且恐怕也要到外边去玩了。所以有的小孩子需睡中觉,有的要睡得长一点,有的要睡得短一点,做父母的当看各个小孩子的个性和气候而定,不过大部分小孩子吃了中饭应当到寝室里去休息休息为是。至于不想睡中觉的小孩子,最好叫他看看图画,同他讲讲故事,以休养他的精神,要睡中觉的小孩子,倘使一时不能睡去,那就给他看看图画,也是很好的。总之,小孩子的睡中觉,要以个人体质并气候和年龄为定,由做父母的斟酌而定。①

所以陈鹤琴和夫人约定,一鸣吃完午饭后,总要让他休息一下。陈鹤琴记录说:"所以今天午饭后,我们就把一鸣放在自己的床上。五分钟以后他因为一个人在房里寂寞不过,所以就哭起来了。然而哭了一歇,也就安安稳稳地睡去了。"②

6.小孩子应当穿睡衣睡眠

陈鹤琴认为,穿睡衣睡觉对于身体有很大的好处。"人们日间所穿的衣服大概是紧窄的,贴身所穿的衬衣尤更紧窄;倘使我们把这种衬衣当作睡衣,于身体上就要受很大的影响了。因为睡的时候,我们需要衣服宽大,使得血脉容易流通;如果穿了很紧窄的衬衣,血脉就不易流通了。"③

陈鹤琴指出,当时有许多做母亲的不懂得这种道理,在小孩子临睡以前,给小孩子穿了一件很紧窄的衬衣,以防他受寒,下身又裹了许多的布条,以防他遗屎,把一个小孩子缠得好像一个木偶人一样。小孩子受了许多束缚,寒固不容易受了,屎固不容易遗了,但是他的身体也受到许多的影响。这样做会导致小孩子呼吸不灵、血脉不和。在陈鹤琴看来,其实防止小孩子受寒,非一件紧窄的衬衣所能够收效的,防他遗屎,也不必裹许多布条。只要把孩子的被服弄好,孩子也就不会受寒,在孩子胯间系一条屎布,遗屎也不必担忧了。

陈鹤琴认为,母亲们不去这样着想,而竟将小孩子束缚得动也不会动,

---

① 陈秀琴,陈一飞.陈鹤琴全集(第2卷)[M].南京:江苏教育出版社,2011:560-561.
② 陈秀琴,陈一飞.陈鹤琴全集(第2卷)[M].南京:江苏教育出版社,2011:560.
③ 陈秀琴,陈一飞.陈鹤琴全集(第2卷)[M].南京:江苏教育出版社,2011:562.

这样做有碍于小孩子的卫生。陈鹤琴希望做父母的不要这样去束缚小孩子,而是应当替小孩子做一套宽大的睡衣,在小孩子临睡以前,替他换上;起床以后,替他换去。这样既费时有限,又费钱无几,而小孩子的身体实际上受到了极大的好处。不过对于使用睡衣,亦当以家庭的设备或气候的寒暖而转移。假使天气寒冷而家中没有火炉设备,那换睡衣的时候就容易受寒,可以不必换,不过所穿的衬衣,应当要宽大一些,使他身体上不会受什么影响,这是应该注意的。①

在一鸣小时候,当一鸣每晚临睡的时候,陈鹤琴和夫人总会把他白天所穿的衣服脱下,换上一套睡衣;早晨起来,又把他的睡衣换掉。每天如此,逐渐养成了一鸣穿睡衣睡觉的好习惯。

7.小孩子不应当由母亲抱着睡

陈鹤琴认为,小孩子要母亲抱着睡,对于小孩子和母亲两方面都是极为不方便的。做母亲的因为手里抱着小孩子,不能够做事情,即使做,也是很不方便的;小孩子因为被他母亲抱在手里,容易醒,即使不醒来,也不能够安安稳稳地睡着。既然双方都不好,做母亲的应当把这种坏习惯改去才好。但是许多做母亲的舐犊情深,明知之而故犯之,自寻烦恼。陈鹤琴常看见有许多做母亲的一只手用衣襟裹着小孩子,一只手拿着吊桶到井里去汲水,陈鹤琴感叹说:"唉!辛苦可以不必说了,一不留神,也会跌到井里,危险极了!"做父母的日里抱着小孩子睡,其害既如上述,就是夜里抱着小孩子同睡,也是很不好的。总之,做父母的不论日里夜里,都不应当抱小孩子睡的。②

陈鹤琴认为,小孩子喜欢抱着睡的习惯,大概是由于做母亲的姑息而养成的。做母亲的因为疼爱小孩子,所以就抱着他睡。小孩子习以为常以后,就会不肯独自睡了。一鸣要他的母亲抱着睡,也是这个缘故。一鸣以前吃乳的时候,是母亲抱着他吃的,吃好了,他也睡熟了。到了后来,不吃乳的时候,他的母亲还是抱了他睡熟以免他吵,所以到了现在,一鸣非母亲抱着不

---

① 陈秀琴,陈一飞.陈鹤琴全集(第2卷)[M].南京:江苏教育出版社,2011:562.

② 陈秀琴,陈一飞.陈鹤琴全集(第2卷)[M].南京:江苏教育出版社,2011:563.

肯睡了。陈鹤琴认为这种习惯终究不可以为常的,所以毅然决然地叫他的母亲把一鸣放在床上,让他独自一个人睡觉,不到三四天,一鸣居然能够独自睡了。

陈鹤琴记述说:

> 一鸣一岁大的时候,常常要他母亲抱着睡;倘使她把他放在床上,他就哭起来了。一天晚上,我们决计要把他这种坏习惯改去,所以不管他哭不哭,把他放在床上,叫他独自睡去,他不愿意独自睡,就哭起来了,并且要他母亲去抱他;他母亲因为他哭得太久了,就去抱他一歇,不多时,他就睡熟了;第二天晚上,他不吵而睡熟了;第三天晚上他哭了一歇不哭了;第四天晚上,他一点也不吵了。①

又一天的晚上,一鸣又不愿意睡在床上,并要他母亲抱着睡,他母亲不依他的要求竟自出去了。陈鹤琴把灯熄掉,把门关着,他就大哭起来,要爸爸和妈妈进去,哭了一歇,陈鹤琴进去了,于是一鸣就不哭了。陈鹤琴把一鸣的眼泪揩干,好好亲他几下,叫他独自睡着,而且对他说"明天再会",他受了爸爸的这一番安慰,就显出心境安宁与爸爸"和好如故"的样子。陈鹤琴出去了之后,他就睡熟了。②

陈鹤琴认为,做父母的不应当因为小孩子不肯独自睡就去抱他,也不应当听他一直哭不去理睬他,而应当用种种方法去安慰他,使他独自睡去。陈鹤琴说:

> 当一鸣关在房里哭泣的时候,假使我让他去哭而不去安慰他,他虽然因为哭得疲倦会睡着的,但是他的心境是很不安宁的。我用这种方法去教育他,一方面使他知道他应当独自睡的,一方面使他心里觉得很

---

① 陈秀琴,陈一飞.陈鹤琴全集(第2卷)[M].南京:江苏教育出版社,2011:562-563.
② 陈秀琴,陈一飞.陈鹤琴全集(第2卷)[M].南京:江苏教育出版社,2011:563.

安宁。这种方法是宽猛并济的,比较纯用硬逼的方法是好得多了。①

8.不准小孩子点灯睡觉

陈鹤琴认为小孩子点灯睡觉主要有两大危害:一是不卫生。电灯固然无烟,至于菜油、火油等油灯费多少油,就会发出多少烟煤。倘使把灯一夜点到天亮,发出来的烟煤就不少了。人睡着的时候,把这种烟煤吸进去,对于身体会有很大妨碍。陈鹤琴常看见有许多人,夜里睡的时候,把门户关得"风息勿漏",又把无罩子的油灯点到天亮。等第二天早晨,人进去的时候,还觉得烟雾弥漫,煤屑乱飞,令人闻之头痛。陈鹤琴认为,人把这种烟煤一夜吸到天亮,妨碍身体是不消说的了。二是容易引发危险。点油灯而睡,则油灯有时候被猫或鼠弄翻,可能会引起火灾。

陈鹤琴认为,如果追溯小孩子这种点灯睡觉坏习惯的起源,大概是因为小的时候,做父母的没有禁止孩子们点灯睡觉的缘故。倘使早早禁止他们,他们也不会有这种坏习惯了。有许多小孩子因为怕黑暗,点着灯可以壮胆子,所以常常点着灯睡,后来成为习惯,虽欲改而已不容易改了。陈鹤琴建议,如果小孩子为惧怕而点灯,那么做父母的应当先去其惧怕,而后叫他不要点灯。如果为了别的缘故而点灯,那么做父母的也应当想方设法去禁止小孩子点灯。

1923年4月,一鸣养成了点灯睡觉的坏习惯,这种习惯是逐渐养成的。陈鹤琴记录了自己如何让一鸣改掉点灯睡觉习惯的过程:

> 当初是因为我们房屋太少,所以他一鸣同我们是同室异床而睡的,他睡的时候,我们还没有睡,所以灯还没有熄掉。后来我们搬到新房子里来,他同我们异室而睡了。他因为以前是点灯而睡的,现在忽然没有灯,所以就要吵了。这个月19日晚上,我们决计要把他这种习惯打破,所以熄了灯,把他放在床上,他看见没有灯就大哭起来了。大约哭了五分钟的时候,他母亲去抱他,他方才不哭。第二天晚上,熄了灯,他就不

---

① 陈秀琴,陈一飞.陈鹤琴全集(第2卷)[M].南京:江苏教育出版社,2011:562-563.

哭;第三天,他只哭了半分钟;到了第四天,他完全不吵了。后来他的坏习惯又发现了,睡的时候,常常要点着。同年10月1日的晚上,他睡的时候,我就把灯熄掉,他就大哭起来。后来他母亲因为被他哭得不耐烦,就把灯开了。第二天他睡的时候,我又把灯熄掉,他就哭并且要他母亲来。她虽进去,但是仍旧没有开灯,他没有法子也只好不哭了。[①]

陈鹤琴由此认为,小孩子开灯睡觉的习惯在很大程度上是由大人造成的,并且这种坏习惯也是完全可以改掉的。

9.小孩子最好独睡

陈鹤琴指出,有许多做父母的,大概是和小孩子同床睡的。父母们总以为小孩子年龄幼小,一不当心,就会把被服踢开弄得受寒生病。所以父母们以为一定要与小孩子同睡不可。要知道与小孩子同床而睡,固然可以就近照料,但是其中的害处也很多。陈鹤琴列举了和孩子同睡的五大害处:

第一,容易被父母压死。小孩子身体孱弱,禁不起父母一压,所以做父母的一不当心,往往把小孩子压死。陈鹤琴记得二十年以前,有一个三个月的婴儿,竟被他母亲的手臂压死了。

第二,容易被被服窒死。小孩子睡在大的被服底下,抵不住被服的压迫,往往有因此而窒死的。陈鹤琴举例说,邻家十仓老的小孩子已经有五六个月了,有一天早晨,他妻子起床以后就把孩子用被服好好儿盖着,后来她去为他穿衣,而他已经死了。这种惨事,常常听得到。

第三,很不卫生。父母所呼出的碳酸气被小孩子吸去,而小孩子所呼出的碳酸气被父母吸去,这是不卫生的。在热天同睡,尤不卫生。

第四,不能安睡。睡的时候,小孩子一醒,父母也要醒了;有时候父母一动,小孩子也被惊醒,以致往往大家不得安睡。

第五,养成依赖性。小孩子同父母同睡,他的独立的生活习惯,都不容易养成。所以做父母的应当使小孩子独睡,慢慢养成他独立的

---

① 陈秀琴,陈一飞.陈鹤琴全集(第2卷)[M].南京:江苏教育出版社,2011:563-564.

精神。

陈鹤琴认为,小孩子不与父母同睡,也有五个方面的好处:

第一,不会被父母压死。

第二,睡在他自己的小被服里,不会闷死。

第三,父母与小孩子两方面大家可以安睡。

第四,比较卫生。

第五,有利于养成小孩子的独立性。

所以照这样看来,小孩子应当独自一床睡的。陈鹤琴建议,做父母的如果要防止小孩子受寒,那么只要替他用大的"别针"把他的盖着被服夹住就是了。小孩子不仅应当独自一床,如能独自一室那就更好了。因为独自一室,小孩子晚间醒来只要母亲或父亲起来照管他;倘同在一室,做父母的都要被他弄醒而不得安睡了,而且小孩子自己有了一个房间,一方面容易养成他的独立精神;另一方面容易发展小孩子尊重他人权利的思想。不过对于这一点,需要以房屋多少而定,房屋多,那么小孩子可以独自睡一个房间;倘使房屋少,那么孩子与大人同室而睡也不要紧,不过不要和孩子同床而睡就是了。

鉴于以上种种原因,陈鹤琴一家搬到新房子里住以后,在他们寝室的旁边,另外单独辟一个房间给一鸣做寝室,并且让一鸣独自一床睡觉。

10.小孩子应定时大便

对于小孩子解大便,有许多人赞成解大便要完全听任小孩子自己的意思,做父母的绝对不能限定时间去规范小孩子的。有人质疑:倘使规定时间去限制小孩子解大便,那么小孩子不需要解大便的时候,也要去强迫他吗?小孩子要解大便的时候,不许他解吗?陈鹤琴认为,持这种论调的人,大概是由于不晓得不按时解大便的害处。

陈鹤琴认为不按时解大便有两个害处:害处一,不按时解大便常常有在半夜里解大便的事情发生。春夏秋三季还不要紧,如果在冬天那就有许多不方便了,严重的会冻出病来。害处二,小孩子解大便没有一定的时间,到了大便的时候,常常要患闭结的毛病,而且身体会受到重大的影响。反之,定时解大便的好处也有二:一是倘使做父母的叫小孩子按时间去做,小孩子一定不以为苦的。到了后来他到解大便的时候而没有解,必定要觉得不舒服。二是不到解大便时候,除特别原因以外,小孩子一定不会要解大便的。

至于解大便的时间,在陈鹤琴看来,以早晨醒来为最宜,次之晚间睡眠之前。不过每天总要有一次,而且那次时间总要保持大体一致。陈鹤琴认为这种习惯是容易养成的,如果小孩子第一天做不到,那第二天还叫他去做,倘使第二天再做不到,那么第三天叫他再做,这样慢慢做下去,一定能够做得到的。一鸣就是这样在陈鹤琴的督促下,逐渐养成了每日定时解大便的好习惯。

11.小孩子不应当整天抱在手里

陈鹤琴发现小孩子生性是好动的,很小的婴儿,从出生后就喜欢手动脚踢,一刻不歇。到了后来,筋肉逐渐发达了,运动的能力也就格外增强了。小孩子既然生性好动,倘使我们终日抱着,那他就缺少运动的机会了。推想父母抱小孩子的缘故是因为珍爱他、宝贝他,所以一听见小孩子哭,就立刻去抱他。要知道小孩子哭哭是不要紧的,他一面哭着,一面动着,于他身体上实在没有什么妨害的,倘使你一听见他哭就去抱他,那他以后就更加不肯睡了。因此你就终日抱他,他的肌肉也就不容易发展了。

陈鹤琴指出,我国的富贵子弟多孱弱,贫苦子弟多强健,虽则他们致弱致强的原因不一,但是和他们小的时候,做父母的常抱不常抱,也不无关系。大抵贫苦之家,做父母的终日碌碌,席不暇暖,哪里还有闲工夫去抱他们的子女呢?他们的子女也只好睡着或爬着。孩子运动的机会既多,所以他们的身体也就格外强健。至于富贵之家则不然。做父母的生下子女,如获珍宝,常相扶抱,刻不释手,不但养成娇养的习惯,而且使他身体不强健。至于父母一方面,也因此花费了许多光阴,所以于两方面都是不好的。[①]

① 陈秀琴,陈一飞.陈鹤琴全集(第2卷)[M].南京:江苏教育出版社,2011:568–569.

陈鹤琴指出，我们中国多数人家的小孩子，可以说是抱大的。不是由他们的母亲抱着，就是由他们的祖母抱着，或是被他们的哥哥姐姐抱着。一天到晚，除了睡眠之外，总是抱在手里如同宝贝一样。还有许多小孩子，正要爬行的时候，做母亲的还是抱着他，使他不得自由行动。一般来说，一岁多的小孩子大都能够在地上爬行，也都喜欢在地上爬行，但成年人却总喜欢将小孩子抱在手里不放。

陈鹤琴在美国留学期间，曾看到有些家庭的小孩子，不是像中国这样子的。小孩子从生出来后家长就不将其抱在手里，一天到晚除掉一点钟或半点钟抱着以外，都让他睡在小床里，任他自己乱踢乱蹬。到了五六个月的时候，把小孩子靠着坐褥或椅垫等软物，独自坐着。有时因为小孩子坐了太久，就抱抱他玩玩。再过了三四个月，小孩子运动的能力逐渐发达了，就让他适当在地板上或草地上爬爬，有时候他爬得倦了，就坐着玩。再过了三四个月，小孩子要扶着东西站立了，在这个时候，他喜欢立立就让他立立，他喜欢坐坐就让他坐坐，他喜欢爬爬就让他爬爬，总没有人常常去抱他的。后来小孩子慢慢儿要开步的时候，做父母的不使他常走，因为小孩子身体重而脚筋弱，倘使走，他的脚容易成疾（如行走时脚尖向内，等等）。等到小孩子脚筋发展到一定程度，那就让他自己去走，父母不过在后面看看罢了。自此以后，小孩子的筋肉，更加发达了，做父母的就让他自己去运动了。

陈鹤琴对于自己的第二个小孩子秀霞，自她出生后除了吃乳以外，陈鹤琴和妻子总让她独自睡着；她即使哭，也不去理睬她。如是习以为常，秀霞睡在床上就不哭了，而且常常显出很快活的样子。到了第四个月的时候，她喜欢侧起来了，所以陈鹤琴就把她垫着东西使她侧着睡，再过了两三月的光景，她逐渐能够坐了，陈鹤琴和妻子就把东西替她垫着，使她坐坐。到秀霞一岁的时候，自己喜欢坐着玩了，陈鹤琴夫妇有时候让她坐在床上，有时候让她坐在椅上，有时候让她坐在摇篮里，让她自己去玩，倘使她坐得乏了，那么陈鹤琴和妻子就去抱一歇。总而言之自她出生后到现在，抱的时候是很少的。①

---

① 陈秀琴,陈一飞.陈鹤琴全集(第2卷)[M].南京:江苏教育出版社,2011:569.

12.小孩子晚上睡前应有适当的娱乐

陈鹤琴认为,做父母的在白天大概没有工夫同小孩子游戏,到了晚间需要抽一点工夫同孩子玩玩。一方面可以使家庭快乐,一方面可以使小孩子对于父母产生良好的感情。至于娱乐的方法,陈鹤琴认为歌乐最为重要,家庭中有了歌声,如有了生气一般。试想一个家庭,吃过晚饭后,父母子女团聚一室,同唱同歌,这是何等有趣的事情!一日之间,有了这种团聚,不但于精神上产生无穷的快乐,而且于情感上也更加融洽,所以家庭中不可没有乐歌。乐歌后最好有点不甚剧烈的团体游戏。游戏后,小孩子就快要睡觉,所以同他说说笑笑,看看图画,就可以使他安安稳稳地睡熟了。

但是在很多家庭,小孩子未睡以前,大概是没有这种娱乐的。有时候,做父母的偶然高兴起来,就和小孩子说几句,玩一玩;倘使不高兴的时候,不但不和小孩子谈笑,而且常常拿小孩子来出气,不是骂就是打,吵吵闹闹,弄得一家人不得安宁。小孩子一旦受了打骂,夜里就不能安安稳稳地睡熟了。这样非但做父母的感到没趣,也会对小孩子身心产生较大的不良影响。所以做父母的应当在小孩子未睡之前,用各种娱乐的方法使得小孩子心境快乐。

每晚七八点钟的时候,当一鸣未睡以前,陈鹤琴会和一鸣玩一会儿的游戏。有时候弄点音乐,有时候同他讲讲故事、说说笑话、看看图画。娱乐以后,方才叫他去睡觉。①

(八)家长要善于利用玩物教育小孩子

陈鹤琴认为,小孩子是天生爱动、爱玩的,尤其需要玩物的陪伴,小孩子应当有合适的玩物,作为父母要重视并慎重为孩子选择合适的玩物。

1.家长要慎重为孩子选择适当的玩物

陈鹤琴认为,家长要能够识别"好"的玩物与"坏"的玩物。这是利用玩物教育小孩子的前提条件。小孩子"好"的玩物应当合乎下列标准:

(1)好的玩物是有变化而活动的

陈鹤琴认为,有变化而活动的玩物能激发小孩子的想象力和创造力,小

① 陈秀琴,陈一飞.陈鹤琴全集(第2卷)[M].南京:江苏教育出版社,2011:561–562.

孩子玩了不容易生厌。小孩子的玩物应当是"活"的,不应当是"死"的。陈鹤琴认为,所谓"活"的玩物就是变化很多的,小孩子玩了不容易生厌的;所谓"死"的玩物,就是呆板的、不会变化的,小孩子一玩就要生厌的。[1] "死"的玩物是普通的玩物,只能供人看看,不能玩弄的。小孩子所需要的玩物如"活"的玩物是能够激发其想象力和创造力的。

"活"的玩物如皮球、积木、毽子、风筝等物。皮球是很多小孩子都喜欢的玩物,这是因为皮球是"活"的,小孩子拍拍它,它会跳起来;小孩子踢踢它,它会滚起来;小孩子拍得愈重,它跳得愈高;小孩子踢得愈重,它滚得愈远。所以很多小孩子都喜欢玩皮球。至于积木呢? 小孩子可以拿它用来造桥、砌屋、建塔、筑城、做床、制桌等,所以小孩子也非常喜欢玩积木的,也容易激发孩子的想象力和创造力。

"死"的玩物,如书坊里所卖的"活动影片",名虽叫"活动",其实是死的。儿童买来之后,起初是很高兴的,不过玩了几天就会不想要它了,因为它所变的花样总是那几套,小孩子一旦知道了,就没有什么兴致了。又如"六面图"这种玩具,小孩子大概玩了几次就学会了,而六面图既不能变化出别的花样来,小孩子对于这种图的兴趣自然也就消失了。

(2)好的玩物是可以引起小孩子兴致的

陈鹤琴认为,玩物的作用,不仅仅是要博得小孩子的欢心,也要让小孩子借助玩物得着自动的机会。

陈鹤琴指出,当时街上所出卖的玩物大多只可博得小孩子的欢心罢了。像什么泥菩萨,什么纸灯笼等,小孩子买来只可以把它供在桌上,挂在墙上看看,不能十分去玩它。

其他的玩物如豆囊、洋娃娃、黏土、沙泥等,不但使小孩子得到无穷快乐,也可以使小孩子发生许多动作,如小孩子得到洋娃娃就可以抱抱它,给它吃,给它穿,同它做游戏。从这些动作中,小孩子得到了许多快乐、知识、经验。如黏土、泥沙等玩物,小孩子得到了这样的东西就可以做各种玩物和图形,做各种化装或模仿的游戏。这种模仿的游戏一方面可以培养小孩子

① 陈秀琴,陈一飞.陈鹤琴全集(第2卷)[M].南京:江苏教育出版社,2011:577.

的兴趣,另一方面可以让小孩子学习缝纫、洗濯之类的事情。小孩子有了一个洋娃娃,做母亲的就可以教他做衣服给小娃娃穿,并且还可以教他给小娃娃洗衣服。

陈鹤琴认为,玩物不是给小孩子看的,而是要给小孩子玩的。如果玩物不是可以玩的,那么这个东西就不是玩物,如果玩物可以激起小孩子的动作,那么这个玩物就是有价值的。

(3)好的玩物形状不丑陋、有美感,且合乎卫生

陈鹤琴指出,如街上买的泥老虎、泥人、鬼面具等,都是丑陋、不卫生的。泥老虎稍一受湿,小孩子就会沾染上颜色,一不留心,颜色就要沾染到食物上面去,这对小孩子来说是非常危险的。

陈鹤琴还认为,小孩子忌玩凶恶丑陋、不合卫生而有危险的玩物。因为凶恶、丑陋的动物会给小孩子带来恐惧心理,不利于小孩子的成长。

陈鹤琴指出,有毛的猫、狗是不卫生的,这种玩物是细菌寄生之处,会带给小孩子很多的传染性疾病,是非常危险的,应当远离这些玩物。

陈鹤琴还指出,各种洋铅和泥做的玩物也是危险且不合乎卫生的。比如洋铅做的玩物是有尖角利边的,小孩子玩弄的时候手很容易割出血来。泥做的玩物如泥人、泥狗、泥老虎等都会着色的,这样小孩子玩的时候,手里、口里总会沾染着颜色和泥土。另外还有一些竹子做的玩物也都是不卫生的。陈鹤琴建议小孩子要远离这些危险的玩物。

(4)好的玩物是质料优美、构造坚固不易损坏的

普通纸做的和泥做的玩物是不经用的。用橡木、松香、竹等材料做成的玩物则比较好一些,而做得不坚固的往往是一扔就坏的。所以父母在购买小孩子玩物的时候,一方面要考虑到玩物的质料美不美,同时也要兼顾到构造是否坚固。

相对于"好"的玩物,陈鹤琴认为"坏"的玩物具有如下特点:

第一,坏的玩物只能使小孩子旁观而不能玩,如汽车、电车之类。这种玩物不能激发小孩子的思想,而且这些玩物玩起来它们的动作也是很单调的,不能发展小孩子的兴趣。

第二,坏的玩物是容易发生危险的,如铁做的摇铃、刀等。有尖角利边的玩物不应当买给小孩子玩弄,以免发生危险。

第三,坏的玩物是不合卫生的,如有毛的猫、狗之类的。有毛的玩物有微生虫滋生,所以没有玩的价值,陈鹤琴建议父母千万不要买这种惟妙惟肖的玩物给小孩子玩,以免沾染疾病。

第四,坏的玩物是质料薄弱、颜色丑陋而不能洗濯的,如纸人、泥狗之类的。

总而言之,陈鹤琴认为,做父母的不要以爱子女心太切,而对于玩物之优劣丝毫不加考虑,凡小孩子看见喜欢的就买给他玩。要知道玩物也是有好有坏的。好的玩物能够激发思想,启迪知识,强健身体,培养美感,而坏的玩物会给儿童带来危险,束缚小孩子的思想。所以父母购买小孩子玩具的时候应该慎重一些才好。①

2.小孩子应有与动物玩弄的机会

在陈鹤琴看来,狗、猫、兔子、鸽、芙蓉鸟等种种动物,是儿童很好的玩物,也是儿童很好的伴侣。儿童有了这种伴侣,一方面可以发展他的同情心,另一方面可以学得动物的习性,并且可以使小孩子不感到寂寞。

陈鹤琴认为,小孩子玩动物的好处主要有以下三个方面:

第一,可以提升小孩子不怕动物的胆量。实际上,小孩子生来大概是不怕动物的。后来做母亲的当小孩子哭的时候,常常去吓他们,说什么狗来了,老虎来了,熊来了,甚至于说山狼吃人、狗熊吞物等许多可怕的话,不但小孩子闻而生畏,就是成人听见恐怕也要毛发尽竖了。难怪小孩儿以后就不敢亲近狗猫牛马等动物了。因此,陈鹤琴断定,小孩子怕动物在很大程度上是家长造成的。陈鹤琴认为,倘使做父母的不去吓小孩子,而是把可爱的动物给他玩玩,那么小孩子不但不怕动物,还会很喜欢同动物做伴。

陈鹤琴记述说:

我的小孩一鸣六个月的时候,看见一只马离他有五尺远,他看看它

---

① 陈秀琴,陈一飞.陈鹤琴全集(第2卷)[M].南京:江苏教育出版社,2011:581.

而且对它笑笑。后来一鸣看见他堂兄同狗玩,他就大笑起来。有一天,一鸣真的骑了马玩。他不但不怕马,而且非常地高兴去骑它。一鸣的堂兄养了许多蚕,他一看见就要去拿,并不惧怕。还有一天,陈鹤琴拿一个小龟养在面盆里让他看看。他一看见水中能动的小龟,立刻伸右手来捉。从上面三个例子看来,小孩子本不怕动物的。若我们常常把动物给他玩,那他对于接近动物的胆量会更加大了。①

第二,可以养成小孩子爱护动物的习惯。在陈鹤琴看来,小孩因经验匮乏,知识薄弱,是不能十分爱护动物的。例如当一鸣一岁零三个月的时候,他看见爸爸宰小羊,当听见羊叫的声音并看见羊的鲜血迸出来,他就一直站在旁边瞪眼看着,没有现出惧怕的样子,也没有表示出可怜羊的态度。这件事可以证明年幼的小孩子是不能与动物表达同情的。陈鹤琴进一步指出,倘使我们常常把这只羊给小孩玩,那么当杀羊的时候,他就要替这羊抱不平。一鸣到了三岁半的光景差不多就是这样了。陈鹤琴记述说:

> 有一天,他看见他所玩的一只小鸟死了,就显出很爱怜小鸟的样子,并且把死鸟放在手中不肯让人把鸟丢掉。又有一天,他听说我们要杀小羊吃了,他极力恳求我们不要杀它。我们要问为什么一鸣从前不能爱护动物现在能够呢? 其原因很多,但最要紧的就是我常常表示爱护动物的行动和态度给他看,并且使他得着与动物相接触的各种机会。②

第三,可以使小孩子了解动物的习性与生理。陈鹤琴常常看见有许多学生,"嘴里讲鸽这样的形态,这样的构造,说得天花乱坠,娓娓动听,倘使我们指鸽以问之,他即瞪目不能答。名且不知,形态与构造可不必说了。这种

---

① 陈秀琴,陈一飞.陈鹤琴全集(第2卷)[M].南京:江苏教育出版社,2011:572.
② 陈秀琴,陈一飞.陈鹤琴全集(第2卷)[M].南京:江苏教育出版社,2011:562.

只知书上的鸽而不知实在的鸽的弊病，是由于平常不与鸽接近的缘故。"①陈鹤琴指出：

> 要使得学生免掉这种弊病，必须在他们小的时候，多把动物给他玩；小孩子一方面可以取乐，一方面可以知道动物的习性怎样，形态怎样，起居动作怎样；而且以动物的性质、形态、起居动作，小孩子就能够发生种种反应，如怎样弄狗，怎样玩猫，怎样喂兔子。这种反应，影响小孩子的知识实在匪浅。②

陈鹤琴认为，小孩子可以玩的动物有许多，普通的兽类是狗，其次是猫和兔，鸟类是鸽子，其次是芙蓉鸟等。但小孩子玩的动物需要清洁、无病，而且性情要驯良的。倘使小孩子所玩的动物很清洁，那么小孩子的身体就不会肮脏；所玩的动物没有微生虫，那么小孩子可以免掉疾病；动物的性情来得驯良，那小孩子就没有什么危险。不过这种清洁、无病、驯良、可爱的动物是不容易找到的。人们平常所见的狗和猫，不是癞癫满身，就是凶狞可畏。此种动物不但不可以给小孩子玩，也不可让小孩子去接近。所以要给小孩子玩的动物，家长们最好从小豢养起来。

小孩子平时所玩的东西大概是玩具和动物。但是玩具是死的，动物则不然，当小孩子玩的时候，它就会发生种种反应，小孩子因为动物的这种反应玩的兴趣就会格外浓厚，而他的乐趣也就格外增加了。陈鹤琴说：

> 我的孩子有一只狗同一只猫，它们离开他的时候，他就要寻找。这点我们可以证明，他一方面是伴的感觉，一方面是失离伴侣的感觉。有一天，我给他一只小黑猫，他很喜欢地就同它玩耍，并且"咪咪"地唤它。又有一天，我的小孩子在路上看见行人骑驴子，也要骑驴子，我就雇了一匹，他骑了显出很高兴的样子；凡此诸端，可以证明小孩子是很喜欢

---

① 陈秀琴、陈一飞.陈鹤琴全集(第2卷)[M].南京:江苏教育出版社,2011:572.
② 陈秀琴、陈一飞.陈鹤琴全集(第2卷)[M].南京:江苏教育出版社,2011:562.

玩动物的。^①

(九)教育孩子养成良好的生活习惯

良好的习惯一旦养成,将会使小孩子受益终身。陈鹤琴认为,小孩子应养成良好的整理玩物的习惯。

陈鹤琴指出,小孩子玩过东西以后,应当立刻整理好放在原处。众所周知,爱玩是小孩子的天性。陈鹤琴观察到,有许多小孩子正玩东西的时候,一听见外面有很热闹的声音,就往往立刻丢开他所玩的东西,到外边去看。有些小孩回来以后,仍旧去玩他所玩的玩具,但是有些小孩子,一回来就去玩别的东西去了,他以前所玩的就不去管它了。小孩子爱玩当然没有问题,可是做父母的应当叫他整理他的玩具,养成整理东西的良好习惯。但是小孩子独自整理东西,大概是很不高兴的,所以做父母的需帮助他,以助小孩子的兴。

在陈鹤琴看来,小孩子整理东西,大概是不能做到很周到的,做父母的应当在旁边督察他们。小孩子大多很高兴去玩东西,而不高兴去整理好他已经玩过的东西,所以做父母的应当督察他、帮助他、诱导他,如果他不听,那就应当强逼他,使他慢慢养成这种良好习惯。这种习惯如果在小时候不养成,那么到了年龄大的时候,小孩子还是不肯自己整理东西的。

陈鹤琴说,他常看见有许多中等学校的学生,早晨起床以后,连他自己的被褥也不高兴去叠。倘使有人去问:"为什么不叠被呢?"他们说:"今天晚上还是要睡的,现在何必去叠它,多麻烦呢。"陈鹤琴认为,他们所回答的话真是妙极了。天下恐怕没有一用而以后永不用的东西。照他们说来,一用以后,可以不必再去整理了。所以他们看了书报,就不高兴去整理书报;吃好了饭,就不高兴去洗他们的饭碗。陈鹤琴认为他们这些坏习惯是从小养成的。

陈鹤琴指出,小孩子不整理东西有以下三个害处:其害一,不整理玩过的东西,外表上很不雅观。无论什么人,都是爱齐整的,乱放玩具、书籍是最

---

① 陈秀琴,陈一飞.陈鹤琴全集(第2卷)[M].南京:江苏教育出版社,2011:573.

不雅观的样子,除了同他同性情的人,常常容易引起别人的厌恶之心。其害二,东西放在原处,以后用的时候便容易找了。倘使乱放东西,那么以后要用它的时候,便不容易找了。陈鹤琴说,他常常看见有的家庭是很会乱放东西的。无论什么东西用过以后,都随便一丢,以后要用起来,大家就记不起了。费了许多工夫,费了许多时间去寻一样东西,寻着了固然没有事,寻不着大家就骂起来了。他说你乱放,你说他乱放,你说我,我说你,让在旁边的人实在难为情。这种弊病也许是小的时候养成的。其害三,容易养成小孩子的惰性。大都是因为小孩子在小时候,做父母的没有好好教训他们。小孩子不愿意整理他玩过的东西,做父母的因为不雅观,所以常常替他去整理,放回原处。到后来,小孩子就会理所应当地以为做父母的应当替他整理东西,所以以后再玩东西,就不愿意去整理了,从而养成小孩子"已逸人劳"的观念。

陈鹤琴记述了自己教育引导一鸣养成收拾东西习惯的情况:

　　一鸣三岁大的时候,有一天,一鸣将他自己的书搬到陈鹤琴他们的房里来作贩卖的游戏。玩了没有多少时候,大家要吃饭了。陈鹤琴叫一鸣将书籍整理好,他说要吃饭了,吃饭以后再放好。吃过饭,他说要睡了。后来陈鹤琴对一鸣说:"我帮助你一同弄。"陈鹤琴就"嗨嗬""嗨嗬"(像宫内人抬东西或挑东西时的一种喊声)地叫着,替一鸣整理起来;一鸣看见爸爸已经替他整理好了,也"嗨嗬""嗨嗬"地叫着,把书籍搬到他的书架上去了。[①]

陈鹤琴知道,小孩子有时候不高兴独自去整理他玩过的东西。这个时候,做父母的可以用小孩子平日所喜欢的方式去助他的兴趣。比如"嗨嗬""嗨嗬"地叫着搬东西,是一鸣最喜欢做的,所以陈鹤琴就利用这种方式去引导他。倘若父母不去引导小孩子而去强逼他,那么小孩子心里就会很不高兴了,虽然小孩子因为怕家长,不敢不去做,但是小孩子的心里已经很不舒服了。如果小孩子不接受引导,那时父母就再用强逼手段也不为迟。

① 陈秀琴,陈一飞.陈鹤琴全集(第2卷)[M].南京:江苏教育出版社,2011:573-574.

为了帮助小孩子养成良好的收拾玩物的习惯,陈鹤琴认为,家长应给孩子提供相应的环境和条件,他认为首先应当有适当的地方以储存孩子的玩物。这样做有三个方面的好处:一是可以养成小孩子保持东西整齐的习惯。一般情况下,小孩子有了储藏玩物的地方,他的东西就不会再乱放了,慢慢就会养成整理物品的习惯,这种习惯一旦养成,做父母的即使叫他乱放东西,他也不会乱放了。二是可以养成尊重他人权利的品质。有些小孩子往往把父母兄弟的东西当作自己的一样,要用的时候就去拿,不想用的时候就随便一丢。那么小孩子的父母兄弟要用的时候就不好找了。这是因为小孩子小的时候没有一定的地方用以储藏他的东西的缘故。倘若他有一定的储藏东西的地方,小孩子就会晓得人我之分,决不会产生这种乱放东西的行为了。陈鹤琴发现,有的小孩子常常把他们父母兄弟的东西移开,以放他自己的东西,有时候则会把自己的东西放在别人的东西上面。在陈鹤琴看来,这种利己害人的行为,也是由于缺少教育或他自己没有一定的地方储藏他的东西的缘故。三是可以使小孩子不容易弄坏东西。小孩子的东西乱放是很容易弄坏的。要想使东西能够耐久使用而不坏,必定需要有一个专门的地方来好好地保存小孩子的玩物。小孩子有了适当储藏玩物的空间,他要用的时候就去拿来,不用的时候就储藏起来,这样小孩子的东西自然就不会弄坏了。陈鹤琴的儿子一鸣的东西能够耐久,就是因为他有专门储藏东西的场所。

陈鹤琴记述说:

> 为了让一鸣有储藏自己玩物的场所,1922年12月24日,陈鹤琴替一鸣做了一个书架子。架子下面有三个抽屉可以放玩物,架子的上面两格可以放书,最上面一格放别人的书,下面一格放他自己的书。如果一鸣把自己的书放在别人的格子里,陈鹤琴就会对他说:"这是爸爸的。"并指着下格说:"放在这里。"这样一来,就逐步养成了一鸣遵守秩序和收纳物品的观念。①

---

① 陈秀琴,陈一飞.陈鹤琴全集(第2卷)[M].南京:江苏教育出版社,2011:578.

（十）小孩子的为人处世教育

1.教育小孩子顾忌他人安宁

陈鹤琴举例说明了对小孩子进行顾及他人安宁教育的必要性和紧迫性：

> 今日之孩童即他年之成人。今日之孩童不能顾虑他人的安宁，则他年之成即将侵犯他人的幸福。现在我们中国，自武人政客，以至行贩小卒，无论做什么事，多数人只知利己，罔顾别人。推其原因，虽非一端，然他们当孩提之时，他们的父母不教以利己利人之道，亦一大原因。至于没有受过教育的一般人们可以不必说了，就是受良好教育的学生，也常常有不顾虑别人安宁的事情。我在中学里读书的时候，有许多同学当夜深人静的时候，常常高谈阔论以扰他人的好梦，或评论他人，或说东论西，或朗背英文，或纵谈古今，休休喋喋，彻夜不已。倘略加诘责，即报我以恶声，并说什么言论自由，你不能干涉我，犹我不能干涉你；说这许多无理的话。又在火车上（坐车），我们常常看见许多先上车的搭客，伸其足，膰其腹，高卧座上，而后上车的乘客只好鹄立于其侧了。这种人年幼的时候，做父母的没有教训他们顾虑别人的安宁的道理，所以现在就有这种罔顾别人的举动了。[①]

众所周知，顾虑别人的感受或举动，小孩子生来是不晓得的。小孩子有好吃的东西只知道自己吃，有好穿的东西，只知道自己穿，想哭就哭，想笑就笑，并不能十分顾虑到父母、兄弟、姊妹等人的安宁和感受。做父母的在这个时候，应当教育小孩子要顾虑他人的安宁，使他慢慢知道顾己顾人之道。陈鹤琴认为，对小孩子进行这种教育是很容易做到的，而且其效果也很容易得到，所以做父母的要他们的小孩子将来成为有道德的人，当在小时候即需教以顾虑他人的安宁之道。

陈鹤琴注意到，现实生活中有许多小孩子是常常不顾虑别人安宁的。

---

① 陈秀琴,陈一飞.陈鹤琴全集(第2卷)[M].南京:江苏教育出版社,2011:607.

如别人睡眠或生病的时候小孩子不是大声喊叫，就是狂奔跳跃；别人说话的时候，不是从中插入，就是乱吵乱闹，使睡者、病者、谈话者闻而生厌，见而生气，而他自己只知自私自利，从不知顾虑他人的安宁，类似这样的例子触目皆是。所以陈鹤琴非常注重在家里对孩子进行这方面的教育，使孩子能顾及别人的感受和安宁。

据陈鹤琴观察：

> 民国十二年(1923)11 月 18 日，一鸣早晨一醒来，就开始吹洋号，陈鹤琴低着声对他说："不要吹！妈妈、妹妹还睡着呢！"一鸣一听见爸爸的话，就不吹了。陈鹤琴反思说："你要叫他不要吹洋号，你自己需先要低着声同他说话，所谓己正而后能正人。倘使你亢喉高声同他说话，那么他也不肯听你的话而不吹洋号的。"[①]

在陈鹤琴的教育和引导下，对一鸣的教育起到了良好的效果。陈鹤琴说，一鸣在出生后第六十六个星期的时候就有一种顾虑别人的表示。比如一鸣是不喜欢红色的小帽的，他的堂兄所戴的红色的童子军帽给他戴，他不愿意戴，他也不同意给爸爸戴。从前一鸣不愿意吃的东西和不愿意做的事情，他除了自己不吃不做之外，叫别人也不吃也不做。现在他不愿意做的事情，也叫人不要做。可以看出一鸣此时已经有点推己及人的意思了。据陈鹤琴观察：

> 1923 年 6 月 23 日，陈鹤琴吃完中饭后，在客厅里打盹。一鸣进来对他母亲说话，一看见了爸爸睡觉，他低着对他母亲说"爹爹睡了"，就不做声了。一鸣这种顾虑别人安宁的动作是逐渐养成功的。平时一鸣的妹妹在房里睡熟的时候，陈鹤琴和家人进去时必定是踮着脚走的，说话也是低着声说的。而且常常对他说："妹妹睡了，不要做声。"[②]

---

① 陈秀琴，陈一飞.陈鹤琴全集(第2卷)[M].南京:江苏教育出版社,2011:606–607.
② 陈秀琴，陈一飞.陈鹤琴全集(第2卷)[M].南京:江苏教育出版社,2011:606.

陈鹤琴和家人常常把顾虑别人安宁的话说给一鸣听,而且经常做给他看,所以一鸣慢慢也能够顾虑陈鹤琴及家人的感受和安宁了。

陈鹤琴认为,教育小孩子为人处世之道,不在于给孩子讲一些高深的道理,而要在平时的日常生活中对孩子进行教育和引导。

2.教育小孩子不准随便乱拿食物

陈鹤琴指出,对于不准小孩子自己随便乱拿东西这一点,有许多家庭没有注意到。事实上,小孩子随便乱拿东西,是很常见的现象。一些小孩子一看见客人来,就觉得很高兴,因为沾客人的光可以有东西吃了。小孩子一看见待客的食品摆出来,不论父母是否许可,就自己去拿去抓,倘使他父母说他,他就撒娇;父母骂他,他就哭,做父母的因为恐怕得罪客人就任他去罢了。也有许多小孩子一看见父母把待客的食品拿出去,就大哭起来,他以为他的东西给别人吃了。这样情形,让客人觉得很难为情。所以陈鹤琴强调指出,在当初的时候,做父母的不能够放纵小孩子,切不可因为小孩子向大人讨东西,父母就给他,也切不可因为不要小孩子吵,就把待客的食品拿去给他。因为父母第一次给他,他第二次自然也要向父母讨要了。总而言之,做父母的不应当任小孩子自己去拿东西吃,至于待客的食品,尤不应当给他的,只要叫他到里边去拿就是了。

在陈鹤琴看来,偷食物是很坏的行为,倘使做父母的不去禁止他,那后患是不堪设想的。但是有许多做父母的,因为宠爱他们子女的缘故,看见小孩子偷食物,从来不去骂他们的,至于打,更是难得见到的。这样小孩子就会以为偷食物是不要紧的,所以他后来更加要偷了。小孩子以为既可以偷食物,就不妨偷铜钱;既可以在自己家里偷东西,也不妨到别人家里去偷东西。小孩子到了这个时候,人格已经堕落,这是非常可怕的。陈鹤琴举例说:

> 一鸣有一天,吃饭以后,他母亲给他两块糖,他吃完了还要吃,独自走到吃饭间把橱门打开,拿了两块,正在吃的时候,被我撞见了。他就把嘴里一块立刻吐出来,把手里的一块马上扔在地上,同时就大哭起

来。我因为他自己乱拿东西是不好的行为,而且这是第一次他自己拿东西吃,若第一次不禁止他,下次他就要格外大胆做了。所以我叫他到房里去,打了他一顿。自从那次之后,从没有发现他第二次自己拿食物的行为。①

陈鹤琴一看见一鸣偷糖吃,就打他,以禁止他下次这样做。一鸣也知道自己偷糖是不对的,所以他一看见父亲就惊慌失措,大哭起来。陈鹤琴反思说,自己不应当因为偷糖就打孩子,只要口头教训他一下就可以了。但是陈鹤琴恐怕他将来"人格堕落",所以也不管一鸣哭或者不哭,就把他叫到房里打他了。陈鹤琴记述说:

> 在陈鹤琴夫妇的教育下,一鸣对于食品,从来不敢自己去拿的。他要的时候,会叫他母亲或父亲去拿,他即使把装食品的罐头拿来,也不敢自己开了去拿。有时候客人来家里,他看见桌上有食品,不敢擅自去拿;即使要吃也要向父母讨要。不过一鸣来向陈鹤琴讨要时,陈鹤琴总叫他进去向他母亲或向他祖母要。所以一鸣见客人吃的食品,不敢来讨。②

同时,陈鹤琴指出,家长不应当因为小孩子要偷拿食物,就把食物随便乱藏。陈鹤琴认为,乱藏食物有四个方面的害处:第一,以防贼的方法防小孩子,足以堕落小孩子的人格。因为做父母的以贼待小孩子,小孩子渐渐地要失掉自尊心了。第二,不把食品公开,做小孩子的容易怨恨他们的父母。因为小孩子以为做父母的故意把食物藏起来不给他们吃。第三,食物容易弄坏,有时候竟会被老鼠吃去。第四,藏得日子太多,容易忘记,以后要用的时候,就找不到了。而不乱藏食物的好处也有四个方面:第一,不以待贼来待小孩子,小孩子就能够自爱自重,以后不会偷东西了。第二,小孩子知道这东西是大家吃的,不会怨恨他们的父母。第三,食物不会弄坏。第四,物

---

① 陈秀琴,陈一飞.陈鹤琴全集(第2卷)[M].南京:江苏教育出版社,2011:558.

② 陈秀琴,陈一飞.陈鹤琴全集(第2卷)[M].南京:江苏教育出版社,2011:558-559.

有定所,以后要用的时候,容易找得到。

　　但是仍然有许多做父母的总想到防止小孩子偷食物,就把食物乱藏,到了后来就要犯以上的四条弊病了。要知道不要小孩子乱偷食物,不是乱藏就可以收效的,应当慢慢对小孩子进行教育和引导。教育引导小孩子不要偷食物,如果小孩子非要偷的话,做父母的就应当严厉地教训他。否则,等到事态严重,就会悔之晚矣。

　　陈鹤琴发现,有些家长不舍本而求末,将事情弄得越来越糟。一些做家长的,因为小孩子要偷,就想出种种方法去藏东西。小孩子无论父母把这件东西藏得多么隐蔽,也要想尽办法把东西偷来方肯罢休。做父母的藏东西的方法愈好,小孩子偷的本领也愈加大了。陈鹤琴认为父母这样做,不是让小孩子不要去偷,简直是叫小孩子去学偷呢。陈鹤琴举例说:

　　　　阿香小的时候是很涎嘴的。她看见好吃的东西,就向她母亲讨,她母亲给她不够,她就想出种种方法去偷;她母亲因为她要偷,就把吃的东西乱藏,有时候藏在大橱上面,有时候藏在小橱底下,有时候藏在抽屉里,总而言之,她母亲因为她要偷,就把东西常常乱藏。她因为母亲常常乱藏,就把东西乱偷。[①]

　　鉴于此,陈鹤琴和家人从来不把食物乱藏,他们家的食物总是放在橱窗里的。等到吃东西的时候,就拿出来给大家吃,一鸣当然也有吃的。不吃东西的时候,他们大家不吃,一鸣即使要吃,他们也不给他。在父母的教育下,一鸣也很懂得种种规矩,从来不向大人们讨要东西,如果没有讨到东西,他也不敢自己去拿,从而养成了不乱拿食物的良好习惯。

　　3.教育小孩子具有同情心

　　陈鹤琴认为,同情行为在家庭里、在社会里都是一种非常重要的美德。若家庭里没有同情行为,那就会导致父不父、母不母、子不子,家庭也就不成为家庭;若社会里没有同情行为,尔虞我诈、人人自利,社会也就不成社会

---

　　① 陈秀琴,陈一飞.陈鹤琴全集(第2卷)[M].南京:江苏教育出版社,2011:559.

了。但是小孩子的同情行为不是生来就有的,需要在后天慢慢发展,在教育好的家庭培养得快一点,在教育不良的家庭发展得则会慢一点。

在陈鹤琴看来,小孩子大概是缺少同情行为的。但是这并不代表小孩子的秉性不良,实在是做父母的不去教导他们的缘故。陈鹤琴非常赞同像妻子教育女儿秀琴那样去教导小孩子,使小孩子对家庭、社会有充分的同情心。

秀琴三岁半时,对于人事稍稍能领会了,但对于病人不知道表示点同情。一天,秀琴的哥哥病了,而且病得很重。她母亲就对她说:"秀琴,哥哥今天不舒服,饭也不要吃了,玩也不要玩了,他现在卧在床上觉得很难过,你要进去看看他吗?"秀琴说:"要的。"她母亲再对她说:"你看见了他,你要向哥哥问好。"她母亲遂同她轻轻地进去探望她的哥哥。进了寝室,看见她的哥哥卧在床上,就走近去问她哥哥说:"你好吗?"问后,她母亲又领她出来笑嘻嘻地对她说:"秀琴!我们到外边去采一点好的花来摆在哥哥的旁边给哥哥看看、闻闻,好不好?"她说:"好的。"她母亲遂同她到她们自己的小花园里采了许多好看的花。采了花回到房里,她母亲替她把花装在一个好看的瓶里,叫她慢慢地拿进哥哥的房里去,轻轻地放在桌子的上边。

经过这件事后,秀琴慢慢地就有了同情心。同时,在陈鹤琴夫妇的耐心教育下,秀琴逐渐形成了对别人的同情行为。

4.教小孩子对待长者有礼貌

尊敬长者是中华民族的传统美德,无论什么人对待长者都应当有礼貌。陈鹤琴指出,如果想要小孩子对待长者有礼貌,在他们小的时候,做父母的就要留心教育他们。中国人自古以来是很注重礼节的,对于父母长辈或先生总是以礼对待,但是古代的礼节属于封建礼教的硬性要求,人们遵守礼节大概是不愿意的、是不得已的。所以礼节就成为束缚自由的东西,慢慢地惹人讨厌了。陈鹤琴建议人们要矫正这种弊病,做父母的应当教育引导小孩子,使小孩子很高兴以礼对待长者,而不以礼为讨厌。

陈鹤琴指出,在当时中国社会上,教小孩子有礼貌的方法,最大的弊病是逼小孩子们去做。倘使孩子们不以礼待长辈,那么做父母的就当着客人面责骂他,如骂小孩子"饭桶""废物"等,小孩子因被骂而恼羞成怒,以后更不喜欢礼待长辈了。有些小孩子本来是很有礼节的,后来因为一不当心受到他们父母的责骂,从此就对长者没有礼貌了。还有许多父母从来不教育小孩子以礼待人,所以有些孩子到后来见了长辈,就缩头缩脑地躲着,或者当着长辈连大气也不敢出,这都和父母从小对他的教育有关。还有许多小孩子的父母自己对父母没有礼貌或者对友人不礼貌,而要求他们的孩子对自己或朋友有礼貌,结果是他们的小孩子非但不会敬重父母,反而会轻视父母。

因此陈鹤琴建议,想要小孩子对长者有礼貌,做父母的自己对待长者需先要有礼貌。如父母自己待父母好,那么受父母的影响,小孩子对待父母也会好的。古语所谓"己正而后能正人",就是这个意思。陈鹤琴举例说:

> (我)经常在家里教育一鸣要尊敬长者。在一鸣两岁三个月的时候,有一天,(我)看到一鸣坐在小凳子上,他的祖母在他旁边站着。(我)就立刻对一鸣说:"拿把椅子来给祖母坐。"一鸣立刻就去拿了一把椅子给他祖母坐。(我)这里固然是给他练习动作,而且也是教他尊敬长辈的意思。①

陈鹤琴指出,教育小孩子有礼貌要讲究策略和方法。我们都知道小孩子是最爱面子的。如果做父母的当着小孩子长辈的面,逼他对长者有礼貌,那么小孩子会因为失面子,就不高兴去做了。小孩子即使怕父母不得已去做,心里也是不高兴的。所以陈鹤琴建议,做父母的最好在小孩子耳朵旁边,轻轻地提示他致礼,那么小孩子因为可以得到敬重长辈的称誉,就会很高兴去致礼的。如果小孩子因为怕羞不肯去做,那么做父母的应当用方法去暗示他。如自己对着友人或长辈施行种种礼貌,或称赞长辈的孩子,这样一来,小孩子慢慢地就不会怕羞了,也逐渐学会自觉尊重长辈了。

---

① 陈秀琴,陈一飞.陈鹤琴全集(第2卷)[M].南京:江苏教育出版社,2011:609.

5.要教育小孩子禁止作伪

根据陈鹤琴的观察,大多数小孩子是常常要作伪的,而且作伪的方法、作伪的样子是随地、随时、随事而变化的,所以做父母的也应当用种种方法去考察他、禁止他。倘使小孩子受父母的禁止,一次不能作伪,以后就不敢作伪了。陈鹤琴指出,世人"尔虞我诈"的行为,虽其原因不一,应当是他们小的时候,做父母的任他们去作伪、去作恶不无关系的。小孩子以为既可以欺父母,就不妨欺别人;既可以作伪于家庭,就不妨作伪于社会,久而久之,就成为社会的罪人了。陈鹤琴认为做父母的如果能够禁止小孩子作伪,使他们将来成为诚实的青年,则于国于家将来都是大有裨益的。

民国十二年(1923)5月10日的早晨,约二岁零五个月的一鸣的手攀着吃饭的椅桌,右足踏在桌档上,左足悬空挂着。在这个时候,一鸣看见他母亲倒水绞手巾,正要给他洗面就喊叫说"啊唷,啊唷!"以表示痛的意思。他母亲听见一鸣这样喊叫,立刻跑过来把他抱下来,叫他立在地板上,但是他还喊叫说:"痛的,痛的!"喊了几声就逃出去了。①

据陈鹤琴的观察,其实一鸣是毫无痛处的,而其所以如此喊叫,是因为要逃避洗面的缘故。他的母亲不知其中原因,一听见他喊痛,以为他真有痛处了,所以就把他抱下来,让他立在地板上,他因此就可以乘机逃避,不要洗面了。一鸣以前从没有"作伪"过,而且他"作伪"也是"惟妙惟肖"的,嘴里喊着痛、身上装出痛、脸上现出痛,这种样子,使得见者、闻者容易信以为真的。孟子说:"欺之以其方,虽君子亦不免。"一鸣欺他的母亲也用很好的方法,他的作伪不是别人教他的,是他自己想出来的。所以他的母亲居然受他的欺骗了。

一鸣吃饭的时候常常不要系围巾。有一天吃饭以前,他母亲把围巾替他系上,他就喊叫说:"痛的,痛的!"喊的时候,把围巾拉下。拉下以后,陈鹤琴又把它系上。一鸣就大哭,而且再把围巾拉下。后来陈鹤

① 陈秀琴,陈一飞.陈鹤琴全集(第2卷)[M].南京:江苏教育出版社,2011:610.

琴把他抱到房里去,把门关着,他哭了一歇,就不哭了,抱出来,陈鹤琴仍旧替他系上,他也不拒绝了。[①]

陈鹤琴分析说:一鸣的母亲替他系围巾,本来他也没有什么痛,而他所以这样喊的原因,也不过同以前不要洗面一样用意罢了。喊痛不生效力,就会继之以哭。总而言之,一鸣用种种方法要去达到他不要系围巾的目的。陈鹤琴知道儿子明明是不痛的,也知道他喊痛的用意和作伪的方法,所以不顾他喊痛,不管他号哭,用强硬手段把他关在房里。一鸣作伪的方法不能奏效,没有法子只好任陈鹤琴系上围巾了。假使陈鹤琴因为他哭,就不把围巾替他系上,那么一鸣下次更加不要系围巾了,而且更加要作伪了。陈鹤琴强调指出,小孩子的这种情况,做父母的断不可姑息他的。

6.教育小孩子不可打骂父母取乐

陈鹤琴强调指出,夫妻间以嬉戏为乐固无不可,但叫小孩子以打骂他的父母以为乐,则断然不可,是必须要禁止的。小孩子起初哪里敢打骂父母呢? 但做母亲的叫他打骂他的父亲,做父亲的叫他打骂他的母亲,小孩子于是就大着胆打骂他的父母。始则玩玩,继则真敢打骂父母了。陈鹤琴常看见七八岁大的小孩子还常常骂他的父母,打他的父母,倘使父母打他或骂他,他就立刻报以恶声,父母的教训不行,而家庭就发生许多困难问题。虽其故不一,但他小的时候做父母的叫他打骂以取乐,必然是一个重要的缘故。

陈鹤琴举例说:

有许多做母亲的,当抱着小孩子玩的时候,看见她丈夫走进来,就笑嘻嘻地对着小孩子说:"打他一下! 骂他一句!"小孩子一听见他母亲的话,就伸手去打他父亲的巴掌,而且嘴里不住地骂着。他的父亲因为爱他的缘故,脸上很情愿受他的打,耳里很高兴受他的骂,虽嘴里说出很严厉的话去禁止他,然心里已经觉得乐不可支了。有时候笑眯眯地

---

① 陈秀琴,陈一飞.陈鹤琴全集(第2卷)[M].南京:江苏教育出版社,2011:611.

叫小孩子打骂他的夫人,而小孩子也同样地打骂他的母亲,母亲也以此为乐。①

陈鹤琴以绍兴地方俗语说明了小孩子打骂父母取乐的严重后果:"三岁打娘,娘发笑,廿(二十)岁打娘,娘上吊。"所以陈鹤琴强调做父母的万不可教小孩子打骂父母取乐。

此外,陈鹤琴还建议,父母要教育小孩子不准打人;不能允许小孩子对保姆有傲慢的态度;应当教育小孩子在家里帮助他的父母做点事情;还应当教育小孩子爱人之道。

总之,陈鹤琴认为教育小孩子为人处世要从小做起,小的时候容易教,大的时候就很难教了。顾虑别人安宁的心肠、对别人的同情、爱护他人的态度等,这些都是可以从小养成的。

(十一)父母要以身作则

陈鹤琴认为父母以身作则在家庭教育中是非常重要的。他曾经发表过《怎样做父母》一文,认为"做父母"是一桩很不容易的事情,实在要有一种专门的技能、专门的学识。陈鹤琴要求父母要以身作则,营造良好的家庭环境。

陈鹤琴认为,小孩子喜欢模仿是孩子的天性。一般来说,年纪大的儿童大概比年纪小的儿童模仿得好,聪敏的儿童比愚笨的儿童模仿得深。但由于儿童年纪较小,对于所模仿的事物难以分辨。特别是小孩子的善恶观念很薄弱,由于知识肤浅,就会不加选择地加以模仿。陈鹤琴举例说,比如小孩子看见父亲随地乱吐,他也要吐吐看;看见他父亲吸烟,他也要吸吸看;看见他母亲以恶言骂人,他也要骂骂看;看见他母亲做针线洗衣服,他也要做做洗洗看。总而言之,成人的一言一行、一举一动,都会在一定程度上影响小孩子。所以陈鹤琴建议,做父母的一方面要以身作则,一方面要处处留心小孩子所处的环境,使他所听到的、所看到的都是好的事物。这样小孩子自然而然地会受到良好的影响。

---

① 陈秀琴,陈一飞.陈鹤琴全集(第2卷)[M].南京:江苏教育出版社,2011:600.

陈鹤琴通过对儿子一鸣细心的观察,发现他很喜欢模仿大人的做法。如一鸣第十个月的时候,一听见人唱歌,他也就做唱歌的声调。等到一鸣长到第五十四个星期的时候,看见他堂兄读书,他便也要读书;看见他堂兄写字,他一定也要写字,若不给他读不给他写,他就要哭。到了一鸣第七十五个星期的时候,看见父亲拿了一根棒头,跨着做骑马的样子给他看,过了几天,他也拿了一根棒头在路上玩,玩了一会儿,就把棒头放在地上,两脚跨着当马骑。一鸣七十七个星期大的时候,有一天看到爸爸不经意从露台上吐下了一口痰,他便模仿爸爸做出吐痰的样子。

陈鹤琴认为小孩子生来是很好的,也是无知无识的。父母怎样做,他就怎样学。父母是孩子的第一任老师,父母的一言一行会直接或间接地影响小孩子。所以做父母的是怎样的一种人,他们的小孩子大概也会成为怎样的一种人。当然小孩子也会受到各种环境的影响,但是父母的影响比任何影响都要大。因此,陈鹤琴指出,做父母的要以身作则,做好小孩子的榜样。

1.父母对待子女要公平

陈鹤琴引用古人的话说:"人之爱子,罕亦能均,自古及今,此弊多矣。贤俊者自可赏爱,顽鲁者亦当矜怜。有偏宠者,虽欲以厚之,更所以祸之。"[1]陈鹤琴分析说:"推原父母偏爱偏憎子女的缘故,大概由于容貌与资质的关系。大抵容貌妍者,父母爱之;容貌媸者,父母恶之;资质灵敏者,父母宠之;资质愚鲁者,父母憎之。因爱憎的缘故就生出不平的待遇来了。需知子女既同出自己,待遇自应当公平,贤俊者固可赏爱,顽鲁者亦当矜怜,断不能以面貌的妍媸,资质的敏钝,就分出爱憎来,就做出不平的待遇来。"[2]陈鹤琴常常看见做父母的偏爱子女,实际上是害子女。所以做父母的,真正爱子女,不应当偏爱子女,不应当偏憎子女,需以公平正直的手段对待子女。

陈鹤琴举了两个例子说明待子女不公平所带来的严重后果。

例子一:

---

① 颜之推.颜氏家训·持家篇[M].

② 陈鹤琴.家庭教育[M].北京:商务印书馆,2019:128.

云天有两个儿子,一个叫作大郎,一个叫作小郎。大郎容貌美丽,好像玫瑰花儿一样;小郎面目瘦黄,没有像大郎的秀丽。云天和他的夫人因为大郎好看小郎难看,所以很爱大郎而憎小郎。有好的食物,他们俩总给大郎多一点,小郎少点;有好的衣服,他们俩总给大郎穿而不给小郎穿。以为小郎面貌瘦黄,穿起美丽的衣服来是不相称的。小郎一方面恨他的父母,一方面妒他的哥哥,而他的哥哥因为他妒忌他,所以也非常恨他。因此渐渐地父子如路人,兄弟如仇敌,家庭里吵嘴打架,没有三天会安静的。①

例子二:

有一个农夫,因为大儿子资质聪明,会读书,所以喜欢他,小儿子资质鲁钝,不会读书,就不喜欢他。大儿子恃宠,小儿子失宠,所以兄弟间常常有吵嘴打架的事情。有时候明明大儿子过分,而他的父母竟说他好;小儿子明明吃他哥哥的亏而父母竟说他不好,有时候还要打他骂他。小儿子既然受了这种不平的待遇,愈加怨父母而恨哥哥了。近来我听见这个小孩子已经脱离家庭,不知跑到哪里去了。②

2.教育小孩子父母应当保持统一态度

陈鹤琴举例说:小孩子不应当多吃肉,但是做母亲的往往不明白这一点,以为小孩子多吃肉身体会更加强健。有一天,父亲看见三岁的小孩子喜欢吃肉而且吃得很多,就对他妻子说:"小孩子不宜多吃肉,因为肉多脂肪和蛋白质,小孩子胃力弱,不容易消化的,以后请你不要给他多吃。"妻子听了这些话,极不以为然,而且对她丈夫说:"什么脂肪不脂肪,小孩子吃肉是顶好的事体;不吃肉,哪里会壮起来。"她一面说一面再拿肉给她小孩子吃。她丈夫看得眼里出火,就跑过去把小孩子所吃的肉夺去,小孩子因此就大哭起

---

① 陈秀琴,陈一飞.陈鹤琴全集(第2卷)[M].南京:江苏教育出版社,2011:597.
② 陈秀琴,陈一飞.陈鹤琴全集(第2卷)[M].南京:江苏教育出版社,2011:597.

来,而他的妻子也狠狠地骂起来了。①

在陈鹤琴看来,小孩子知识薄弱、缺乏主见,往往以父母之言为言,以父母之意为意。如果父母在对待子女方面意见不一致,互相争执,小孩子在这个时候,就会陷入两难境地,不知道究竟应该听谁的话了。以上述吃肉的小孩子为例,由于父母的意见不一致,导致小孩子吃肉也不是,不吃肉也不是。吃就得罪了父亲,不吃就得罪了母亲,让孩子左右为难。陈鹤琴认为,做父母的这样教训孩子,如果使孩子感到无所适从,这样就算不得正确的教育了。这样做不仅使小孩子无所适从,拿不定主意应该听谁的,而且会引起小孩子对父母的轻视之心,所以对于教育小孩子,做父母的应当在小孩子面前采取统一的态度。

因此,陈鹤琴在教育儿子一鸣的时候,总会与妻子保持一致的意见。

3.父母对待子女应该有礼貌

陈鹤琴指出,旧家庭的父母,受中国传统封建思想的影响,认为做父母的必定要使得子女敬畏自己,而要使子女敬畏自己,认为就必定要很严厉地对待子女,要很严厉地对待子女,就不应当以礼貌来对待子女了。所以"父严子孝,法乎天也"这句话,在旧家庭差不多成为天经地义万古不能更改的信条。陈鹤琴认为这样的观念是不对的。做父母的要使得子女敬畏,并不是靠严厉能够得到的,需要在行为上、举动上处处能够使做子女的佩服你、尊敬你,那么做子女的就不约而同地尊敬父母了。倘使做父母的行为乖张、举止轻狂,就会引起做子女的轻视之心,那么任父母天天打骂子女,他们也不会敬畏父母的。

陈鹤琴认为,在家庭中父母要非常有礼貌的对待子女,不可以高压或强制手段对待子女,如果子女能恭恭敬敬地对待父母,而父母也礼貌地对待子女们,就会使家庭中生出许多乐趣,父母和子女都会觉得快乐,子女自然而然地就会听从父母的管教了。陈鹤琴批评一些顽固的父母,对待子女好像对待奴隶一样,反而自诩为"家规重",陈鹤琴觉得这样做是自寻烦恼。

---

① 陈秀琴,陈一飞.陈鹤琴全集(第2卷)[M].南京:江苏教育出版社,2011:598.

4.父母切不可欺骗小孩子

陈鹤琴举例说,他常看见有许多做母亲的,有事情到亲戚家里去或到街上去买东西,因为恐怕小孩子要同去,临行的时候,就对小孩子说:"你在家里不要吵,我去买饼来给你吃。"她出门以后,过了许久还没有回来,小孩子等得着急就大哭起来了。等到傍晚母亲回来,小孩子就向他讨饼吃。母亲就骗小孩子说:"啊哟!我忘记了!下次出去的时候再替你买吧。"小孩子没有法子只好不想。后来她出去仍旧以这种方法去骗小孩子。如是一而再,再而三,小孩子就知道他母亲骗他了。①

陈鹤琴分析说,做母亲的有事情出去可以带他同去就带他去,如果不便带他去,就应该好好劝他在家里,不应当来骗他。既然答应小孩子买饼,那么回来的时候,应当买饼来给他吃,何以用这种卑劣的手段使小孩子失望呢?要知道这样做,偶尔一次或许还可以瞒得过去,如果常常如此,那么一定要露出"马脚"来。倘使被小孩子看穿,那小孩子以后就不肯听父母的话了,即使父母不去骗他,好好去教训他,他也一定以为你骗他了。有许多小孩子不肯听父母的话,常常同父母相闹,虽其原因不一,陈鹤琴认为和父母欺骗小孩子这一点是不无关系的。

陈鹤琴举例说,有一天将要吃饭的时候,一鸣要糖吃,祖母不允许他吃。后来他的祖母被他缠得没办法,就去拿了一颗放在盘上,而且对他说:"糖没有了,只有一颗了。"陈鹤琴认为吃饭以前吃糖是不好的,所以阻止他的祖母不要给他。一鸣没有糖吃就开始大哭了。

陈鹤琴反思说,糖是可以给小孩子吃的,那么我们就给他吃;如果不可以给他吃的,何苦对他说谎呢?一鸣是明明知道有许多糖的,倘使他吃了一颗又要吃,那该怎么办呢?再给他吗?如果吃饭以前吃糖,一鸣就会不要吃饭了。小孩子吃糖而不吃饭是不好的,不给他吗?他吃着糖的滋味哪里肯歇呢?陈鹤琴早已知道这个缘故,所以就不给他糖了。如果他吃了一颗居然不再要了,固然是很好的,但是他的心里仍旧知道是骗他的。一方面,他以后对他祖母的话要失去信任,另一方面,他以后也就会用这种欺骗方法去对待别人了。所以

① 陈秀琴,陈一飞.陈鹤琴全集(第2卷)[M].南京:江苏教育出版社,2011:600.

陈鹤琴认为以这种"讳有为无"的话去骗小孩子是很不对的。

一天下午，一鸣看见他堂兄拿了一个很精致的皮球在地上拍，就向他要。他堂兄当皮球向上弹起来的时候，立刻把这个球一把捏住，将手臂向上一伸，把这个球溜在袖子里，而且对他说："诺！诺！这个飞到天里去了！"一鸣信以为真，仰着头向天看了许多时候，并且显出很奇怪的样子。陈鹤琴认为，小小一只球给一鸣玩玩是不要紧的，不给他玩也罢了，为什么再去骗他呢？这种"把戏"现在因知识尚未充足竟被骗过，到了年纪稍大一些，就能看得穿了。①

还有一天，有一位朋友在火炉旁边烤火的时候，一鸣去拿了许多好看的纸都丢到火炉里去烧。这位朋友嘴里虽然应着，但是他的心里很可惜这种东西。所以他对一鸣说："你听着。我叫'三'的时候，就将这种东西都丢到火中去。"说毕，嘴里"一二三"地叫起来。叫到"三"的时候，他将这种东西向后一丢都丢到他自己的衣襟上，并且对一鸣说："你看见吗？在火里面烧着了。"一鸣看见别的火光以为就是这种东西的火光。所以"ngng"地答应着，而且显出很快活的样子。②

陈鹤琴认为以这种方法去骗小孩子也是不对的："你手敏捷，他没有看穿你的把戏固然是很好。倘使不幸而露出破绽来，小孩子就要不信任你了。你如果可惜这种东西，不忍去烧毁它，那么你应当劝告他，叫他不要烧。倘他不听你的话，那就应当换别的同样的旧东西替他去烧。因为小孩子也知道烧毁好的东西，是可惜的；但是他爱物的心理敌不过烧物的心理，所以他拿这种东西来烧。如果你去骗他，一方面失去很好的东西，一方面又见不到在火里烧的样子，必定要大大失望的。小孩子现在误认火光，以为纸光；使他观念不准，思想糊涂，对于小孩子知识上的影响是很重大的。"③

①陈秀琴,陈一飞.陈鹤琴全集(第2卷)[M].南京:江苏教育出版社,2011:601.
②陈秀琴,陈一飞.陈鹤琴全集(第2卷)[M].南京:江苏教育出版社,2011:602.
③陈秀琴,陈一飞.陈鹤琴全集(第2卷)[M].南京:江苏教育出版社,2011:602.

陈鹤琴认为,作为大人,不应当去骗小孩子,应当换相同不好的东西去烧,使小孩子一则能够爱物,二则能够得到点物质可以焚毁的知识,这不仅影响小孩子的知识面,对于小孩子的身心发展也是不利的。

陈鹤琴指出,做父母的不应该在小孩子面前作伪,也不应当教小孩子作伪,很多小孩子作伪是受父母的影响养成的。陈鹤琴认为,父母要想使小孩子诚实,做父母的自己首先要诚实,如果父母不诚实,小孩子是绝对不可能诚实的。

(十二)责罚孩子的手段应依情况而定

我们都知道,小孩子大都是很调皮的。因此,对于犯错误的小孩子,父母应该采取一定的责罚手段,但责罚手段不能偏激,更不能简单粗暴。陈鹤琴认为责罚小孩子应该遵循以下几个原则:

1.家长要用诱导代替恐吓、哄骗、打骂责罚小孩子

陈鹤琴举例说,比如有一个两岁的小孩子,在很晚的时候,还要独自到楼下去玩。在这种情况下父母应该怎么做呢? 陈鹤琴分析了三种处理问题的方法:一是用恐吓的方法不让小孩子出去。陈鹤琴认为这是不对的,比如给小孩子说外边有老虎、有鬼等,这样会使得小孩子产生无谓的恐慌,以致小孩子到了晚上不敢外出,也会常常怕鬼怕动物。二是用禁止的方法对待小孩子。如果不让小孩子出去,以打孩子来威胁,有些小孩子当然会因为害怕挨打不敢出去。但是还有一些孩子因为父母不让出去,哭着还要出去。那么是看小孩子哭了就让他出去呢? 还是打他一顿不让他出去呢? 如果让小孩子出去,小孩子会蔑视父母,从而以后不再听父母的话。如果因此打孩子一顿,会把本来好好的一件小事,弄得很没有趣味了。三是允许小孩子出去。陈鹤琴认为这也是不对的。因为晚间让小孩子出去玩,容易出现受伤等情况。

相对于以上几种情况,陈鹤琴主张用诱导的方式责罚或禁止小孩子。比如可以对小孩子说:"天已经晚了,外边现在没有什么东西可以看,可以玩,我们还是到房间里去看图画,玩玩别的东西吧。"①如果这样对小孩子说

---

① 陈秀琴,陈一飞.陈鹤琴全集(第2卷)[M].南京:江苏教育出版社,2011:617.

他仍然坚持出去玩,那么父母就要想出特别的东西或游戏的方法来转移小孩子的注意力。

2.父母在责罚小孩子之前,应查清楚原因

陈鹤琴认为,小孩子一般不会无故作恶,作恶的原因,大都是由环境造成的。比如做父母的对他太严厉,他因为害怕受罚而做了坏事,自然要说谎的;或者做母亲的不把食物给他吃,小孩子因为食欲冲动,自然要偷食物的。做父母的如果能够寻找出小孩子作恶的原因,并且把这种原因铲灭的话,小孩子以后就不会作恶了。如果不把这种原因除去,而只责罚他作恶的结果,那么小孩子虽然怕父母,一时不敢再作恶,但是他作恶的心依旧会存在,要使小孩子以后不再作恶,是很不容易的事情。所以陈鹤琴认为,除小孩子的恶,应当除其本,不应当追求一时有效。

另外,做父母的在责罚小孩子之前,还要查清楚小孩子究竟有无过失,避免冤枉孩子。在责罚孩子之前,应当仔细地考查、盘问孩子。如果小孩子实在有过失,那就责罚他;倘使小孩子没有过失,那就不应当责罚他了。千万不要不问青红皂白,只听一面之词,逞一己之怒,就去责骂甚至鞭挞孩子,那样小孩子从心里面是不服他的父母的。虽然小孩子能力薄弱不敢反抗父母,但是他恨父母之心可能从此就产生了。

3.父母不应当在别人面前责罚小孩子

陈鹤琴指出,无论大人还是小孩子都是有羞恶之心的,除了年纪太小的小孩子之外,大多数的小孩子尤其习惯顾全面子。如果做父母的当着别人的面去责骂孩子,小孩子就会以为受到奇耻大辱,从此可能就会怨恨他的父母了。一旦小孩子怨恨父母了,以后就不太高兴去听从父母的管教了。

陈鹤琴指出,许多小孩子在初次被骂时还觉得是自己倒霉,倘若父母常常在别人面前骂他,他就不以为耻了,慢慢就会成为顽童了。陈鹤琴发现一些孩子常常在客人面前吵闹,他们的父亲骂他几句,他们就停上一会儿,过了几分钟,就又开始吵闹了。这种小孩子实际上已经失掉了羞恶之心,做父母的欲强行改掉,已经不可能了。所以做父母的不应当在客人面前去责骂小孩子,而应当等客人走了之后,再去慢慢教训他,教训他不听,再去责备他,那么小孩子因为没有丢面子,就会很高兴地去改他的过失。

陈鹤琴也发现,有一些小孩子受过一次辱,以后恐怕他的父母再当着别人的面去责骂他,从此改掉他的过失,不过这种小孩子是很少的。因此在陈鹤琴看来,做父母的责罚孩子不如背着别人的面效果更好。鉴于此,陈鹤琴从不在别人面前责骂自己的孩子,较好地保护了孩子的自尊心。

4.父母不宜打孩子

陈鹤琴明确反对父母以打骂的方式责罚孩子,尤其反对早晚打骂孩子。陈鹤琴认为,父母早晚打骂孩子有很多弊病。做父母的应当使小孩子夜晚安安稳稳地睡觉,千万不要因为孩子犯错白天没有打到他,就在晚间补打。"要知道小孩子身体上受了痛苦还是小事,心神上受的痛苦那就事大了!"①但凡一个小孩子夜晚受到了父母的责骂和鞭挞,他必定无法安安稳稳睡觉了。由于受到惊吓,小孩子通常会做噩梦,在梦中不是看见他父母去打他,就是看见他父母去追他,所以梦中常常要哭喊。

陈鹤琴认为早上打孩子的害处更大了。小孩子因为受到了惊吓,严重的会生病,即使不生病,也会使小孩子一天心神不宁。使得平时天真烂漫的小孩子,几乎变得如木鸡一般。所以陈鹤琴认为,做父母的不宜打孩子,尤其是早晚不宜打孩子。孩子犯错了,可以在其他时间对孩子进行教育和管教。

5.做父母的不应当迁怒于孩子

陈鹤琴认为,做父母的迁怒于自己的孩子,是一件非常愚蠢的事情。一个人在有心事的时候,最容易迁怒于人,尤其容易迁怒于子女。因为拿别人来出气,别人是不答应的,所以只好拿自己的子女来出气。这种事情没有知识的人固然容易犯,有知识的人也常常会犯。当一个人发怒的时候,骂无好话、打无好拳,做子女的便受了无妄之灾了。即使不把子女打死,也要打伤;即使不打伤,也容易伤害父子之间的感情。

陈鹤琴认为这种举动,一方面于道德上有妨害,另一方面于家庭和睦上也有妨害。另外,父母因为自己不高兴,常常去打骂孩子,孩子也就把打骂

---

① 陈秀琴,陈一飞.陈鹤琴全集(第2卷)[M].南京:江苏教育出版社,2011:621.

当作司空见惯的事情了,以后即使做错了事情,受到父母的打骂也就不以为羞了。所以陈鹤琴建议,做父母的在发怒的时候,应当平心静气地对待孩子,万万不可迁怒于小孩子。

6.责罚小孩子时旁人不宜帮着说话

陈鹤琴认为,父母不宜打小孩子,但是往往因为小孩子不听父母的教训或做错事情,父母就会打小孩子,当父母打小孩子的时候,旁边人是不应当来帮着小孩子说"可怜""真苦""不要去打他"等话语的,倘使这样去说他,那小孩子以为他自己真是对的,父母打我是错的,父母要我刷牙齿,洗澡也都是错的,这样一来,小孩子下次愈加不肯听他父母的话了。如果旁边人说"可怜"这种话,小孩子不哭也要哭,不喊也要喊了,一方面养成他撒娇的行为,一方面又引起他怨恨父母的心理,所以当父母责罚小孩子的时候,旁边人绝对不应当来说这种话的。

有一天,一鸣不肯刷牙齿,他的母亲打他,他的祖母跑过来说:"可怜!要打死哉!"按照陈鹤琴的意思,旁边人任他父母打几下,然后去把他领开,而且教他下次要听父母的活,比如说:"要你洗澡,你要去洗的:要你刷牙齿,你也要刷的。切不可不听你父母的话,弄得父母要打。若下次再不听话,那我不来领开你了。"①

总的来看,陈鹤琴的家庭教育是建立在科学理论和实践基础上,家庭教育取得了预期的良好效果。

---

① 陈秀琴,陈一飞.陈鹤琴全集(第2卷)[M].南京:江苏教育出版社,2011:624.

第四章 民国教育家群体家庭教育生活的启示

中国自古以来就有"早谕教""教儿婴孩"的重视幼儿教育和家庭教育的传统,中外很多教育家将幼儿教育作为整个人生教育的重要组成部分。但在中国真正将幼儿教育和家庭教育作为一项专门事业,则是进入近代社会以后才有的事情。进入民国以后,家庭教育才真正得到人们的重视。以梁启超、陈鹤琴、陶行知等为主要代表的教育家群体,开启了家庭教育近代化的可贵探索,为我们今天的家庭教育留下了一笔宝贵的财富,值得深入研究和学习。

第一节 应高度重视家庭教育和儿童教育

鸦片战争至民国前期,我国面临的国难日渐深重,中华民族前途危急,以民国教育家群体为代表的知识分子认识到,要想挽救民族危亡必须自力更生,促使国家强盛,要抓住根本才能有真正的成效,而"根本就是教育,尤其是家庭教育"[1]。"社会秩序紊乱之时,非有家庭教育以约束之不可,社会美质丧失之时,非由家庭教育以保存之不可,社会观念及一切事业之兴革与改良,尤待于家庭教育革新。故吾人自不能轻视家庭教育也。"[2]民国时期的教育家认识到要想挽救国家民族危亡,必须从改变当时中国腐化的家庭教育做起。在民国时期还存在大量的"旧式家庭""封建家庭"和"大家庭"等,这些传统家庭难以为培养"新国民"奠定良好基础。另外,民国时期的幼儿教

---

① 杨卫玉.民族复兴与家庭教育之改造[J].教育杂志,1936(26).
② 董文灵.家庭教育与儿童[J].教育学期刊,1934(2).

育机构匮乏,家庭几乎成为儿童入学前的唯一教育场所。所以即便儿童入了学校,如果"家庭教育不良,则一曝十寒,学校教育之功能自不易生效"①。一个儿童在入学之前的家庭中,已经基本形成了奠定其一生的习惯、性情和体格等。所以如果没有良好的家庭教育做基础,学校教育的功效也很难得以显现。

因此,民国时期的有识之士在动乱的社会深刻认识到进行家庭教育建设和儿童教育的必要性:"儿童为未来社会的中坚,是人类之花,负有建设社会、改良社会、复兴民族之责任,对于国家民族前途,实有重大之关系,断不可忽视。但怎样使我们未来的中坚、我们的'花',不致中途衰萎滋长,结成硕大无朋之果呢? 显然,这除了家庭教育以外,是没有别的方法的。"②

事实证明,教育的基础,始于家庭;教育的发展,实有赖于家庭。与学校教育相比,家庭教育是伴随和贯穿于人一生的教育。民国学人章绳以认为:"家庭最大的使命,不是在生育子女,乃是在教育子女。"③家庭教育是一切教育的基础和源泉,是一个人成长和发展的起点,是一个人全部训练的出发点。家庭作为儿童的出生地和教养场所,儿童的体格、性格、心性、习惯、行为、德行等养成,全靠家庭教育打下基础。"从儿童心理和生理的发展研究上说来,儿童在学前期是一生学习上最重要的时期,正如墨子所比喻的素丝一样,染于赤则赤,染于黑则黑,他们将来的赤或黑也是随染而变的。"④"在家庭中所养成的习性和倾向,是日后的学校教育所不易改动的。学校教育若是好,当然能增强家庭教育的优点,或多少弥补家庭教育所疏漏之处。但是一个从不良的家庭中生出来的孩子,任他进怎样的学校,终不能完全消除他在家庭中所学的不良影响。"⑤家庭是社会国家的基础,"家庭教育之好坏可以决定人之一生,可以影响社会国家之兴衰,可以增加强有力之国民,可以

---

① 周希儒.家庭教育与儿童训练[J].国民教育,1941(1).
② 王观荣.家庭教育怎样实施[J].更生,1937(5).
③ 章绳以.家庭教育之研究[J].教育杂志,1936(12).
④ 王观荣.家庭教育怎样实施[J].更生,1937(5).
⑤ 王观荣.家庭教育怎样实施[J].更生,1937(5).

促进民族之复兴"①,"要使我中华民族得能生存和发展,则对于家庭教育非特别重视不可"②。因此,在家庭教育中,"要把儿童当作中华民族的构成分子,中华民国未来的主人翁"③。民国当时一些人家庭观念浓厚而国家思想淡薄,致使下一代只知道有个人和家庭,不知道有国家和民族。"现在我们要提倡国族主义,所以不能把儿童当作家庭的奴隶,而应以之为国家民族的成员才是。"④因此,在民国时期面临社会动荡、时局不稳和学校教育衰落之际,民国教育家看到了家庭教育尤其是对于民族和国家的重要性,纷纷重视家庭教育,并切实引领家庭教育的发展。

梁启超在1896年撰写《变法通议》时,就指出"人生百年,立于幼学",首次强调了幼儿教育的重要意义,引起了人们对于幼儿教育和家庭教育的重视。作为儿童教育家和家庭教育专家的陈鹤琴对儿童教育和家庭教育非常重视。首先,陈鹤琴认为,儿童教育对社会和家庭意义重大。从国家和社会发展的角度来看,"身心健康是一个人最大的资本,民族健康是一个国家最大的资本"⑤。陈鹤琴指出,儿童是振兴中华的希望,儿童教育是整个教育的基础,关系到我们伟大祖国的命运。⑥陈鹤琴进一步指出,儿童是一种家庭化和社会化的主要分子,也是一种改进家庭、改进社会和促进文化的原动力。⑦现在的儿童就是将来的国民,将来一个国家和社会能否繁荣,全靠这些儿童现在有无良好的教育和将来能否成为良好的国民。至于如何教育儿童,使他们成为良好的国民,这就是我们成人的唯一重任了。现在的儿童,就是未来的主人。社会的进化,国家的繁荣,要看这些未来主人的品格才智如何而定。⑧其次,从儿童个体成长和发展完善方面来看,陈鹤琴认为"幼稚

---

① 章绳以.家庭教育之研究[J].教育杂志,1936(12).

② 陆传籍.大时代的家庭教育[J].东方杂志,1939(9).

③ 赵厚勰,刘训华.中国教育活动通史(第7卷 中华民国)[M].济南:山东教育出版社,2017:399.

④ 周希儒.家庭教育与儿童训练[J].国民教育,1941(1).

⑤ 陈鹤琴.陈鹤琴全集(第1卷)[M].南京:江苏教育出版社,1987:32.

⑥ 陈鹤琴.陈鹤琴全集(第1卷)[M].南京:江苏教育出版社,1987:515.

⑦ 陈鹤琴.陈鹤琴全集(第1卷)[M].南京:江苏教育出版社,1987:60.

⑧ 陈鹤琴.在儿童节告全国成人们[N].申报,1932-4-4.

期是人生可塑性最大的时期,所以幼稚时期也是奠定人生健全发展的时期,故需有适当的环境与优良的养育,以促使民族的新生"①。以陈鹤琴和张雪门等人为代表的教育家,开启了以幼稚教育实验和儿童心理研究的理论和实践的探索,推动幼儿教育中国化、科学化实验队伍逐渐壮大,形成了规模宏大的幼稚教育思潮,由此,家庭教育和幼儿教育引起了全国范围内的高度重视。

第二节　家庭教育目标定位应凸显时代性

作为处在传统与现代急剧转型时期的民国教育家群体,其家庭教育表现出强烈的时代性,近代化的特征表现最为显著。

在传统家庭教育中,我国儿童在家庭中所处的地位非常地下,父母或将儿童看作自己的"私产",或将儿童作为"防老的工具",或看作"承接祖先香火的传宗接代者"。我国当时的许多父母没有意识到儿童所负有的重大使命,即儿童是未来社会力量的中坚分子、国家之栋梁和民族的希望。因此,当时的民众对家庭教育也就不太重视了。对于富裕家庭的子女,父母采取放任、溺爱的态度,忘却了应有的家庭教育所应尽的义务,于是养成了一批没有知识和能力、好逸恶劳的儿童,为国家社会遗留下无尽的祸患。而对于大多数的贫苦家庭来说,受当时社会生活所迫,父母整日为生活奔波,哪里会顾得上子女的教育呢? 有的家长自身从未接受过任何教育的训练,对于家庭教育可以说一无所知。

民国教育家作为民国时期的精英阶层,深刻认识到家庭教育和儿童教育的重要性。当时,民国许多知识分子在杂志上撰文,批判传统的家庭教育不注重家庭教育、不注重儿童的身体健康、不讲求科学的教养方法,造成了许多羸弱不振的青少年。"我国旧法的教育,只求智力的发展,而不知身体的锻炼。其实身体的健全发育,是人生快乐和幸福的源泉。人们欲求心性的

---

① 陈鹤琴.陈鹤琴全集(第1卷)[M].南京:江苏教育出版社,1987:412.

适当发展,非先使身体的各部能执行他们的正当官能不可;身心互为发展,这是不可移易的定理。"①民国学人东岑认为,国家要想得到发展,必须有强健的国民,要使儿童从小就有一个强壮的身体,身心互为发展,拥有进步的科学知识,养成奋发有为的精神。中国有一句俗谚:"积谷防饥,养儿防老。"这是一种自私自利的思想。民国学人倡导一种自由、独立的家庭教育,有人指出:"我的子女,非为我而生于此世,为彼自身生活的向上而生,具有彼等自身应该负担的责任。所以做父母的,应该把眼光注于将来,尽量使子女得健全地发展,绝不要加入丝毫自我的目的在内。"②

针对民国时期一些家长将子女教育的目标定位于家庭、家族的承继,有人指出要将家庭教育关注视野拓宽至整个民族:"过去中国父母教育子女的目的就是扬名显亲、光大门楣。换句话说,是以个人主义和家族主义作为出发点的。他们并没有想到教育子女要他成为对社会有用的分子,国家良好的公民。"③反映了中国当时的一些父母教育子女不是为了国家和社会,而是为了个人、家族的利益,教育的目的是光大门楣、显亲扬名,而非为国家培养好国民。民国时期尤其是抗战时期,中国面临民族危亡的关键时刻,民族危机日益加剧,越来越多的中国人尤其是教育家意识到,要想取得民族复兴和国家富强,必须首先培养具有国家观念、民族意识、家国情怀的良好国民,为国家、民族、社会的前途谋福利,家庭教育必须要以培养良好国民为根本目标。"负家庭教育责任者,训练儿童时切不再被卑狭的宗族观念所麻醉,应抱有国家的观念,使儿童明了'国家即四万万同胞的家庭',教儿童立誓为国争荣。"④

严复的家庭教育表现出明显的近代化色彩,其家庭教育的近代化体现在审时度势、符合国情的教育引导上。严复从国家民族竞争的角度出发,对家庭教育极为重视,认为一个国家和民族的盛衰强弱,取决于人民之优胜劣

---

① 东岑.论家庭教育的改革[J].妇女杂志,1928(12).

② 李光业.家庭之民本化[J].妇女杂志,1921(2).

③ 杨卫玉.民族复兴与家庭教育之改造[J].教育杂志,1922(12).

④ 陆传籍.大时代的家庭教育[J].东方杂志,1939(9).

败,特别是一个人从小所受的家庭教育的质量高低。物竞天择,国与国之间的竞争实际上是人才之间的竞争。严复指出,在国家危难时刻,人人都应当具备救国存亡之意识。在家庭教育中,中国传统父母对子女的期望往往较高,望子成龙、望女成凤,完成自己未竟的夙愿。针对于此,严复提醒当时的家长应该有更高的理想、夙愿和格局,应当将个人的生存发展与国家的生死存亡结合起来。严复在遗嘱中告诫后代要做到"己轻群重",要将国家和民族的利益放在首位,在国家利益和自身利益发生矛盾时,要自觉维护国家利益。陶行知秉承"爱满天下",一生为我国的乡村教育事业鞠躬尽瘁死而后已,他教育自己的儿子陶晓光、陶城,在中国遭受日本帝国主义侵略的国难之际,一定要树立远大的理想,到祖国最需要的地方去发光、发热,甚至不惜献出自己的生命。黄炎培鼓励儿子黄大能参加声援一二·九学生运动的赴京请愿活动,并教育儿子要胆大心细,进行有策略的斗争。民国教育家几乎都能将个人的命运和发展同国家的前途和命运结合起来,鼓励子女们树立远大的志向,将"小我"同"大我"结合起来。

此外,民国教育家家庭教育的近代化还体现在对外语学习和留学的态度上。如严复自己的几个子女,从小就打下了非常扎实的西学基础,并在他的安排下,有的考取进入了新式学堂,有的出国留学深造。陶行知对孩子们外语学习也非常重视,他鼓励儿子学习英文和俄文,并指导孩子们自学翻译。

可见,民国时期教育家的家庭教育体现出明显的从"兴家"到"爱国"的目标定位转向上,家庭教育的近代化、时代化价值目标取向引领了当时家庭教育发展的方向。

第三节　倡导科学化、心理学化的家庭教育理念

一、坚持"儿童本位"的家庭教育理念

清政府政权覆灭后，我国外受列强入侵，内受北洋军阀黑暗统治，在内忧外患的境况下，爆发了新文化运动。以陈独秀为主要代表的先进人士在《新青年》上刊载文章，拉开了崇尚民主与科学（德先生与赛先生）、抨击封建思想的文化启蒙运动的序幕。与此同时，卢梭、杜威等人的先进教育思想随着新文化运动传入我国，以鲁迅、周作人等为代表的进步人士为了唤醒沉睡的中国人，撰写小说、散文、诗歌等文学作品，痛斥传统文化中"三纲五常"的伦理规范，发出了批判传统儿童观的呐喊，提出"儿童是独立的个体"，使得当时的文学界成为中国"儿童的发现"的重要时期。鲁迅与周作人先后提出"儿童本位论"的观点，认为儿童文学必须以儿童为中心，要从儿童的心理特点、年龄特征、认识水平与发展需要出发，使之为儿童所喜爱。而后，蔡元培、陶行知、陈鹤琴等教育家，通过丰富的教育研究与实践为"儿童本位"的观念在教育界的落地生根打下了坚实的基础。

民国学人认为："所谓儿童本位教育的意义，就是以儿童为中心的教育。反对成人化和主观化来教育儿童。"①中国过去传统的家庭教育是建立在成人主观意志上的教育，忽略了儿童的个性、兴趣等心理特点，父母如果认为是对的，往往会用强制的命令方式教小孩子去做，如果孩子不听话或反抗的话，就会遭到父母严厉的训斥，甚至以"棍棒出孝子"为由，对孩子进行打骂管教。这样以成人为本位、以打骂为手段的教育，会严重抹杀儿童的天性，扼杀儿童的想象力和创造力，严重影响儿童的成长和发展。

民国教育家大多有海外留学经历，如严复、梁启超、陈鹤琴、陶行知等都

---

① 醒木.家庭教育的目标及其实施[J].女子学刊,1935(3).

曾出国留学,他们接受过西方的民主思想,因此,在家庭教育中都非常注重学习和借鉴国外先进的儿童教育和家庭教育的理念和方法。"儿童本位"的家庭教育首先要了解儿童身心发展的规律,循序渐进地对儿童进行教育。"儿童心理上、生理上的特征,都是教养孩子应有的根据,要利导而发展他,才能得到良好的效果。可是我国家庭里真能注意到的实在很少,不但忽略了培养的条件,而且有时竟能相反的加以摧残。"①儿童的身心发展状况和成年人截然不同,如果家长不懂得儿童身心发展的规律,而是以成人的眼光来看待和教育儿童,家庭教育是注定会失败的。比如儿童喜动不喜静,家长就不应该让孩子长期静坐不动;儿童天生喜欢鼓励而不喜欢批评,家长就应该多鼓励少批评,等等。

　　蔡元培提出了"五育并举"的教育方针,在此基础上,他提出了"尚自然、展个性"的儿童教育主张,认为儿童教育应以儿童为本位。他说:"夫新教育所以异于旧教育有一要点焉,即教育者非以吾人教育儿童,而吾人受教于儿童之谓也。"②明确地提出"儿童是成人之师"的观点,极大地挑战了传统以"成人本位"为主导的教育观,进一步在教育界确立了"儿童本位"的思想。蔡元培主张儿童教育和家庭教育要适应儿童的身心发展,他将儿童比作植物,要求成人应当用科学的教育方法来培育这些"植物"。

　　陶行知认为,0～6岁是人生最重要的阶段。"凡人生所需之重要习惯、倾向、态度,多数可以在六岁以前培养成功。"③他认为儿童六岁之前是人格陶冶最重要的时期,家长必须高度重视儿童的幼年家庭教育。为此,陶行知批判了当时两种错误的儿童教育方式,一种是对儿童放任自流,使其自生自灭;另一种是期望太高,拔苗助长。他认为这两种错误的儿童教育方式都是由于家长对儿童缺乏正确的认识而来的,没有充分认识到儿童独特的身心发展特点。因此,陶行知主张要给儿童游戏的权利,主张要解放儿童的眼睛、头脑、双手、嘴巴、空间和时间,将真实的生活还给儿童。

---

①　沈光烈.家庭教育现状与儿童教养问题[J].教育杂志,1936(12).

②　沈洪善.蔡元培选集[M].杭州:浙江教育出版社,1993:525.

③　陶行知.陶行知全集(第7卷)[M].长沙:湖南教育出版社,1984:618.

民国教育家群体家庭教育生活研究

"儿童本位"的家庭教育理念在陈鹤琴的家庭教育生活中表现得非常显著。陈鹤琴与陶行知一道，为建立中国崭新的儿童教育观而躬身实践，开创了中国教育史上研究儿童、尊重儿童、理解儿童的先河。[①]陈鹤琴将心理学充分引入家庭教育生活全过程，他认为，家长只有在了解儿童之后，才能够有效地对子女进行教育和引导。为此，家长们要充分了解儿童、认识儿童和研究儿童，要全面了解和把握小孩子的喜怒哀乐、生长和成熟的规律、学习的原则与心理特征，同时要把握儿童的成长环境，以及儿童从出生到成长的整个过程所发生的一切变化与现象。陈鹤琴认为儿童是难养的，儿童自身未完成的天性使得家庭教育面临着诸多困难和挑战。如果要了解儿童，就不得不借助于儿童心理学的帮助，了解儿童的感觉发展情形、动作发展程序、情绪变化发展、记忆与遗忘、习惯与思想等。陈鹤琴还认为，在家庭教育中对儿童心理的研究，单靠学习书本知识所获得的间接知识和理论是远远不够的，家长更需要直接对儿童进行调查、观察和实验，用实践来检验理论，这样才能达到家庭教育的良好效果。为此，陈鹤琴从儿子一鸣出生后，就对其进行了为期八百零八天的家庭教育跟踪观察。因此，陈鹤琴的家庭教育是基于对儿子成长和心理发展的认知基础之上的，是建立在科学化的基础之上的，他所得到的家庭教育经验是建立在心理学化的基础之上的。陈鹤琴的家庭教育理论基本来自儿子一鸣这个"实验品"，这不同于中国古代传统的经验式的家庭训导，而是首次在我国将儿童当作独立的生命个体来研究，针对家庭教育和儿童成长的真实情境开展家庭教育活动。正是立足于实验性的、科学化的儿童心理观察，陈鹤琴最终总结出了我国现代家庭教育的经验性成果——《儿童心理之研究》和《家庭教育》，开创了我国家庭教育和儿童教育的新局面。陈鹤琴批评了常人对儿童是"小大人"的错误认知，明确指出了儿童与成人心理具有截然不同的特点，儿童期不仅是成年的准备，同时具有儿童期自身的价值。陈鹤琴在《家庭教育》一书中，列举了儿童的七大特点："好游戏""好模仿""好奇""喜欢成功""喜欢野外生活""喜欢合群""喜欢称赞"。他告诫成人应该尊重儿童人格、爱护儿童，给儿童游戏的

---

① 闫旭蕾，杨萍.家庭教育新论[M].北京:北京大学出版社,2012:99-100.

权利。

二、家长要尽量发展儿童的本能

儿童的本能,即发展儿童生理上、心理上的各种倾向。例如利用儿童好奇的本能,启发儿童养成探寻事物根源的习惯;利用儿童好动的本能,促进儿童的生产和发育,养成他们天真活泼的性情;利用好群的本能发展儿童的社交能力,培养团结互助的精神,养成爱国家爱民族的观念。①

家庭是发展儿童本能的最佳场所。陈鹤琴强调指出,家庭教育的第一急务是发展儿童教育,但重中之重则是要如何把儿童当作儿童看待。②陈鹤琴擅长利用各种机会发展小孩子的生理和心理上的倾向。陈鹤琴主张采用游戏化的教育方法,尽可能给孩子们提供各种游戏和动手做事的机会,通过给小孩子提供各种活动如画画、剪纸、着色、浇花、玩泥沙等,发展学生的各种身心本能。

陶行知提出要通过创造的儿童教育培养儿童的创造力。他说:"我们晓得特别是中国小孩,是在苦海中成长。我们应该把儿童苦海创造成一个儿童乐园……应该成人加入小孩子的队伍里去,陪着小孩子一起创造。"③陶行知认为,成年人要真诚地在情感方面和小孩子站在一条战线上,要加入儿童队伍里,成为小孩子队伍里的一分子,只有这样我们才能发现小孩子有力量、有创造力。为了培养儿童的创造力,陶行知提出了解放儿童创造力的"五大解放"——解放小孩子的头脑、双手、嘴、空间、时间。在"五大解放"的基础上,对小孩子的创造力予以适当的培养,首先,要让小孩子的体力和心理都有充分的营养,促使小孩子发生高度的创造力,而不至于由于营养缺乏而使得创造力被削弱,甚至于夭折。其次,需要建立下层的良好习惯,以解放上层的性能,从而发展小孩子的高级追求。再次,要对小孩子进行因材施教,培养儿童的创造力要同园丁一样,首先要认识他们,发现他们的特点,而

---

① 赵厚勰,刘训华.中国教育活动通史(第7卷)[M].济南:山东教育出版社,2017:428.

② 陈鹤琴.在儿童节告全国成人们[N].申报,1932-4-4.

③ 陶行知.创的儿童教育[N].大公报,1944-12-26.

予以适宜之肥料、水分、太阳光,并须除害虫,这样,他们才能欣欣向荣,否则不能免于枯萎。[①]

三、贯彻民主、平等的家庭教育理念

中国传统家庭教育的价值取向侧重于培养儿童的群体意识,而忽视儿童个人独立人格的培养。民国教育家普遍倡导在家庭教育中采用民主、平等的教育方式,尊重孩子的个性化发展。

如陶行知认为,"创造力最能发挥的条件是民主"。"如果要大量开发人矿中之创造力,只有民主才能办到,只有民主的目的、民主的方法才能完成这样的大事。"陶行知认为民主应用在教育上有三个最要点:第一,教育机会均等;第二,宽容和了解,要向爱迪生母亲那样宽容爱迪生,在爱迪生被开除回家的时候,把地下室让给他让他做实验;第三,在民主生活中学民主。民主生活并非乱杂得没有纪律。民主要有自觉的纪律,在民主的自觉纪律中学习做主人翁。在民主动员号召之下,每一个人之创造力都得到机会出头,而且每一个人的创造力都能充分解放出来。只有民主才能解放最大多数人的创造力,并且使最大多数人之创造力发挥到最高峰。[②]

总之,民国教育家在教育子女的过程中,以民主平等的态度对子女进行教育和引导。在对待子女的学业指导、子女的婚姻和职业选择上,大都会站在子女们的立场上,为子女们提出建设性的建议,和子女们保持着"亦师亦友"的平等、友好关系,取得了家庭教育的良好效果。

---

① 陶行知.中国教育改造[M].合肥:安徽人民出版社,2019:212.
② 陶行知.中国教育改造[M].合肥:安徽人民出版社,2019:213.

参考文献

一、著作

[1](加)许美德.思想肖像——中国知名教育家的故事[M].周勇等译.北京:教育科学出版社,2008.

[2]江苏省陶行知教育思想研究会.纪念陶行知[M].长沙:湖南教育出版社,1984.

[3]《中国大百科全书》总编委会.中国大百科全书(教育卷)[M].北京:中国大百科全书出版社,1985.

[4]白佩兰.危急中的家庭:性别与中国[M].北京:生活·读书·新知三联书店,1994.

[5]白韬.陶行知的生平及其学说[M].北京:生活·读书·新知三联书店,1950.

[6]陈鹤琴.家庭教育 怎样教小孩[M].北京:教育科学出版社,1994.

[7]陈鹤琴.家庭教育 怎样教小孩[M].北京:中国致公出版社,2001.

[8]陈鹤琴.家庭教育[M].北京:商务印书馆,2019.

[9]陈鹤琴.家庭教育[M].上海:华东师范大学出版社,2006.

[10]陈秀琴,陈一飞.陈鹤琴全集[M].南京:江苏教育出版社,2011.

[11]陈征帆.军国父母论[M].上海:上海中华慈幼协会,1937.

[12]丁文江,赵丰田.梁启超年谱长编[M].上海:上海人民出版社,1983.

[13]丁宇,刘景云.梁启超教子满门俊秀[M].北京:中华工商联合出版社,2002.

[14]杜成宪,王伦信.中国幼儿教育史[M].上海:上海教育出版社,1998.

[15]高学生等.家庭教育研究与方法[M].沈阳:辽宁大学出版社,2017.

[16]何国华.陶行知教育学[M].广州:广东高等教育出版社,2002.

[17]黄大能.傲尽风霜两鬓丝——我的八十年[M].北京:中国建材工业出版社,2003.

[18]黄炎培.八十年来:黄炎培自述[M].上海:文汇出版社,2000.

[19]黄炎培.八十年来[M].北京:文史资料出版社,1982.

[20]黄炎培.黄炎培日记[M].北京:华文出版社,2008.

[21]黄炎培.空江集[M].上海:上海生活书店,1937.

[22]黄炎培.职业教育论[M].北京:商务印书馆,2019.

[23]贾黛翙.世界最伟大的教育法则[M].北京:海豚出版社,2005.

[24]江明武.周恩来生平全纪录1898-1976[M].北京:中央文献出版社,2009.

[25]金隐铭.鲁迅杂文精编[M].桂林:漓江出版社,2005.

[26]柯小菁.塑造母亲——中国近代育儿知识的建构与实践(1900-1937)[M].太原:山西教育出版社,2011.

[27]李任夫.追忆梁启超[M].北京:中国广播电视出版社,1997.

[28]梁材.古今中外名人家教集萃[M].西安:陕西师范大学出版社,1997.

[29]梁启超.曾文正公嘉言钞[M].北京:商务印书馆,1916.

[30]梁启超.梁启超年谱长编[M].上海:上海人民出版社,1983.

[31]梁启超.梁启超论教育[M],北京:商务印书馆,2017。

[32]梁启超.梁启超全集[M].北京:北京出版社,1997.

[33]梁启超.饮冰室合集[M].北京:中华书局,1936.

[34]梁启超.为学与为人[M].苏州:古吴轩出版社,2016.

[35]梁启超.先秦政治思想史[M].济南:山东画报出版社,2019.

[36]梁思成.梁思成文集[M].北京:中国建筑工业出版社,1986.

[37]林洙.建筑师梁思成[M].天津:天津科学技术出版社,1996.

[38]鲁迅.鲁迅论教育[M].北京:教育科学出版社,1986.

[39]鲁迅.鲁迅全集[M].北京:人民文学出版社,2005.

[40]鲁迅博物馆鲁迅研究室.鲁迅年谱[M].北京:人民文学出版社,2000.

[41]吕志江.教育散论 寻找开启教育之门的"密码"[M],杭州:浙江大学出版社,2009.

[42]马镛.中国家庭教育史[M].长沙:湖南教育出版社,1997.

[43]缪建东.家庭教育社会学[M].南京:南京师范大学出版社,1999.

[44]南钢.上海家庭教育的近代变迁[M].太原:山西教育出版社,2010.

[45]潘艳红.梁启超谈教育[M].北京:新世界出版社,2014.

[46]皮后锋.严复大传[M].福州:福建人民出版社,2003.

[47]曲振明.严复与天津[M].北京:百花文艺出版社,2008.

[48]生活教育社.生活教育论文集[M].北京:北京生活书店,1937.

[49]苏中立,涂光久.百年严复——严复研究资料精选[M].福州:福建人民出版社,2001.

[50]孙欣.勤业重群冠中西——严复与严氏家风[M].郑州:大象出版社,2016.

[51]孙应祥.严复年谱[M].福州:福建人民出版社,2003.

[52]汤志钧,汤仁泽.梁启超家书 南长街54号梁氏函札[M].北京:中国人民大学出版社,2016.

[53]陶行知.陶行知全集[M].长沙:四川教育出版社,1984.

[54]陶行知.陶行知全集[M].成都:四川教育出版社,2009.

[55]陶行知.陶行知自述[M].合肥:安徽文艺出版社,2013.

[56]陶行知.中国教育改造[M].北京:商务印书馆,2014.

[57]王鸿俊.家庭教育[M].南京:正中书局,1942.

[58]王利器.颜氏家训集解[M].上海:上海古籍出版社,1980.

[59]王栻,俞政.严复[M].南京:江苏古籍出版社,1984.

[60]王栻.严复传[M].上海:上海人民出版社,1975.

[61]王栻.严复集[M].北京:中华书局,1986.

[62]王勋敏,申一辛.梁启超传[M].北京:团结出版社,1998.

[63]吴荔明.梁启超和他的儿女们[M].上海:上海人民出版社,1999.

[64]吴其昌.梁启超传[M].北京:团结出版社,2004.

[65]吴云高.家庭教育[M].北京:中华书局,1948.

[66]肖群忠.孝与中国文化[M].北京:人民出版社,2001.

[67]徐立亭.晚清巨人传 严复[M].哈尔滨:哈尔滨出版社,1996.

[68]徐松石.家庭教育与儿童[M].上海:上海中华书局,1926.

[69]徐莹辉,王文岭.陶行知论生活教育[M].成都:四川教育出版社,2010.

[70]许广平.马蹄疾辑录·许广平忆鲁迅[M].广州:广东人民出版社,1979.

[71]严复.严复全集[M].福州:福建教育出版社,2014.

[72]王宪明.严复学术文化随笔[M].北京:中国青年出版社,1999.

[73]谕吉泽.曾文正公家训[M].上海:上海世界书局,1922.

[74]张岱年,方克立.中国文化概论[M].北京:北京师范大学出版社,1994.

[75]张冠夫.梁启超1829年代的情感诗学研究[M].长春:东北师范大学出版社,2013.

[76]张品兴.梁启超家书[M].北京:中国文联出版社,2000.

[77]张启祯,周小辉.万木草堂集[M].青岛:青岛出版社,2017.

[78]张艳国等.家训辑览[M].长沙:湖北教育出版社,1994.

[79]张子和.家庭教育的原理与方法[M].上海:上海大东书局,1933.

[80]赵诚.长河孤旅:黄万里九十年人生沧桑[M].武汉:长江文艺出版社,2004.

[81]赵忠心.家庭教育[M].北京:中央广播电视大学出版社,1989.

[82]郑全红.中国家庭史[M],广州:广东人民出版社,2007.

[83]郑孝胥.郑孝胥日记[M].北京:中华书局,1993.

[84]中国青少年研究中心.百年中国儿童[M].广州:广州新世纪出版

社,2000.

[85]中华书局编辑部.梁启超未刊书信手迹[M].北京:中华书局,1994.

[86]周岚,常弘.饮冰室书话[M].长春:长春时代文艺出版社,1998.

[87]周洪宇,刘大伟.陶行知年谱长编[M].北京:人民教育出版社,2021.

[88]周洪宇.学术新域与范式转换——教育活动史研究引论[M].武汉:华中科技大学出版社,2008.

[89]周洪宇、刘训华.多样的世界:教育生活史研究引论[M].福州:福建教育出版社,2014.

[90]朱鸿伯,杨正德.黄炎培在浦东[M].北京:红旗出版社,1995.

[91]朱有瓛.中国近代学制史料[M].上海:华东师范大学出版社,1986.

二、论文

[1]南钢.上海家庭教育的近代转型研究[D].上海:华东师范大学,2004.

[2]南钢.我国家庭教育的近代转型[D].兰州:西北师范大学硕士论文,2001.

[3]张红霞.梁启超家庭教育思想研究[D].武汉:华中师范大学,2006.

[4]B.Liber.家庭教育中的几个基本错误[J].张立人.译.教育杂志,1929(21).

[5]曹碧云.偏见下之家庭教育[J].绸缪月刊,1935(10).

[6]陈东原.家庭与教育[J].妇女新运,1936(5).

[7]戴自俺.儿童家庭教育新路的试探[J].新教育,1947(5).

[8]德驻日大使奥特根夫人.德意志的家庭教育[J].琳.译.三六九画报,1930(6).

[9]顾君璞.儿童幸福与家庭教育[J].小学教师,1935(4).

[10]何琼崖.谈家庭教育[J].教育通讯月刊,1947(7).

[11]黄书光.试论陈鹤琴在中国现代教育史上的地位[J].华东师范大学学报(教育科学版),1997(4).

[12]黄延复.梁启超治学杂拾[J].人物,1985(1).

[13]柳泽民.家庭教育之理论与学校教育之联系[J].广西教育研究，1941(1).

[14]陆传籍.大时代的家庭教育[J].东方杂志，1939(1).

[15]孙以琴.谈谈家庭教育[J].妇女月刊，1943(3).

[16]萧红.回忆鲁迅先生[J].中华活页文选：高二、高三年级，2009(9).

[17]徐永志.晚清婚姻与家庭观念的演变[J]，河北师范大学学报(社会科学版)，1999(2).

[18]严停云.郎官巷里的童年[N].中国时报，1988-03-16.

[19]俞月亭.华堂映日——黄炎培、黄万里父子纪事[J].炎黄纵横，2006(2).

[20]章绳以.家庭教育之研究[J].教育杂志，1936(26).

[21]赵廷为.家庭教育漫谈[J].教育杂志，1936(12).

[22]赵媛.家庭教育[J].玲珑.1931(1).

[23]赵媛.家庭教育论[J].妇女时报，1911(5).

[24]祝其乐.未入学校时期的家庭教育[J].教育杂志，1921(12).

[25]周洪宇.教育生活史：教育史学研究新视域[J].教育研究，2015(6).

后 记

　　本书是笔者教育部人文社会科学研究项目《民国教育家群体家庭教育生活研究》的研究成果。在本书即将付梓之际，内心充满了感激感恩之情。感谢我的博士生导师周洪宇老师一直以来的学术引领与悉心指导！感谢赵国权教授、申国昌教授、郭娅教授、李忠教授、徐莉教授、薛二勇教授、刘海生教授的指导和帮助。感谢周口师范学院图书馆张凤响女士为本书资料搜集和校对做了大量的工作！感谢好友郭伟的帮助和支持！感谢天津人民出版社岳勇编辑及其团队的辛勤付出！本书参考了学界同仁的诸多研究成果，在此也一并表示谢意！

　　由于本人学识和水平有限，书中难免存在诸多不足之处，敬请学界同仁批评指正！

　　学海无涯，前路漫漫，我将继续砥砺前行！

黄宝权

2022年12月于周口师范学院